新文科建设教材
物流与供应链系列

SUPPLY CHAIN PLATFORM OPERATIONS
AND MODE INNOVATION

供应链平台运营
与模式创新

刘伟华 龙尚松◎编著

清华大学出版社
北京

图书在版编目（CIP）数据

供应链平台运营与模式创新 / 刘伟华，龙尚松编著. --北京 ：清华大学出版社，2025. 6.
(新文科建设教材). -- ISBN 978-7-302-69574-5

Ⅰ . F252.1

中国国家版本馆 CIP 数据核字第 2025T4B147 号

责任编辑：吴　雷
封面设计：李召霞
责任校对：王荣静
责任印制：丛怀宇

出版发行：清华大学出版社

网　　　址：https://www.tup.com.cn，https://www.wqxuetang.com

地　　　址：北京清华大学学研大厦 A 座　　　　　　　邮　　编：100084

社 总 机：010-83470000　　　　　　　　　　　　　邮　　购：010-62786544

投稿与读者服务：010-62776969，c-service@tup.tsinghua.edu.cn

质 量 反 馈：010-62772015，zhiliang@tup.tsinghua.edu.cn

课 件 下 载：https://www.tup.com.cn，010-83470332

印 装 者：三河市天利华印刷装订有限公司

经　　销：全国新华书店

开　　本：185mm×260mm　　　　印 张：13　　　字　　数：296 千字

版　　次：2025 年 8 月第 1 版　　　　　　　　　　　印　　次：2025 年 8 月第 1 次印刷

定　　价：49.00 元

产品编号：111273-01

随着工业 4.0 的深入发展和工业 5.0 的不断探索，数字经济及其平台经济成为驱动社会发展的重要新质生产力，党的二十大报告明确指出"加快发展数字经济，促进数字经济和实体经济深度融合"。平台作为数字经济的重要组成部分，随着互联网、云技术、人工智能和数字孪生等数智技术的快速发展，正在驱动传统供应链加快向数智化转型。无论是靠近生产端的供应链管理平台（如工业互联网平台），还是面向消费端的供应链服务平台（如服务匹配平台），已经如雨后春笋般涌现。

平台技术赋能为供应链数智化转型与跨界融合提供了诸多的机遇和可能性。根据中国信息通信研究院的《平台经济发展观察（2024 年）》报道①，截至 2023 年年底，全球市场价值超百亿美元互联网平台企业共 59 家，价值规模共计 12.9 万亿美元，同比增长 42.0%。其中头部 5 家平台企业市值同比上涨 73.6%，对全球平台经济市值规模增长贡献率达 102%，在全球平台经济的绝对主导地位进一步巩固。从我国情况来看，2023 年市值排名前十的上市平台企业总营收为 3.6 万亿元人民币，同比增长 12.7%，总净利润达3 854.4 亿元人民币，同比增长 42.4%，增速较 2022 年年增长 22.8 个百分点，供应链平台的国际化发展与实践趋势进一步凸显。

然而，虽然供应链平台在实践中飞速发展，并在国民经济中占据越来越重要的地位，但供应链平台仍存在概念模糊、发展不均衡、建设不规范和运作创新不成体系等痛点问题。我们认为，供应链平台的运作和创新特征是把握供应链平台内核的重要抓手。一方面，供应链平台运营在数智化背景下的发展仍然处于摸索阶段，并且存在着与传统供应链运营显著不同的发力点，相比分工专业但分散运作、各自为政的传统供应链运营，供应链平台运营尤为强调"互联互通"和"协同共享"；另一方面，供应链平台的创新逻辑亦发生了颠覆性的变化，传统供应链依托联盟契约，其协同创新以及自担风险收益的独自创新都局限在行业内部或供应链局部，而供应链平台创新则强调"跨界融合""价值共创"，以及"互惠共生"的生态理念，基于平台的优势，进行商业模式的快速复制和跨界创新，实现整体利益主体的互惠共赢。

鉴于供应链平台的飞速发展和巨大潜力，其理论与实践知识已成为当代本科学生必需的知识储备，对 MBA/EMBA 学员也有重要的参考价值。然而，现有书籍还无法作为教材直接用于课程教学。本书在国家社科基金重大项目"物流业制造业深度融合创新发展的政策与路径研究"（NO. 22&ZD139）、"价值共创视角下平台型物流服务供应链协同治理研究"（NO. 24VRC060）、"智慧供应链创新与应用研究"（18ZDA060）以及国家重

---

① 中国信息通信研究院. 平台经济发展观察（2024 年）[EB/OL]. (2024-08-01) [2024-12-21]. https://baijiahao.baidu.com/s?id=1806143551323504101.

点研发计划项目课题"电商物流服务模式与技术架构体系设计"（NO.2023YFF0905601）、国家自然科学基金重大项目（72091210/ 72091214）等支持下，直面分析和探讨供应链平台运营和模式创新中的痛点问题。本书借助天津大学运营与供应链管理团队在供应链平台运营的研究特色、相关经验和长期积累，综合本团队的前期优势和现有能力，致力于编写一本实用的课程教材，从供应链视角深入探究链主型平台企业的发展历程、运营模式、商业模式及其模式创新。

全书共 8 章，第 1 章阐述了供应链管理与服务的概念发展现状及趋势；第 2 章阐述新时代的互联网思维，包括用户中心思维、跨界融合思维、平台思维、大数据思维、社会化传播思维、共享思维和迭代思维；第 3 章阐述平台在供应链中的作用；第 4 章阐述供应链管理平台的运营与实践；第 5 章阐述供应链服务平台的运营与实践；第 6 章阐述商业模式创新与发展；第 7 章阐述供应链服务平台的商业模式创新；第 8 章阐述供应链平台的前沿创新方向，包括韧性供应链平台、智慧供应链平台、绿色供应链平台以及生态链平台的建设与创新。上述章节的内容编写中，天津大学管理与经济学部博士生侯家和、袁超伦、何洋、高永正、王思宇、李哲、王钰杰、兰蕊以及硕士生邱靖程、黄艳娇等参与了相关章节的撰稿和校对，在此一并感谢。

本书在写作过程中得到安徽理工大学余玉刚副校长，浙江大学霍宝锋教授，南开大学李勇建教授，天津大学李波教授、张俊艳教授、郑春东教授、张明燕老师等的支持和帮助，在此表示由衷的感谢。最后，还要特别感谢清华大学出版社吴雷编辑对本书出版所做出的辛勤工作。

本书作为教材，不仅适用于高等学校物流与供应链类本科专业，还可供高等学校 MBA/EMBA 学员以及物流与供应链实践者参考。本书撰写中参考了许多经典文献和前沿资料，以及众多学者的相关著作，希望能为深入理解供应链平台运营与模式创新提供必要的理论指导。我们试图尽量客观全面地反映平台经济下供应链平台的发展业态和运营创新模式，在感谢参考资料的作者之余，也希望读者们不吝指正。

因为受限于笔者自身的能力，本书无法穷尽所有供应链平台的运营模式，也无法探尽所有供应链平台的模式创新细节，必然导致本书存在遗漏和局限。希望读者们理解、包容以及不吝赐教。

编著者

2025 年 2 月

目　录

第 1 章

供应链管理与服务概述

- 理解供应链管理与供应链服务的基本概念
- 了解供应链管理与供应链服务的产生与发展历程
- 了解国内外典型供应链管理与服务的创新实践与创新政策
- 了解供应链管理与服务的实践发展趋势

引导案例

供应链管理：海底捞的变革与成功之道

从默默无闻到家喻户晓，海底捞经历了怎样的变革？初创时期，尽管客流量并不乐观，但创始人张勇通过不断的探索与改进，海底捞很快吸引了大量顾客。1998 年，海底捞在简阳开设了第二家分店，逐渐在当地树立了良好的品牌形象。1999 年，面对激烈的市场竞争，海底捞正式向省外扩张，在西安开设了第一家省外分店。虽然初期经营困难，但经过负责人及员工的不懈努力，西安分店在短短六个月内实现了扭亏为盈，客流量持续增长。

随着业务的不断扩展，海底捞于 2003 年开始构建自己的物流配送系统，并在 2006 年成立了颐海集团，进一步提升了供应链管理能力。2013 年，颐海国际控股有限公司成立，2016 年独立上市，专注于为海底捞提供火锅底料、蘸料及调味品的生产与研发。经过多年的努力，海底捞实现了从依赖外部采购到自建生产、种植基地的转变，物流供应系统的标准化程度已达到国际水平。

海底捞的供应链管理策略不仅服务于自身业务发展，还对外提供服务。蜀海供应链最初只为海底捞提供食材采购、储存、加工和配送，现已与超过 2 000 家餐饮连锁品牌建立合作关系。海底捞的供应链体系通过蜀海和颐海的协同，致力于实现食材生产、采购、制作及配送的统一化与标准化，确保食材的品质安全与可溯源性。

这一净菜供应链与中央厨房相结合的模式，不仅降低了运营成本，还为海底捞的快速发展提供了有力保障。目前，海底捞在全国范围内建立了多个原材料基地和现代化物流中心，形成了稳定的上游供应链渠道，有效增强了企业的核心竞争力，为餐饮行业的供应链管理提供了全新的思路和实践经验。

资料来源：张婵. 餐饮企业的供应链管理策略探析——基于海底捞和百胜餐饮的对比[J].商场现代化，2024（1）：30-32. DOI: 10.14013/j.cnki.scxdh.2024.01.014.

在海底捞的成功中，我们可以深刻体会到供应链管理与服务优化对于企业成长和市场竞争力的巨大影响。供应链管理，不仅涵盖了物流、信息流和资金流的管理，还涉及供应商关系管理、库存管理、需求预测等多个方面。而供应链服务，作为现代企业竞争力的核心要素之一，强调的是如何通过提供高质量、个性化的服务体验来满足客户需求，增强客户忠诚度。海底捞通过自建供应链体系、实现标准化管理以及对外提供供应链服务，不仅确保了自身产品的高质量和快速响应市场的能力，还通过服务创新提升了品牌价值，为餐饮行业的供应链管理和服务树立了典范。

1.1　供应链管理与供应链服务的基本概念

1.1.1　供应链管理的定义和内涵

供应链（supply chain）的概念最早来源于彼得·德鲁克（Peter F. Drucker）提出的"经济链"，随后经由迈克尔·波特（Michael E. Porter）提出的"价值链"，最终演变为"供应链"。1996 年，伯恩德·肖尔茨-赖特（Bernd Scholz-Reiter）基于价值链和价值流的思想首次提出了供应链的定义，即供应链是一个实体的网络，产品和服务通过这一网络传递到特定的顾客市场。在中国，有三种供应链的概念应用较为广泛。一是中国国家标准《物流术语》（GB/T 18354—2021）中的定义，供应链是"生产及流通过程中，围绕核心企业的核心产品或服务，由所涉及的原材料供应商、制造商、分销商、零售商直到最终用户等形成的网链结构"；二是华中科技大学马士华教授编著的《供应链管理》一书对供应链概念的阐述，供应链是"围绕核心企业，通过对信息流、物流、资金流的控制，从采购原材料开始，制成中间产品及最终产品，最后由销售网络把产品送到消费者手中的，将供应商、制造商、分销商、零售商，直到最终用户连成一个整体的功能网链结构模式"（马士华和林勇，2010）；三是《国务院办公厅关于积极推进供应链创新与应用的指导意见》（国办发〔2017〕84 号）中的定义，供应链是"以客户需求为导向，以提高质量和效率为目标，以整合资源为手段，实现产品设计、采购、生产、销售、服务等全过程高效协同的组织形态"。

供应链管理（supply chain management）的概念最早于 1985 年由迈克尔·波特提出，是一种集成的管理思想和方法。中国国家标准《物流术语（GB/T 18354—2021）》对供应链管理做出如下定义：从供应链整体目标出发，对供应链中采购、生产、销售各环节的商流、物流、信息流及资金流进行统一计划、组织、协调、控制的活动和过程。此外，全球供应链论坛（Global Supply Chain Forum，GSCF）将供应链管理定义为：为消费者带来有价值的产品、服务以及信息的，从源头供应商到最终消费者的集成业务流程。

下面通过产业界中亚马逊和宝洁公司的例子,进一步阐述供应链和供应链管理的内涵。亚马逊的供应链包括客户、亚马逊的网站及其所有供应商。亚马逊的网站为客户提供有关价格、产品种类和产品可用性的信息;在选择产品后,客户输入订单信息并为产品付款;客户稍后可能会返回该网站,以检查订单的状态;供应链进一步使用客户订单信息来填写请求。这个过程涉及供应链各个阶段之间的信息、产品和资金流动。事实上,任何供应链的主要目的都是为了满足客户的需求,并在这个过程中为自己创造利润。而有效的供应链管理包括对供应链资产和产品、信息和资金流动的管理,以增加供应链总盈余等,也可以理解为是在物流系统功能实施基础上的协同管理。供应链管理源自宝洁公司在 20 世纪 80 年代开发出的一套自动补货系统,来满足一家超市中尿布的补货需求。该补货系统在超市试用后效果显著,宝洁又与沃尔玛、凯马特合作打造了一套协同规划、预测和补货(collaborative planning forecasting and replenishment,CPFR)系统。随后,很多企业意识到市场需求剧烈波动,实现供应链的自动补货管理很有必要,从此供应链的自动管理系统开始大量推广[①]。

综上,本书对供应链管理做出如下定义:供应链管理是指通过对供应链中的商流、物流、信息流、资金流等资源进行全面规划和协调,保证供应链在采购、生产、流通加工、存储、运输、装卸搬运等各个环节中的运作达到最优化,同时以最低的成本实现产品从原料采购到交付至客户的整个过程。供应链管理是企业运营的核心之一,涉及从原材料采购到最终产品交付的每个过程,其核心目标是通过提高效率、提升客户满意度以及提高盈利能力来增强或保持企业的竞争优势。

1.1.2 供应链服务的定义和内涵

供应链服务(supply chain service)是一种服务的商业模式。2018 年 3 月 20 日,深圳市地方标准《供应链服务术语》(SZDB/Z 295—2018)正式发布,在该标准中首次给出了"供应链服务"的定义:一家组织承接另一家组织服务业务外包,并对其供应链的商流、物流、信息流和资金流进行整合和优化,从而形成一种创新性一体化商业服务。随后,中国国家标准《物流术语(GB/T 18354—2021)》,对供应链服务做出如下定义:面向客户上下游业务,应用现代管理和技术手段,对其商流、物流、信息流和资金流进行整合和优化,形成以共享、开放、协同等为特征,为客户创造价值的经济活动。

供应链服务在大多数行业中都有着广泛的应用,尤其是在制造业、零售业、物流业等领域。对企业而言,供应链服务可以帮助其优化企业运营流程,打造稳定的供应链体系,提高产品质量和客户满意度。对消费者而言,供应链服务可以保证产品的高质量、提供快速配送和良好售后服务,从而提升消费者的体验和忠诚度。

随着物流技术的不断发展和创新,供应链服务也在不断演进和升级。从最初简单地为企业提供物流服务,到现在提供意义广泛的供应链服务。以亚马逊为例,其作为全球

---

① SUNIL CHOPRA S, MEINDL P. Supply Chain Management Strategy, Planning, and Operation[M]. 6 Ed. Person, 2016.

最大的电子商务公司之一，拥有被认为是业界最为先进的供应链服务系统，涵盖了从商品采购到最终交付给消费者的整个过程。2023 年，在亚马逊全球年度卖家大会上，亚马逊正式宣布推出名为亚马逊供应链（Supply Chain by Amazon）的全面解决方案。该解决方案被描述为一套"端到端、自动化程度极高的供应链服务"，旨在协助卖家以更快速、更可靠的方式，将产品从制造商处直接运送至世界各地的客户手中。这个系统的核心理念在于，卖家能够将更多关注点集中在为客户提供卓越产品和业务拓展上，而将物流、成本控制以及交付速度等事务处理交由亚马逊来负责。

综上，本书对供应链服务做出如下定义：供应链服务是指在客户价值导向下，围绕企业采购、生产、销售、运输等环节之间的商流、物流、信息流和资金流过程中所涉及的一系列服务，包括物流配送、仓储管理、订单处理、库存管理、质量控制、信息管理以及供应链优化咨询等多个方面服务。供应链服务能够帮助企业实现生产和销售的高效协同，提高管理效率，降低成本，拓展市场空间，提升企业竞争力。

1.1.3 供应链管理与供应链服务的联系和区别

供应链管理和供应链服务是供应链领域中两个重要的概念，具有紧密联系：

（1）供应链服务是实现供应链管理目标的工具和手段，通过提供专业服务来支持供应链管理的各个方面；

（2）有效的供应链管理需要依赖高质量的供应链服务来优化，同样供应链服务的质量和效果也会反过来影响供应链管理的整体成效。

供应链管理与供应链服务虽然密切相关，但在理论和实践中仍存在着一些区别，包括定义、执行主体、职能以及目标四个方面，具体如表 1-1 所示。

表 1-1 供应链管理和供应链服务的区别

对比的方面	供应链管理	供应链服务
定义	供应链管理是指对整个供应链进行规划、组织、实施和控制的全过程管理活动	供应链服务是指供应链整个过程中涉及的物流配送、仓储管理、质量控制等一系列服务
执行主体	链主企业	外部服务提供商或企业内部部门
职能	供应链管理负责协调和管理供应链各个环节的信息和流程，帮助优化流程、提高协调性和降低成本	供应链服务负责提供一系列的专业服务，提升供应链合作伙伴之间的协同效应，帮助企业解决供应链中的各种问题
目标	整体优化供应链性能和效率，实现企业利润最大化	为供应链参与者提供各种支持和帮助，解决供应链中的各种问题，提升运营效率和竞争力

1.2 供应链管理与供应链服务的产生与发展历程

1.2.1 供应链管理的产生与发展历程

供应链管理的产生与发展与供需关系的变化和企业管理理念的演变密切相关。20 世纪 60 年代，随着全球经济不断发展，供应链逐渐成为企业运营中的一个重要议题。企业的运作不再仅限于单一的生产模式，而是逐步发展为跨企业的资源协作网络。供应链管理作为一种新兴的企业管理模式，经历了从初步探索到逐步成熟的过程，其应用成果也取得了显著的成绩。诸如惠普（HP）、IBM 等全球知名企业通过优化供应链战略，不仅提升了盈利能力和市场竞争力，也推动了供应链管理理论的深入研究。

1. 供应链管理的产生

在纵向一体化（vertical integration）管理模式下，企业常常通过扩大规模或参股供应商等方式来实现对制造资源的控制。这种模式要求企业从原材料采购、零件加工到产品装配、运输等各个环节都保持高度的控制，形成了"大而全"的经营方式。虽然这种模式在一定程度上有助于降低外部依赖，但其问题也日益显现，尤其在面临市场快速变化和全球竞争加剧的背景下暴露出不少弊端。首先，纵向一体化会带来巨大的资本投入和较长的投资回收周期，且企业在面对市场波动时的反应速度较慢，难以适应不断变化的需求。其次，由于过度依赖内部资源，企业可能会面临从事不擅长的业务活动的风险。例如，很多汽车制造企业在传统模式下需要自行生产零部件、进行设备维修和运输等，这不仅占用了大量资源，还会影响企业的核心竞争力。以通用汽车为例，直到 20 世纪 90 年代，通用仍自己生产 70% 的零部件，而福特和克莱斯勒的比例分别为 50% 和 30%。这一模式使得通用在每生产一套动力系统时，比竞争对手福特的成本多出 440 美元，较克莱斯勒多出 600 美元。这种过度扩展的经营模式，最终导致企业在市场竞争中处于不利位置，企业的核心竞争力也因此被削弱。

鉴于纵向一体化管理模式的种种弊端，20 世纪 80 年代后期，越来越多的企业开始放弃这一传统模式，转而采取横向一体化（horizontal integration）战略。这一思路的核心在于：企业不再追求从原材料采购到销售的全程控制，而是将更多的资源集中于核心业务，通过与外部企业的合作，实现快速响应市场需求和提升整体竞争力。横向一体化强调通过优化供应链，企业将非核心业务外包给专业供应商和合作伙伴，将精力集中在产品研发、品牌建设和市场拓展等关键领域。以福特汽车为例，福特的 Festival 车型设计由美国公司负责，发动机由日本马自达生产，其他零件和装配则委托韩国制造厂完成，最后在美国市场销售。通过这种模式，福特能够利用全球范围内各企业的优势，降低生产成本，缩短产品上市时间，且避免了自己投入过多资金在不具备优势的领域。随着信息技术和网络技术的不断发展，企业间的合作变得更加便捷，核心竞争力逐渐成为企业生存和发展的关键。在这种背景下，核心业务的聚焦和外部资源的整合成为企业发展的主流趋势。这一思路的推广，进一步推动了供应链管理理念的普及。

横向一体化形成了一条贯穿供应商、制造商和分销商的企业链条。在这一链条中，相邻节点之间存在需求与供应的关系。当这些企业按顺序连接时，就构成了一个完整的供应链。为了让链条上的每个企业都能受益，所有节点企业必须保持同步与协调运作。由此，供应链管理这一新的经营与运作模式应运而生。

2. 供应链管理的发展历程

在横向一体化模式下，企业间的合作水平、信息沟通、物流速度、售后服务以及技术支持的要求大幅提高，供应链管理正是在这种需求下逐步发展起来的。供应链管理的发展可大致分为以下四个阶段（袁峰等，2024）。

第一阶段：传统的供应链管理阶段。此时，市场环境相对稳定，需求波动不剧烈。供应链成员的管理理念仍以"为了生产而管理"为主，企业间的竞争主要集中在产品数量和质量上。企业间的协作往往基于"本位主义"，即使在企业内部，组织结构也多为职能化或区域性划分，造成管理上的割裂。因此，供应链管理在此阶段依然是层级式的、静态的、信息流通不畅的，尽管有供应链管理的雏形，但其仍停留在企业内部，未与上游供应商及下游客户建立有效的管理系统。

第二阶段：精细供应链管理阶段。在这一阶段，供应链管理逐渐成熟，精细供应链应运而生，减少了不确定性对供应链的负面影响，使得生产和经营过程更加透明，将没有创造价值的活动减少到最低限度，同时使订单处理周期和生产周期得以缩短。随着信息技术的进步和计算机应用的普及，企业有了更先进的管理工具和更高效的业务联动，供应链逐渐向现代化管理模式转变。然而，尽管各企业的经营模式开始趋向供应链运作，但大多数企业仍强调独立运作，忽视与外部供应链成员的协同合作，常常导致利益冲突和效率低下，信息传递不畅也成为提升整体供应链竞争力的瓶颈。

第三阶段：集成化供应链管理阶段。进入这一阶段，供应链管理在经济一体化和全球化的背景下不断发展。企业开始意识到，利润来源不仅包括节约内部成本，还包括通过减少外部交易成本、控制库存和优化内部物流来提高效益。为了进一步提升效率，领先企业认识到，需求预测、供应链计划与生产调度应该作为一个整体业务流程进行管理。企业逐渐将管理焦点从单纯的生产环节转向整个产品生命周期中的供应链系统，实施集成化的敏捷供应链管理。这种管理模式通过整合供应商、制造商、分销商、零售商及最终客户，形成高效的竞争性战略联盟，帮助企业更好地应对多变的市场需求。

拓展阅读 1.1 苏宁易购有限公司供应链发展战略

第四阶段：客户化供应链管理阶段。随着供应链竞争愈发激烈，企业寻求新的竞争优势，开始将"订单需求"作为供应链管理的核心，推动客户化生产与供应链管理的融合。在这一阶段，企业越来越注重供应链成员间的协同，尤其是与下游成员之间的协作，借助供应商关系管理、产品生命周期管理、供应链计划和供应链执行等系统的应用，使得供应链成员间的业务衔接更加紧密，整个供应链的运作更加协同化。企业通过与供应商和客户的紧密协作，更加精准地把握市场需求，提高供应链的市场应变能力和整体竞争力。客户化的敏捷供应链管理不仅加强了供应链的响应速度，还通过满足个性化需求，实现了产品差异化的生产和定制化的物流服务。

1.2.2　供应链服务的产生与发展历程

随着生产采购的全球化，社会分工的细化，企业在经营活动中供应链上下游之间的关系网变得越来越复杂。然而，一般的生产制造企业并不具备管理复杂供应链系统的能力，或者说管理的成本极高。于是，一批具有较强资源整合能力以及供应链管理技术的企业开始涌现，它们作为第三方，专门为生产制造企业提供专业化的供应链管理服务，供应链服务的概念也应运而生。

1. 供应链服务的产生

供应链服务是指服务型企业承接工贸企业非核心业务外包，并对其供应链的商流、物流、信息流和资金流进行整合和优化，从而形成的一种以共享、开放、协同为特征，以平台化为手段的创新性一体化商业服务。一般来说，从事供应链服务的企业将基于生产/商贸企业的供应链上下游结构，对供应链的物流、信息流和资金流进行整合和优化，为供应链的采购、生产、分销等环节提供增值性的服务。

供应链服务的思想最早可以追溯到波特在 1985 年出版《竞争优势》（*Competitive Advantage*）中提出的"价值链"思想。波特将企业的价值活动归纳为九种，由五个基本活动（进料后勤、生产作业、发货后勤、销售、服务）和四个辅助活动（采购、研究与开发、人力资源管理、企业基础设施）组成，他认为"价值链将一个企业分解成战略性相关的许多活动，企业通过比竞争对手更廉价或更出色地开展这些活动来赢得竞争优势"。波特的价值链竞争的核心思想可总结为：企业活动由一系列的战略性活动组成，但不是每个活动都是创造价值的，企业所创造的价值都来源于价值链上某些特定的创造价值的环节（嵇瑾，2009）。基于此思想，1990 年普拉哈拉德（C. K. Prahalad）和加里·哈默尔（Gary Hamel）提出了"非核心业务外包"的概念：企业将一些非核心的、次要的或辅助性的功能或业务外包给企业外部的专业服务机构，利用它们的专长和优势来提高企业的整体效率和竞争力，而自身仅专注于企业具有核心竞争力的功能和业务。在全球外包的发展趋势下，不少制造企业纷纷将采购、物流、售后等服务外包给专业的供应链公司，由供应链公司负责对制造企业的上下游供应链业务进行处理，从而形成了供应链服务。

在学术研究中，国内对于供应链服务的研究是从第四方物流开始。1998 年埃森哲咨询公司率先提出第四方物流并以此作为专有的服务商标进行注册后，国内理论界就对第四方物流的定义和内涵展开了激烈的讨论。杨鹏（2001）、姜灵敏和官东（2003）等学者认为，第四方物流是供应链服务创新的主体，第四方物流服务提供商是一个供应链集成商，它对公司内部和具有互补性的服务提供商所拥有的不同资源、能力和技术进行整合和管理，提供一套供应链解决方案。之后宋华（2003）又对第四方物流的本质与功能特点进行了详细的梳理，并探讨了第四方物流发展过程中的问题与风险控制，认为第四方物流的发展必须建立在第三方物流行业高度发达和企业供应链业务外包极为流行的基础上，而当时我国并不具备大范围推广第四方物流的条件。

随着我国物流业的快速发展和全球经济竞争环境的变化，运输和通信成本不断降低，更多的企业开始对全球资源和市场进行整合，以创造更高的利润，企业之间的竞争开始转变为供应链之间的竞争。但全球竞争也使得供应链的复杂程度大大增加，复杂的供应链管理使得企业无法专注于自身的核心业务，发展供应链服务时机逐渐成熟，于是一些具有较强的供应链管理能力和资源整合能力的企业开始专门承接其他企业的非核心业务，用自己的专长为企业提供供应链服务，如利丰集团。供应链服务作为一个新兴名词受到了广泛的关注并且逐渐取代了第四方物流的说法。随着实践的深入，学者们也开始从运营层面探讨供应链服务企业的商业模式。谢磊（2006）分析了我国外贸进出口全面开放后的中国传统外贸企业的处境，阐述了其转变为供应链服务商的契机与优势，并为外贸企业的转型提出了相应的对策。刘伟华和彭岩（2010）在金融危机的背景下，回顾了金融危机影响与外贸型物流企业供应链服务战略的研究现状，利用 likert 量表进行了问卷调查，给出了外贸型物流企业融入供应链服务的发展战略模型，总结了五种融入供应链服务的发展战略路径。霍春辉等（2009）将研究拓宽到一般的企业，分析了供应链服务这种商业模式兴起的背景，并对其上游供应商网络管理能力、下游客户网络拓展能力、供应链解决方案设计能力、供应链金融服务能力、风险控制能力、供应链物流服务能力、供应链信息服务能力等能力基础体系进行了分析。近年来，大数据等信息技术的出现让供应链服务得到了进一步发展，产业集群和生态圈逐步成为研究热点。王元十（2015）在产业集群供应链以及供应链协同管理的基础上，对企业集群供应链服务平台的构建进行了分析，并重点介绍了其组织构架、功能模块及其运行机制。计国君等（2016）对近年来大数据驱动下的全渠道供应链服务创新及其关联因素进行了综述，构建了基于大数据驱动下全渠道供应链服务创新的决策框架，为服务创新优化决策提供支持。因此，2010年以来，供应链服务已成为最炙手可热的话题之一。

2. 供应链服务的发展历程

供应链服务的形成不是一蹴而就的，它经历了一个循序渐进的发展过程。一般的供应链公司都或从贸易，或从物流或从通关等领域起步，形成了集成服务的创新，最后拓展到供应链服务中。

如图 1-1 所示，供应链服务的发展通常可分为以下三个阶段（王子先等，2012）。

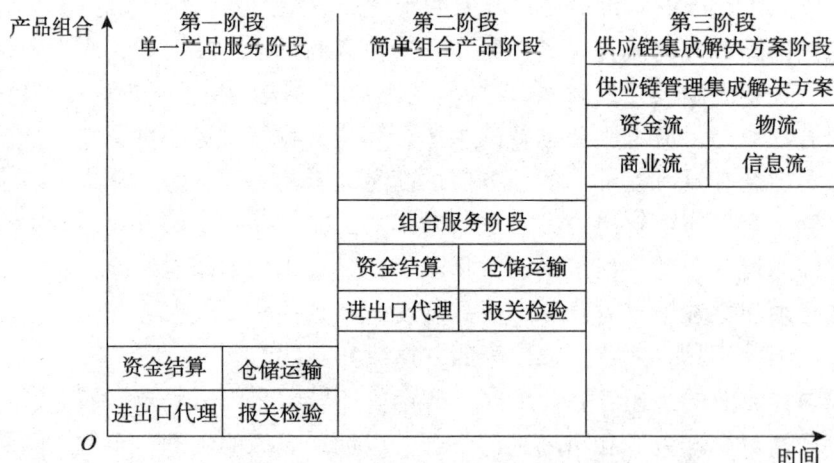

图 1-1 供应链服务发展的三个阶段

第一阶段：单一产品服务阶段。在这个阶段，企业主要从事一些单一的业务，如运输仓储、进出口代理等，业务功能较为简单，盈利模式也比较单一，属于行业分类中的功能性物流企业。

第二阶段：简单组合产品阶段。随着业务的不断发展和市场竞争的不断加剧，企业从事单一产品的利润率越来越低，市场竞争力也越来越弱，为了提高市场竞争力，一些物流或外贸企业开始尝试向产品组合模式演进。企业通过简单的产品组合，不仅能使业务加快拓展，业务规模迅速扩大，还能形成一些产品组合，提高公司运作的盈利水平，此时属于按行业分类的综合性物流企业。

第三阶段：供应链集成解决方案阶段。该阶段的形成标志着供应链服务作为一套成熟的商业模式正式形成。在这个阶段，不同的供应链服务公司依托自身的核心产品和战略资源，加大力量开发供应链服务的深度和广度，进而在市场上形成了多元化的业务服务模式。

供应链服务发展的驱动因素是顾客需求的变化。21 世纪初，在国内制造业以及出口形势大好的时候，供应链服务企业多是与制造企业进行对接，为制造企业提供从代理采购到分销执行的供应链全程运作。2010 年以来，一方面国内制造业形势下滑，另一方面互联网技术的兴起和运用使得供应链服务利润被挤压，供应链服务企业开始转向深度服务，专注于平台的搭建。2015 年之后，大数据以及互联网技术的普及，使得新业态不断涌现，企业原有的运营模式逐步被打破。富有远见的企业开始更加重视与供应链上的利益相关者共同建立价值生态系统，而不仅关注以自身能力或资源来构建的竞争优势。基于此，目前的供应链服务企业纷纷向商业生态圈的模式发展。商业生态圈是以共享、共赢为宗旨，汇聚多样化组织，构建能力互补的价值网络，实现全链条上关键优势资源协同发展，跨界融合，形成强大的竞争力，从而创造一种动态平衡的商业发展生态，让所有参与者共享生态圈机会和生态圈利润，从而实现最经济、最大限度的成长。在案例 1-1 中，怡亚通就是一个很好的范例。

案例1-1

怡亚通发展"三部曲"

怡亚通是中国领军的供应链服务企业之一，其成功的背后是对顾客需求和商业发展趋势的深刻理解和把握。怡亚通的发展可分为三个阶段。

第一阶段：信息服务化（1997—2009 年）

1997 年成立之初，怡亚通以 IT 业务为基础，专注于电脑零配件的代理采购服务。这一时期，企业以信息流运营为核心，为进出口外贸环节提供软件开发、系统设计、信息发布等物流运营业务。至 2003 年，怡亚通通过代理采购和分销服务形成了核心竞争力，并于 2004 年实施股份制改造，正式向供应链企业转型。这一转型并非一蹴而就，而是随着服务的沉淀和积累逐渐形成具有广度的供应链服务模式。2007 年，怡亚通成为中国首家供应链上市企业，标志其在信息服务化阶段的成功，并为后续的数字化转型奠定了坚实基础。

第二阶段：数字平台化（2010—2014年）

2010年，怡亚通启动了名为"380计划"的重大战略，这一计划的核心是平台运营模式的创新性应用和深度分销平台的建立，标志着公司从传统的供应链服务向数字平台化的大力转变。在此期间，怡亚通在网络建设、合作终端门店数量、业务规模和合作品牌数量等多个方面均呈现显著提升。该时期的转型对怡亚通来说是关键的，在数字化应用深化的同时，怡亚通从单一的信息化服务向综合性数字化平台转变。

第三阶段：数字网络生态化（2015年至今）

自2015年起，怡亚通进入数字网络生态化阶段。2017年，怡亚通提出新的流通战略，采用"供应链＋互联网"模式推动流通业务升级。2019年，通过整合SAP、阿里巴巴等先进技术，建立起高效的一体化数字化平台，公司各业务系统实现深度整合，信息化管理大幅提升。2020年，怡亚通正式启动数字化转型战略，定位为"第三代互联网生态型企业"，并运用更加复杂的数字信息技术整合全球资源，为100余家"世界500强"与2 600余家知名企业提供服务。同时，随着在线化、智能化管理工具的普及，怡亚通打造了一个基于数据和算法的名为"永远在线"的智慧平台，大大降低了对人工服务的依赖，大幅提升了运营管理效率。自2021年起，怡亚通推出五大客户营销与服务终端（包括App和小程序）——整购网、怡通云、药购、怡通天下和家电客，旨在通过去中心化资源共享和数字化系统支持，深度挖掘私域流量，优化流通服务、提升供应链效率。

资料来源：王春娟，杜雨轩. 从信息服务到数字生态：怡亚通数字化变革的演进之路[J]. 清华管理评论，2024（3）：106-112.（节选）

1.2.3　供应链管理与供应链服务的联动发展与相互影响

在企业运营的早期，供应链管理和供应链服务的概念较为模糊。随着企业规模的扩大和业务的拓展，企业开始意识到对采购、生产、仓储、运输等环节进行协调管理的重要性，这是供应链管理的初步形态。与此同时，一些基础的供应链服务，如运输和仓储服务，开始从企业内部职能逐渐分离出来，成为独立的第三方服务提供商。在这个阶段，供应链管理的需求催生了供应链服务的专业化发展，而供应链服务的发展也为供应链管理提供了更多的资源和能力。

随着市场竞争的加剧，企业对供应链管理的要求从简单的成本控制和效率提升，转变为对供应链的整体优化和协同创新。企业开始运用先进的信息系统，如ERP系统，来整合供应链中的各个环节。与此同时，供应链服务行业也在快速成长，服务提供商不断拓展服务范围，从单一的运输或仓储服务，发展到提供包括采购执行、销售执行、供应链金融等在内的综合性服务。此时，供应链管理和供应链服务在技术应用和业务拓展上相互促进，共同成长。

在成熟的商业环境中，供应链管理和供应链服务形成了高度的一体化和协同化。企业的供应链管理策略与供应链服务提供商的服务内容和能力紧密结合，形成了无缝对接的供应链生态系统。例如，一些大型制造企业的供应链管理系统与第三方物流服务提供商、原材料供应商的系统实现实时数据共享和协同运作，共同应对市场的变化和客户的需求。

供应链管理与供应链服务相互依存、互为支撑。有效的供应链管理可以降低服务成本、提高服务质量，而高效的供应链服务则是管理策略成功实施的基础。一方面，供应链管理的需求不断推动供应链服务向更高水平发展，要求服务提供商提升服务质量和技术水平，满足企业对供应链管理日益增长的需求；另一方面，高质量的供应链服务通过提供准确的数据支持和引入新的技术理念，不仅帮助企业在供应链管理中做出更加科学的决策，还促进了供应链管理的持续创新。随着技术的进步，特别是大数据、人工智能等技术的应用，供应链服务与管理的联动更加紧密，促进了整个供应链的智慧化和灵活性提升，从而推动企业在市场竞争中快速响应能力与成本控制能力的提高。这种双向互动不仅提高了供应链的整体效能，也为企业的长远发展奠定了坚实的基础。

1.3 供应链管理与服务的创新实践与创新政策

1.3.1 国内典型的创新实践与创新政策

在新一代信息技术冲击下，产业数字化和数字产业化已经成为全球新一轮产业变革的主要趋势，供应链发展也顺势进入与物联网等数字技术相融合的智慧供应链新阶段。

2017年至今，中央和地方出台了一系列供应链创新与应用试点方面的政策，形成了"中央层面主要方向顶层设计＋地方层面具体措施落地实施"的政策框架，有效指导试点城市和试点企业充分发挥供应链整合和协同优势，在保障产业链、供应链安全等方面显现出良好的政策效果。为了更好地引导和促进供应链创新发展，充分发挥其保障能源和产业安全、提高经济发展质量和效益的功能，国务院办公厅在2017年首次出台了《国务院办公厅关于积极推进供应链创新与应用的指导意见》（国办发〔2017〕84号）。在该文件的指导下，商务部等8部门在2018年印发了《关于开展供应链创新与应用试点的通知》（商建函〔2018〕142号），经评审陆续确定了55个、266家供应链创新与应用试点城市和企业。2020年，为了更好地发挥供应链创新与应用试点在稳定全球供应链和推动复工复产等方面的重要作用，商务部等8部委联合印发《关于进一步做好供应链创新与应用试点工作的通知》（商建函〔2020〕111号）。2024年，为贯彻落实《国务院办公厅关于积极推进供应链创新与应用的指导意见》和《"十四五"现代物流发展规划》（国办发〔2022〕17号）等部署要求，工业和信息化部、交通运输部和商务部组织编制了《制造业企业供应链管理水平提升指南（试行）》。政策的陆续完善和实施落地，在驱动经济高质量发展和提升产业链供应链现代化水平方面发挥了越来越大的作用。

在国内，华为和中国电力建设集团有限公司（简称中国电建）是供应链管理创新的典型代表。华为构建了全球化的供应链网络，并通过数字化转型实现了供应链的智能化升级，而中国电建在供应链管理方面的创新则更加全面和细致。

（1）华为。作为全球领先的 ICT（信息与通信技术）解决方案提供商，华为在供应链管理创新方面表现出色。首先，华为构建了全球化的供应链网络，通过多层次的供应商管理和物流优化，实现了资源的优化配置和高效协同。其次，在数字化转型方面，华为依托自身在云计算、大数据、人工智能等领域的技术优势，不断推动供应链的智能化升级。例如，华为利用人工智能技术优化库存管理和需求预测，降低库存成本和提高客户满意度；通过区块链技术提升供应链的透明度和可追溯性，增强供应链的可靠性和安全性。最后，华为还注重供应链的灵活性和韧性建设，通过多元化供应商策略、应急响应机制以及建立多层次的风险管理体系，有效应对市场波动和突发事件。这些创新实践不仅使华为在全球市场竞争中保持领先地位，也为其他企业提供了有益的借鉴和启示。

（2）中国电建（姚强等，2021）。近年来，中国电建在供应链管理方面的创新主要包括以下九个方面。①快速精准的采购计划。中国电建发挥设计总承包一体化优势，建立基于需求的年度、季度、实际发生三级采购计划体制，缩短了供应链反应时间。②科学阳光的集中采购。中国电建在集团层面成立了设备物资集中采购管理委员会，搭建了集团总部及成员企业两级集中采购平台，以"统一领导、两级集中"为原则，开展了科学阳光的集中采购。③高效灵活的战略框架采购。集团采购中心通过统计年度总需求，确定年度框架采购的种类及总量，通过公开招标的方式开展集团级框架采购，并公布框架采购目录，减少了采购的频次，大幅提高了采购的效率，降低了采购成本。④创新开展集采分供和区域联采。中国电建针对部分投资建设项目中的钢材、水泥、油品等大宗物资，开展集采分供采购；而针对部分区域（川渝）的钢材、水泥等大宗物资，开展区域联采。⑤统一规范的电商采购。将零星采购化为集中采购，建立统一的物资采购电商平台——电建商城。⑥合作共赢的供应商关系。中国电建打造多层次、规范高效、合作共赢的供应商管理体系，依托信息平台建立起集团公司、子企业和基层单位三个层级的供应商库，对七万多家供应商实施标准化、专业化、国际化的管理。⑦重大装备的监督监造。通过重大装备的监督监造，进一步提高采购设备的质量，为后续的设备安装调试、运行维护打下良好基础。⑧全球化工程物流管理。着眼于国内国际工程的设备物资保障，内外结合，打造全球化的工程物流管理体系。⑨降本增效的供应链金融。中国电建以"供应链+互联网科技＋金融"的创新理念，将供应链金融与供应链有机融合，打造出"供应链金融生态圈"。

在国内供应链服务创新实践中，怡亚通和浙江通拓表现出色。怡亚通作为供应链服务行业的佼佼者，其创新之处在于供应链整合与数字化升级。在跨境电商领域，浙江通拓则是供应链服务的创新引领者。

（1）怡亚通。怡亚通作为国内领先的供应链服务企业，其创新实践集中体现在供应链整合与数字化升级上，该企业不仅构建了覆盖广泛、功能强大的供应链服务平台，更通过持续的技术创新和模式创新，不断推动供应链服务的智能化、协同化和全球化发展。怡亚通的创新实践首先体现在其独特的"1+N"服务模式上。该模式以核心企业为中心，通过数字化平台将上下游企业紧密连接在一起，实现资源共享、协同作业和互利共赢。这种服务模式不仅降低了企业的运营成本，提高了供应链的响应速度，还促进了供应链生态的繁荣与发展。此外，怡亚通还积极运用大数据、云计算、人工智能等现代信息技术，对供应链进行深度挖掘和智能分析。通过数据分析，企业能够精准把握市场需求变化，优化库存结构，提升物流效率，为客户提供更加个性化、高效化的供应链解决方案。怡亚通不仅在全国150多个中心城市及全球10多个国家设立服务平台，还通过数字化工具如"怡通天下"App，提升运营效率，实现品牌营销链路直达消费终端。怡亚通的实践，展现了供应链整合与数字化创新对提升供应链效率和市场竞争力的关键作用。

（2）浙江通拓。在跨境电商这一新兴领域，浙江通拓凭借其敏锐的市场洞察力和卓越的供应链服务能力，成为跨境电商供应链服务的创新引领者，并始终将供应链服务的优化和创新作为企业发展的核心驱动力。浙江通拓的创新实践首先体现在其灵活高效的跨境供应链体系上。该企业通过优化供应链管理流程，实现了从产品采购、仓储管理到物流配送的全链条优化。同时，浙江通拓还注重与海外仓储和物流服务商的紧密合作，构建了覆盖全球的仓储物流网络，为卖家提供快速、便捷、可靠的物流服务。此外，浙江通拓还积极运用大数据、人工智能等现代信息技术，对市场需求进行精准预测和分析。通过数据分析，企业能够及时发现市场趋势和消费者需求变化，为卖家提供个性化的产品推荐和营销策略建议。这种以数据为驱动的供应链服务模式不仅提升了卖家的市场竞争力，也增强了客户的购物体验和满意度。浙江通拓的这些创新实践不仅推动了企业自身的发展壮大，也为整个跨境电商行业树立了供应链服务的新标杆。

下面通过中建材国际物产有限公司的案例（案例1-2）来进一步说明创新型供应链服务的实践与成效。

案例1-2

中建材国际物产：创新型数字化供应链服务平台探索与实践

中建材国际物产有限公司（简称国际物产）是全球最大的综合性建材产业集团、"世界500强"企业，也是中国建材集团在贸易物流板块重要的现代供应链业务和服务平台。其所属的中建材大宗物联有限公司（简称大宗物联）是国际物产的核心成员企业之一。大宗物联主营业务聚焦于大型建筑央企项目工程配送服务、钢材销售及分销业务，经过多年精耕细作，已成为中国建筑集团有限公司等多家工程建设集团和建筑工程企业长期合作的优质供应商。

2018年以来，为做大做强主业，提升核心竞争力，国际物产和大宗物联顺应潮流，以现代供应链服务为主体，以服务产业链、发展供应链、创造价值链为使命，运用数字化技术创新升级，依托中国建材集团产业优势，结合自身业务和金融资源全力打造了创新性数字化供应链服务平台"央材通"。"央材通"平台基于建筑工程领域供应链服务，实现线下到线上、"互联网+工程配送"，致力于央企建筑材料领域"互联互通"，推动产业链协同创新，助力产业链降本增效，实现供应集成化、产品服务化、赋能金融化、平台数字化。"央材通"平台的创新实践体现在产业赋能、金融赋能、管理赋能三个维度。在产业链端，强化供应链业务协同，"做产业的朋友"：定位于服务产业，牢牢绑定产业，在现代供应链业务中发挥多角色的业务协同。基于真实业务场景和真实数据，线上透明交易，提升供应链运行效率。平台服务的终端央国企客户超 500 多家，管理的项目逾 1 600 个。在金融链端，强化金融资源协同，"做信用的朋友"：与多家国有商业银行合作开展供应链金融服务，解决产业链融资难题，为上游中小微企业赋能。至 2022 年年末，"央材通"平台基于线上数据与 20 余家金融机构合作开展供应链金融服务，累计授信总额超过 50 亿元，为上游中小微企业提供供应链金融融资累计超过 27 亿元，节约财务成本逾千万元。在管理链端，强化集团内部协同，"做管理的朋友"：聚焦集团内部管理需求，立足上下游资源，围绕水泥主业建立集采平台、拓展销售网络；充分整合上游原料资源，通过集招集采实现阳光线上采购，提升采购效率、降低采购成本；对接"我找车"等物流资源平台，降低运营成本，助力整合优化物流资源。

资料来源：赵延敏，殷儒生，陈卫东，等. 创新型数字化供应链服务平台探索与实践[C]//中国企业改革与发展研究会. 中国企业改革发展优秀成果 2023（第七届）：下卷. 北京：中国商务出版社，2024.

1.3.2　国外典型的创新实践与创新政策

在大国战略竞争日益激化的背景下，物流与供应链已成为重大的国际政治经济学问题。国外供应链管理与供应链服务创新政策因国家和地区而异，但普遍体现出对高效、协同、可持续供应链的追求，以及对供应链安全的重视。美国针对供应链创新的政策主要包括成立供应链弹性委员会、利用《国防生产法》扩大卫生和公共服务部的权限，以及构建跨政府供应链数据共享能力。英国正式启动《关键进口和供应链战略》，以保障英国药品、矿产、半导体等关键商品的供应。其战略内容包括：英国商业和贸易部将与企业建立关键供应链信息分享，防止供应链断链；创建一个在线门户，允许企业集中报告进出口事项；成立关键进口委员会；根据《大西洋宣言》等条约开展与盟友间的供应链合作，英国将与美国等合作伙伴制定一项新的关键矿产协议。欧洲针对供应链创新的政策主要包括《企业可持续发展尽职调查指令》（CSDDD），又称欧盟"供应链法案"，旨在促进供应链的多元化、强制性和 ESG（环境、社会和治理）管理实践，覆盖节能减排、原材料采购、废弃物回收利用等方面。

在供应链管理创新实践方面，国外企业展现出了卓越的创新能力。亚马逊以客户为中心，利用数据驱动和技术支撑，实现了供应链的智能化转型。Zara（中文名"飒拉"）则以其快速响应的供应链模式著称，满足了时尚零售业的快速变化需求。

（1）亚马逊。亚马逊的供应链管理模式始终以客户为中心，以数据为驱动，以技术为支撑。这种全新的管理理念，使得亚马逊能够在瞬息万变的市场环境中保持敏锐的洞察力，快速响应市场变化，满足消费者的多样化需求。亚马逊凭借其强大的技术实力和全球化的运营网络，推动了供应链的智能化转型与创新。在仓储环节，亚马逊通过引入先进的物流技术和算法，实现了库存管理的精准预测与自动化处理，大幅降低了库存成本并提升了物流效率。其智能仓储系统利用机器人和自动化设备进行货物的分拣、包装与发货，显著提高了作业速度和准确性。此外，亚马逊还构建了全球性的物流网络，包括自有物流体系以及与第三方物流合作，确保商品能够迅速送达全球消费者手中。这种以数据为驱动、技术为支撑的供应链管理模式，不仅增强了亚马逊的市场竞争力，也为整个零售行业树立了供应链管理的范例。

（2）Zara。在快速变化的时尚零售业中，Zara 以其独特的快速响应供应链模式，成为了全球供应链管理创新的典范。Zara 的供应链创新首先体现在其高度集成的信息系统上。这一系统不仅连接了设计、生产、物流、销售等各个环节，还紧密连接了市场与消费者，确保信息的实时传递与共享。设计师们能够借助这一系统，迅速捕捉全球时尚趋势和消费者需求变化，并通过数字化工具快速生成产品原型。这一过程大大缩短了产品从概念到市场的周期，使得 Zara 能够迅速响应市场变化，推出符合潮流的新品。在生产环节，Zara 采用了少量多批次的生产策略，不仅减少了库存积压的风险，还使得企业能够更灵活地调整生产计划。同时，Zara 与供应商之间建立了紧密的合作关系，通过共享信息和资源，实现了生产过程的快速响应和高效协同，使得 Zara 能够在短时间内完成大量订单的生产。此外，Zara 还通过线上销售渠道拓展市场，实现线上线下融合的销售模式。总体而言，Zara 的快速响应供应链模式是一种高度集成、灵活高效、以消费者为中心的供应链管理模式，这使得 Zara 能够在竞争激烈的时尚市场中保持领先地位。

在供应链服务创新方面，美国联合包裹服务公司 UPS（United Parcel Service）和敦豪航空货运公司 DHL（DHL Group）作为国际物流领域的佼佼者，同样表现不俗。UPS 凭借卓越的物流科技实力，构建了全球化的智能物流网络，为客户提供全方位的供应链解决方案。DHL 则致力于绿色可持续发展，通过绿色供应链服务项目，助力客户实现供应链的绿色转型。

（1）美国联合包裹服务公司（UPS）。在国际供应链服务领域，UPS 拥有卓越的物流科技实力与前瞻性的供应链服务解决方案，不仅构建了覆盖全球、紧密相连的物流网络，确保了货物能够高效、安全地跨越国界，更通过不懈的技术投入与创新探索，成功地将供应链体系推向了智能化的新高度。UPS 深度融合大数据、物联网（IoT）及人工智能（AI）等前沿技术，对物流过程的每一个细微环节进行精准把控与高效管理。其自主研发的智能路由规划系统能够实时接入并综合分析来自多个渠道的交通状况、天气变化、交通管制等复杂信息，为每一件货物量身定制最优化的运输路径。这一创新不仅有效减少了运输过程中的延误与成本，还极大地提升了物流服务的灵活性和响应速度，为客户带来了更高的满意度。此外，UPS 还致力于提供全方位、一站式的供应链解决方案，以满足企业多样化的需求。从精细的库存管理、高效的订单处理到便捷的退货管理，UPS 凭借其丰富的行业经验和先进的技术手段，帮助企业全面优化供应链流程，提升整体运营效率。这些解决方案的推出，不仅为企业降低了运营成本，还增强了其市场竞争力，为企业的持续发展注入了强劲动力。

（2）敦豪航空货运公司（DHL）。DHL 作为国际物流领域的领航者，其在供应链服务方面的创新努力与绿色可持续发展方面的承诺，正深刻改变着全球物流行业的面貌。

DHL不仅专注于构建高效、精准的物流网络，确保货物在全球范围内实现无缝流转，更将环境保护和社会责任融入其业务核心。在追求高效与可靠的同时，DHL积极拥抱绿色科技，致力于减少物流活动对环境的负面影响。该公司大力推广清洁能源车辆的使用，如电动汽车和氢能源车辆，减少运输过程中的碳排放。此外，DHL还不断优化包装材料，采用可回收、可降解或轻量化设计，以减少包装废弃物的产生，并鼓励客户参与包装循环利用计划，共同促进资源的节约与循环利用。为了进一步推动绿色供应链的普及与发展，DHL创新性地推出了绿色供应链服务项目。该项目不仅为客户提供专业的环保性能评估，帮助客户识别供应链中的环境风险与改进空间，还通过定制化的绿色解决方案，如绿色运输方案、能效提升建议等，助力客户实现供应链的绿色转型。通过不断探索与实践，DHL正逐步构建起一个更加环保、可持续的供应链生态系统，为全球的绿色转型与可持续发展贡献力量。

综合前文内容，我们得到供应链管理创新和供应链服务创新的国内外情况对比，分别如表1-2、表1-3所示。

表1-2　供应链管理创新的国内外情况对比

对比的方面	供应链管理创新实践	
	国　内	国　外
典型企业	华为、中国电建	亚马逊、Zara
技术应用	积极拥抱数字化转型，通过云计算、大数据等技术优化库存管理、需求预测等环节，提升供应链效率	大量运用先进技术，如人数据、人工智能、物联网等，实现供应链的智能化、自动化和高效化
战略布局	注重本土化与定制化，根据国内市场的特点和客户需求，提供更具针对性的供应链解决方案	强调各环节的高度集成与协同，通过构建全球性的物流网络和供应链体系，实现资源的优化配置和高效协同

表1-3　供应链服务创新的国内外情况对比

对比的方面	供应链服务创新实践	
	国　内	国　外
典型企业	怡亚通、浙江通拓	UPS、DHL
技术应用	运用大数据、云计算、人工智能等现代信息技术，以提升供应链效率和响应速度	注重物联网、自动化技术和智能路由规划等技术的应用，以实现供应链的智能化和自动化
绿色化实践	关注供应链的绿色化实践，但不够成熟	较为成熟，采取措施减少碳排放和能源消耗，还积极推广清洁能源车辆和优化包装材料，以实现供应链的可持续发展

1.4　供应链管理与服务的实践发展趋势

1.4.1　基于市场驱动的实践发展趋势

1. 消费者需求驱动下的供应链个性化与敏捷响应

随着消费者需求日益个性化与多样化，企业的供应链管理不仅要面对标准化生产的挑战，还要更具灵活性和响应性。个性化和定制化需求推动了供应链从传统的大规模生产和库存管理模式，转向更为灵活、以客户需求为导向的动态管理方式。为了实现这一转变，企业需要采取精细化的需求预测、灵活的生产计划及动态调配的库存管理系统。

精确的需求预测在个性化供应链管理中至关重要。现代供应链采用大数据分析和人工智能技术，能够分析消费者的历史购买行为、搜索记录、社交媒体反馈等多维度数据，从而更精确地预测消费者的需求。比如，服装行业的品牌可以依据实时数据预测每个地区的需求，并根据季节变化、趋势变化做出快速调整。个性化需求的增长要求企业在生产上具有高度的灵活性。企业可以采用按需生产（make-to-order，MTO）或者组合生产（make-to-stock，MTS）与按订单生产相结合的模式更好地应对短期需求波动。灵活的生产计划意味着生产线能够根据客户的个性化需求快速进行调整，无论是产品设计上的小修改，还是生产批次的快速切换。例如，苹果公司在生产其产品时，能够根据用户需求的个性化选项（如颜色、存储空间等）进行相应的生产安排。动态的库存管理是支持个性化供应链管理的关键。传统的库存管理依赖于预测和批量生产，而在面对消费者个性化需求的背景下，实时库存管理变得尤为重要。企业通过智能仓储系统（如射频识别RFID、物联网设备等）实时跟踪库存状况，能够根据需求波动进行灵活的库存调整。

除了供应链管理本身的转型，供应链服务也在不断变化，以更好地满足消费者个性化和多样化的需求。供应链服务的变化不仅体现在订单交付的速度和准确性上，还体现在消费者体验的个性化和定制化方面。电商平台和零售商通过深入分析消费者的购买历史、浏览行为、社交媒体数据等，提供个性化的产品推荐，极大提升了客户的购物体验。基于大数据和机器学习技术，企业可以实时分析客户需求，定制化推荐最符合消费者喜好的产品。消费者对于配送的要求越来越高，不仅要求更快速，还要求更灵活、可定制，运用智能供应链系统可以使企业能够根据消费者的地理位置和时间要求，优化配送路径与方式。例如，消费者可以选择同城当天配送、指定送货时间甚至选择门店自取。实时响应能力也是供应链服务中不可忽视的一环。随着消费者期望变得更加即时化，企业需要通过建立灵活的供应链服务体系，快速响应订单变化和市场波动。消费者可以在购买过程中实时查询订单进度、物流状态等信息，甚至在订单有问题时能够快速联系客服并得到及时解决。企业可以通过人工智能客服和大数据分析，实时获取客户反馈，并根据反馈调整服务策略。在案例1-3中，瑞幸咖啡的定位就是一个很好的范例。

案例1-3

瑞幸定位高性价咖啡，打造大众化、便捷化消费场景

瑞幸咖啡主要定位"平价、创新、快取"，将我国现磨咖啡带入低单价、创新品、轻环境的全新消费场景。在产品价格上，瑞幸咖啡定位大众化、亲民化，大多数咖啡产品价格位于10～20元价格带，如图1-2所示；同时产品类型丰富多样，包括乳类拿铁、茶饮咖啡、美式等多样化产品，满足消费者对高品质、多元化口味的需求。消费场景上，不同于传统第三空间咖啡馆，瑞幸咖啡门店以面积较小的快取店模式为主，通过快取快拿方式给消费者提供高便捷性。

图 1-2　瑞幸咖啡产品种类丰富、单价较低

（图片来源：瑞幸咖啡小程序）

资料来源：（节选）瑞幸咖啡研究报告：大众现磨咖啡引领者，乘行业东风顺势崛起[EB/OL].
[2024-09-22]. https://www.vzkoo.com/document/20240517853726469d5dea215c540a33.html.

2. 市场竞争驱动下的供应链成本优化与网络升级

在市场竞争的驱动下，企业不仅需要通过精细化的管理实现成本控制，还必须通过创新的服务模式提升客户满意度。因此，供应链的优化不仅涉及内部管理的精细化，还涵盖了外部服务的高效性。

市场竞争驱动下供应链管理的核心目标是通过提高运营效率和降低成本，增强企业在市场中的竞争力。精益生产作为成本控制和效率提升的有效工具，通过减少生产过程中的浪费，优化资源配置，帮助企业降低生产成本，同时提升生产效率。精益生产不仅关注于生产线的优化，还关注于对整个供应链流程的系统性改进。除了精益生产，企业还通过集中采购与长期合同谈判来优化采购环节，集中采购使企业能够通过大宗采购享受价格优势，并通过长期合作关系保证供应的稳定性，减少价格波动对成本的影响。此外，在全球化背景下，企业通过供应链网络的全球化布局，将生产和供应链活动迁移至成本较低的地区。全球化布局的关键在于选择合适的生产基地和供应商，结合不同地区的成本优势优化供应链网络。例如，很多跨国公司将生产基地设在中国、东南亚等低成本地区，并通过全球化的供应链网络将产品快速输送到全球市场。

与供应链管理的内部优化不同，供应链服务的优化更侧重于如何提高外部客户的体验和满足市场的个性化需求。供应链服务的优化涉及多个方面，其中最为关键的是物流与配送效率的提升。通过选择最优的运输方式、优化配送路径、提高运输效率，企业能够在降低物流成本的同时，确保客户需求的及时满足。现代物流技术的应用，尤其是在"最后一公里"配送环节的优化，已经成为提升供应链服务效率的重要途径。借助大数据、物联网和人工智能等技术，企业能够实时跟踪配送过程，提前识别潜在的配送瓶颈，从而优化配送路线。除了物流与配送的优化，企业还通过智能仓储与库存管理系统来降低仓储成本，并提升供应链的响应速度。供应链服务的优化还包括信息共享与合作的加强。通过建立与供应商、分销商及其他合作伙伴的紧密合作关系，企业能够共享关键信息，提前预测需求变化和市场波动，从而快速做出响应。

拓展阅读 1.2 可口可乐的供应链优化与控股策略

3. 技术进步驱动下的供应链数字化与智慧化转型

技术进步在推动供应链数字化和智慧化转型中发挥了关键作用。随着物联网、大数据分析、人工智能、区块链等技术的不断发展，供应链管理和供应链服务逐渐进入智慧化、自动化和数字化的新阶段。通过技术的引入，企业能够在更复杂的市场环境中提高供应链的效率、透明度、灵活性和响应能力，从而实现更高效的资源配置和更智能的决策支持。

在供应链管理中，技术进步使得各个环节的监控、分析和优化变得更加精准和高效。物联网技术通过传感器、射频识别（RFID）等设备，使供应链中的每一个环节都能实时进行数据采集与传输，增强了供应链的透明度。大数据分析提供了对海量数据的深度挖掘和精准预测能力，帮助企业识别供应链中的瓶颈或效率低下的环节，为供应链的优化和调整提供有力的数据支持。人工智能的引入，特别是在自动化生产、智能仓储和预测性维护等领域，显著提升了供应链管理的智能化水平。例如，通过机器学习和深度学习算法，企业能够分析生产数据和设备运行状态，提前预测可能出现的设备故障，进行及时维护和修复，避免生产线停工和产生不必要的维修成本。

在供应链服务领域，技术进步同样带来了显著的变化，特别是在物流配送和客户体验方面。无人配送技术，包括无人车和无人机的应用，正在逐步改变传统的配送方式。无人配送车能够在城市内完成"最后一公里"的配送，无人机则适用于远距离或难以到达的地区，能够快速、高效地完成小件货物的投递。此外，智能化物流系统利用大数据、物联网、人工智能等技术，能够在配送过程中进行动态路径优化，实时调整运输路线，避免交通拥堵等问题。在供应链服务中，区块链技术被广泛应用于产品追溯和数字化合同管理等方面，消费者和企业能够实时追踪产品从生产到配送的整个过程，确保产品的来源可追溯、信息透明。数字化平台和云技术也为供应链服务提供了强大的支持。通过构建数字化供应链平台，企业能够与各个供应商、分销商、合作伙伴实现信息共享和实时沟通。

消费者需求驱动的供应链管理与服务趋势强调个性化定制和敏捷响应，以满足不断变化的市场需求；市场竞争驱动则聚焦于成本优化和供应链网络优化，以提升企业的市场竞争力；技术进步驱动则推动了供应链的数字化、智能化和自动化，以提升供应链的效率和灵活性。这些发展趋势表明，现代供应链管理和服务在面对市场需求变化、竞争压力和技术挑战时，必须不断调整和优化策略，以实现更高效、更智能和更具竞争力的供应链运作。

拓展阅读 1.3 "屿链通"
构建数智化信任桥梁

1.4.2 基于政策导向的实践发展趋势

1. "双循环"发展战略下的供应链自主可控

"双循环"是中国政府提出的经济发展战略，旨在通过形成以国内大循环为主体、国内国际双循环相互促进的新发展格局，推动经济高质量发展。国内大循环强调内需市场的作用，而国际循环则侧重于通过国际市场实现资源的优化配置和提升全球竞争力。

在"双循环"发展战略下，供应链自主可控成为企业提高竞争力的关键。在供应链管理方面，企业正在大力推进国内供应链的本地化和自主创新，以减少对外部市场和技术的依赖。在供应链管理方面，企业着重于自主技术的研发和应用。这包括引进和开发先进的智能制造系统、自动化设备和数据分析工具，从而提升生产效率和供应链响应速度。例如，通过自主研发的技术，企业可以设计更精准的生产计划，并获取实时数据监控，进而提高供应链的整体协调性和灵活性。此外，企业还在本地化生产和资源整合方面加大投入，建立本地化生产基地和仓储中心，优化供应链网络。这种策略不仅增强了供应链的自主性，还有效减少了外部环境的不确定性对企业的影响。

在供应链服务方面，服务提供商也在积极响应"双循环"发展战略，通过提升本地化服务能力来支持国内市场的发展。服务提供商建立了区域内的物流配送网络，提供定制化的物流解决方案，以适应国内市场的多样化需求。例如，设立更多的区域配送中心，以提高物流服务的响应速度和覆盖范围。此外，服务提供商还注重数据安全和系统集成，通过建设安全可靠的信息系统来保护供应链数据，确保系统的稳定性。利用先进的数字化技术和数据分析，服务提供商提高了供应链服务的效率和透明度，从而支持企业在国内市场的快速反应和稳定运营。这些举措共同促进了供应链的自主可控，为企业在复杂环境中提供了更强的保障和支持。如案例 1-4 中，比亚迪在"双循环"发展战略下着力提升供应链自主可控能力，引领新能源汽车革命。

案例1-4

比亚迪——电动疾驰，引领新能源汽车革命

比亚迪于 1995 年创办，2003 年收购陕西秦川汽车，顺势杀入汽车行业。如今，比亚迪已拥有电池、电机、电控及芯片等新能源汽车全产业链核心技术，在新能源汽车领

域的销量保持着稳步增长的良好态势，连续 9 年位居中国第一。2022 年 3 月，比亚迪新能源汽车销量首次突破 10 万辆大关，实现总销量 10.49 万辆，同比增长 346%，环比增长 19.28%。

根据企业战略发展布局，比亚迪自 2022 年 3 月起停止燃油汽车整车生产，专注于 EV 纯电动和 DM 插电混动汽车业务。且根据比亚迪公布的产销数据来看，其暂停的并非仅是燃油车的整车生产，其燃油车销售也已全面暂停。聚焦于新能源汽车，比亚迪坚持 DM 插混、EV 纯电"两条腿、齐步走"的战略，在新能源市场持续发力，实现全面新能源化。

1."垂直整合"供应链体系

"垂直整合"供应链模式是指纵向整合上下游企业及资源，提高供应链运行的稳定性。经过不断研发，比亚迪已全面掌握了新能源汽车电池、电机、电控及芯片等全产业链核心技术（比亚迪导体、刀片电池），形成了从三电系统到整车生产的一体化布局。因此，其供应链面对市场和环境变化，依然有着极高的稳定性、安全性，同时也可最大限度地规避"被卡脖子"的风险。对于比亚迪来说，其新能源汽车供应链中配件自给率在 50% 以上。因此，即使是在新冠疫情的影响下，该模式也使得比亚迪在供应链运行中表现得非常稳定。

2."开放式"供应链体系

"垂直整合"供应链运作模式相对来说偏封闭，使得整个供应链缺少与行业的密切交流，市场竞争意识不强，同时不利于规模化降低成本。在"双循环"及智能制造的大背景下，比亚迪供应链运作模式在发生变化：比亚迪结束了 20 年全产业闭环模式，开启核心电池向其他企业供货模式，成立 5 家子公司，完成了整车业务与零部件业务的剥离，从电池开放走向全产业链开放，实现其供应链体系从"垂直整合"模式向"开放式"供应链的转变；逐步搭建信息化平台（供应商门户、SRM 系统等），一方面吸收外部优秀的供应商资源，另一方面将比亚迪优质供应链资源向行业开放；横向拓展供应链能力，更加强调供应链的运作效率，不断提升汽车产业竞争力。

资料来源：李肖肖. 双循环发展格局下新能源汽车供应链运作模式研究——以比亚迪品牌为例[J]. 物流科技，2023，46（1）：132-135. DOI: 10.13714/j.cnki.1002-3100.2023.01.030.

2."一带一路"倡议下的供应链全球化布局

"一带一路"倡议是中国提出的旨在促进全球经济合作与发展的战略，涵盖了经济合作带（经济带）和海上合作带（海上丝绸之路）。这一政策旨在通过加强基础设施建设、推动贸易投资合作和文化交流，构建多层次的全球合作网络。

在"一带一路"倡议的框架下，供应链的全球化布局和跨境合作成为企业和服务提供商发展的重要方向，为企业和服务提供商创造了拓展国际市场和深化国际合作的新机遇。具体而言，在供应链管理方面，企业积极参与跨境基础设施建设，包括铁路、公路、港口等，旨在提升全球供应链的运作效率和稳定性。例如，中欧班列已成为连接中国与欧洲的重要陆上运输通道，其网络不断延伸至中亚、俄罗斯及东欧国家，大幅提升了物流效率和运输稳定性。同时，中国在巴基斯坦瓜达尔、希腊比雷埃夫斯等节点投资建设现代化港口，形成了从中国到欧洲、中东及非洲的多式联运体系，为全球物流网络的完善提供了有力支撑。这些基础设施的建设不仅促进了区域经济的联通，还优化了跨境物流网络，支持了国际市场的多样化需求。

在供应链服务方面，服务提供商正致力于提升全球物流服务能力，建设国际物流中心并不断优化跨境配送解决方案。借助云计算、物联网、大数据、人工智能和区块链等先进技术，它们实现了订单追踪、库存管理和物流调度的实时监控和自动化操作，从而提高了全球物流服务的准确性和时效性。同时，通过构建全球电商平台和推广无人仓、自动化分拣以及无人机配送技术，服务提供商进一步支持企业在国际市场的拓展，为国际贸易提供了全方位、数字化的服务支持。这些具体措施和布局共同推动了"一带一路"倡议下供应链全球化发展，促进了区域经济合作与全球市场的一体化进程。

拓展阅读 1.4 浙茶集团："浙"杯中国茶与世界相拥

3. 乡村振兴战略下的供应链下沉与创新

乡村振兴战略旨在全面提升乡村经济、改善乡村基础设施和生活条件，促进城乡协调发展。该政策包括农业现代化、农村基础设施建设、乡村产业发展等方面。

在乡村振兴战略的指导下，供应链的下沉和创新成为推动乡村经济发展的核心任务。在供应链管理方面，企业致力于推动农业供应链的现代化，更加关注农村市场的需求和潜力，通过引入先进的农业技术和设备来提升农业生产的效率和市场竞争力。这包括建设现代化的农业生产基地，引入智能化的农业管理系统，改进农产品的处理和包装流程。例如，利用精准农业技术和自动化设备，企业可以提高作物的产量和质量，同时降低生产成本。此外，企业还通过建立全新的供应链模式，优化农业供应链的各个环节，以提高整体效率和市场响应能力。

在供应链服务方面，服务提供商积极推进农村物流服务的提升和创新。通过建设农村物流配送网络，服务提供商提高了农村地区的物流服务能力。这包括在农村地区设立更多的配送中心，优化物流配送路径，从而提高物流服务的覆盖范围和效率。服务提供商还推动农业电商平台的建设，帮助农民将产品销售到城市市场。通过提供市场推广、数据分析和贸易咨询服务，服务提供商支持农民了解市场需求，制定有效的销售策略。此外，服务提供商创新服务模式，推出定制化物流服务，利用智能技术和数据分析优化物流服务流程，从而支持乡村经济的增长和城乡一体化发展。这些举措有效促进了乡村经济的发展和城乡协调，推动了供应链的下沉与创新。如案例 1-5 中，伊利集团以奶业振兴带动乡村振兴，实现供应链的下沉与创新。

案例1-5

伊利：奶业振兴带动乡村振兴

作为农业产业化国家重点龙头企业，伊利集团深入贯彻落实党和国家关于乡村振兴的相关工作部署要求，秉承"平衡为主、责任为先"的伊利法则和"厚度优于速度，行业繁荣胜于个体辉煌，社会价值大于商业财富"的理念，发挥龙头企业的引领带动作用，以人民对美好生活的向往和企业的"全面价值领先"为奋斗目标，赋能上游发展，加快产业融合，以奶业高质量发展为引领，推动农业农村现代化，促进乡村振兴，全面助力共同富裕。

多年来，伊利十分关注农村原住民高度依赖养殖牛羊造成的农村生态环境恶化，草原退化、沙化等问题。"牧场在美丽的大草原中"，这不仅是一个口号，更是伊利致力于乡村生态环境改善的目标。经过科学的研究与分析，伊利在内蒙古阿鲁科尔沁旗等多地建设优质牧草生产基地，推行种养结合的新模式，如采用机械化和节水喷灌技术种植紫花苜蓿，不仅大大降低了奶户的养殖成本，也对防沙治沙和生态环境改善起到了良好的效果。

针对传统奶牛养殖业面临的粪污处理难、饲料成本高和饲料制作技术难题、资金融通困难、土地资源匮乏等一系列挑战，自2013年起，伊利在规模化养殖牧场推行"种养一体化"，实现"以养带种、以种促养"的良性循环，推动规模化养殖牧场，发展优质饲草种植，提高粪污资源化使用效率，帮助牧场解决环境与发展的双重挑战。在全产业链的紧密联结下，伊利带动了全国近640万亩饲草料种植，其中带动420多万亩青贮玉米种植。目前，伊利"种养一体化"养殖技术已覆盖全国合作牧场，带动产业链上游合作伙伴走上绿色生态化发展之路，打造真正意义上的乳业绿色供应链。

资料来源：孙琳. 伊利以全链创新助力乡村全面振兴[N]. 人民政协报，2024-02-09（005）. DOI:10.28660/n.cnki.nrmzx.2024.000797.

本章小结

供应链管理是通过对供应链中的商流、物流、信息流、资金流等资源进行全面规划和协调，保证供应链在采购、生产、流通加工、存储、运输、装卸搬运等各个环节中的运作达到最优化，同时以最小的成本实现产品从原料采购到交付至客户的整个过程。供应链服务是指供应链管理过程中所涉及的一系列服务，包括物流配送、仓储管理、订单处理、库存管理、质量控制、信息管理以及供应链优化咨询和匹配服务等多个方面。

关键概念

供应链　供应链管理　供应链服务　管理　服务

思考题

1. 如何理解供应链管理的概念？
2. 什么是供应链服务？
3. 供应链管理与供应链服务有哪些联系与区别？

4. 供应链管理与供应链服务的创新实践与创新政策有哪些?

5. 供应链管理与供应链服务的实践发展趋势体现在哪些方面?

案例分析

泓明供应链：数字化创新引领硬核产业高质量发展

泓明供应链集团（简称泓明集团）创立于1995年，总部位于上海市浦东新区张江科学城，深耕集成电路产业供应链，是中国数智化产业供应链服务引领者。泓明供应链已在全国14个城市建立了24个产业供应链卓越中心，集成电路产业进口设备供应商覆盖率达到全国90%以上。截至2022年年底，已与全球前15家半导体设备供应商中的12家开展合作，并与产业链上300多家客户签订服务合同，服务覆盖1000多家上游客户，5000多家下游客户，技术工程师超过5000名，全国12英寸芯片制造厂配套服务覆盖率达到100%，是目前国内集成电路设备及零部件千亿级供应链服务平台。

1. 一体化智慧产业供应链平台，实现全程唯一码管理

泓明供应链创新扩展型"M+1+N"智慧供应链模型，应用人工智能、物联网、云计算和大数据等新兴数字技术，为集成电路产业生态链中的企业打造"订、贸、关、仓、包、运、配、修"一体化数智产业供应链"芯服务"，通过唯一码对供应链节点进行全程管控。目前备件到达时间已缩短至海外72小时内、国内48小时内、本地4小时内。2023年8—9月总受理单数近2.6万单，业务量远超传统物流业务。泓明供应链基于调剂平台、供应链引擎、数字维修三大模块功能，为产业链上的设备厂商、制造企业、维修企业进行赋能支持，通过平台协同匹配三方需求；实时监测业务量，根据数据自动调班，大幅提升企业效率，并将差错率降低至趋近于零。

2. 四大配套供应链服务，全场景服务集成电路产业链

产业供应链协同平台，围绕全程设计、全程采购、全程制造和全程维修等供应链共享和协同创新模式，全场景、全网络、全链路服务于集成电路产业链。平台根据不同场景及痛点，通过多模块组合模式，帮助企业协同管理。建立基于唯一识别码和"三账五流"的集成电路设计供应链专业服务模块，打造为集成电路研发设计企业提供全流程服务、一站式管理的服务平台。除供应链协同管理模块外，平台还基于目前国际形势，增加贸易合规方面的智能预警和风险管控服务。

3. 建设集成电路产业亚太转运中心，促进产业集聚

泓明供应链建设基于"保税+数字化技术"的集成电路产业亚太转运中心智慧服务平台，通过模式、技术、制度三重创新，提高产业链上中下游供应链效率，降低企业综合物流成本。例如，从浦东出发，将全国各地供应商的采购备件集中到浦东发往海外，实现平均装载率提高25%，半年为单一客户节约物流运作成本约3000万元。以转运中心为基础，已惠及上下游数百家企业，协助数十家企业分拨中心落地浦东，为助力上海打造集成电路世界级产业集群提供智慧供应链配套服务保障。

4. 加入CCC免办便捷通道试点，实现物流"零等待"

通过制定集成电路供应服务团体标准，依托基于全程唯一码和数字围网的可视化物流追溯及维修服务平台，由过去的事中审批和"点式"监管优化为事前准入和事后核查的"链式"监管。已有1.37万批14万件进口集成电路零部件获"零等待"放行，申报总货值约2.3亿元，将进口集成电路零部件的平均时间缩短了2天，获益集成电路研发制造企业超过200家。目前，一颗保险丝从机场入关至泓明供应链外高桥仓库只需2小时，5小时后即能到达安徽合肥某集成电路企业，为集成电路产业集群高质量发展提供了稳定保障。

资料来源：上海市商务委员会. 生产性互联网服务平台案例|泓明供应链：数字化创新引领硬核产业高质量发展[EB/OL]. [2024-09-27]. https://sww.sh.gov.cn/scxhlwfwpt-cxal/20231018/bae 3312ad1f5446 891627831acb3847b.html.（节选）

案例思考题

1. 泓明集团的一体化数智产业供应链"芯服务"模式有哪些优势？

2. 随着集成电路产业的不断发展和技术更新，泓明集团如何通过其供应链服务体系来帮助企业快速适应市场变化和技术迭代？

3. 随着业务的不断拓展，泓明集团如何利用其现有的技术和资源优势，进一步扩大在集成电路产业供应链服务领域的市场份额？

即测即练

自学自测　　扫描此码

第 2 章

新时代的互联网思维

◈ **学习目的**

- 了解各种新时代互联网思维的概念
- 理解新时代互联网思维包含的内容
- 认识并理解新时代互联网思维的特点
- 明晰新时代互联网思维的应用场景

◈ **引导案例**

撕开帝国裂缝的互联网＋饮料公司——元气森林是如何做的？

中国是全球最大的软饮料市场之一，但是市场集中度非常高，可口可乐、农夫山泉、统一等巨头牢牢占据着消费者冰箱里大部分的空间。元气森林是 2016 年才成立的新品牌，凭借着"0 糖 0 脂 0 卡"的健康概念和符合 Z 世代调性的运营策略，在这些饮料巨头的包围中撕开了一条裂缝。

互联网思维赋能下的设计思维是元气森林创新成功的关键点。从行业传统观念来看，饮料创新很难，其最大的痛点在于新产品在市场测试不易。过去的快消公司，每一个新产品都需要投放到线下进行市场验证，不仅成本高，周期也长，这使得传统公司的创新周期被拉长。在高标准的基础上，快速测试、快速迭代是元气森林的核心产品研发思路，并被外界视为将互联网思维引入食品饮料行业的重要表现。元气森林的产品主要通过线上渠道测试，不仅触达的用户更加精准，反馈的周期也被缩短，这让元气森林可以在同样的时间内，以更低的成本验证产品的可行性。此外，元气森林在 2020 年开始运营微信私域，通过各种渠道低成本、高效地进行测试活动，并将之命名为"体验官"活动。最后，通过数据导向验证产品和快速迭代，元气森林在创新上快人一步，抢先占领了市场。

创始人唐彬森涉猎过心理测试、游戏、游戏海外发行平台、导航网站、杀毒软件、食品饮料等多个领域。食品饮料的确是这当中看起来最不互联网的一个，但也正因为把互联网思维带入了食品饮料，才有了今天的元气森林。

资料来源：案例分析|元气森林：撕开帝国裂缝的互联网＋饮料公司[EB/OL].（2022-01-18）[2024-09-27]. https://zhuanlan.zhihu.com/p/458915272.（节选）

以上案例体现了各种互联网思维。在互联网时代的浪潮下，互联网思维扮演着重要的角色。

2.1 互联网思维概述

2.1.1 互联网思维的定义

互联网思维可以定义为：在（移动）互联网、大数据、云计算等科技不断发展的背景下，对市场、用户、产品、企业价值链乃至对整个商业生态进行重新审视的思考方式。互联网思维是一种开放、灵活、创新、共享的思维方式，它颠覆了传统观念，改变了人们的生活和工作方式。

2.1.2 互联网思维的内涵

互联网思维的本质是以用户为中心、技术为工具、数据为燃料、生态为方向的现代化商业逻辑。故而，它不仅需要从战略全局和生态的角度去理解和使用，还需要把握其微观特征，包括用户导向、数据驱动、共享迭代等核心特征，这些也分别对应了最典型的互联网思维，如用户中心思维、大数据思维、共享思维和迭代思维。

2.1.3 互联网思维的类别

结合本书的主题，面向供应链平台运营与模式创新的互联网思维包括以下七大思维：用户中心思维、跨界融合思维、平台思维、大数据思维、社会化传播思维、共享思维和迭代思维。本书选取这些互联网思维的依据是它们高度适用于供应链平台。

用户中心思维和社会化传播思维体现了互联网思维的"应用场景"维度，跨界融合思维、平台思维和共享思维体现了互联网思维的"商业模式"维度；大数据思维和迭代思维体现了互联网思维的"技术驱动"维度。

2.1.4 互联网思维的作用

互联网思维在现代社会的各个领域中发挥着重要作用，尤其是在供应链平台的运营和管理之中，它通过用户中心、数据驱动和共享迭代等特征，推动企业在实践中不断创新和提高效率，使其能够更好地适应市场变化和满足用户需求。此外，在高校人才培养方面，互联网思维促使教育模式变革，推动课程创新和跨学科合作，培养学生的创新能力和实践技能。同时，互联网思维在学术研究中促进了数据共享和跨界合作，加速了研究进程和成果传播。而在政府社会治理中，互联网思维推动了智慧城市建设和电子政务发展，提高了公共服务的效率和透明度，增强了政策制定的科学性和公众互动的广度。通过这些方式，互联网思维不仅推动了技术和商业的创新，也在更广泛的社会层面上促进了合作、透明度和效率的提升。

2.2　用户中心思维

用户中心思维，也称为用户导向思维或以用户为中心的设计（user-centered design，UCD），是一种在产品设计、开发和服务提供过程中将用户的需求、体验和反馈置于核心位置的方法论，强调从用户的角度出发，通过持续的用户研究、测试和反馈循环，确保产品或服务能够满足用户的期望，提供良好的用户体验。其核心要素包括：深入了解用户，通过用户调研、访谈、问卷调查等方式了解目标用户群体的特点、需求、痛点和使用场景；用户参与设计，在设计过程中邀请用户参与，通过原型测试、可用性测试等方法收集用户反馈，确保设计符合用户需求；迭代优化，基于用户反馈不断迭代产品，优化用户体验，确保产品能够持续满足用户的需求；关注用户体验，不仅关注产品的功能实现，更重视用户在使用产品过程中的感受，包括界面设计、交互流程、情感体验等多方面；跨学科合作，用户中心思维需要设计、技术、市场等多个团队的紧密合作，共同从用户的角度出发，解决产品开发中的问题。用户中心思维不限于产品设计，也可以广泛应用于服务设计、营销策略等多个领域，核心目标是通过更好地理解和服务用户，提升用户满意度和忠诚度，从而为企业带来长期的价值。

2.2.1　基于用户导向的产品和服务设计

基于用户导向的产品和服务设计是一种以用户需求和体验为核心的方法论，通过深入了解用户的特点、需求和使用场景，邀请用户参与设计和测试过程，不断迭代优化产品，确保功能和交互符合用户期望，从而提升用户体验和满意度，最终实现用户忠诚度和企业价值的双重提升。这种方法强调在产品和服务的整个生命周期中，从最初的市场调研、需求分析，到设计、开发、测试，再到上线后的用户反馈和持续优化，每个环节都以用户为中心，确保每个决策都能真正满足用户的需求。通过用户调研、访谈、问卷调查等手段，深入了解用户的真实需求和痛点，设计出符合用户期望的产品功能和界面；在设计过程中，邀请用户参与原型测试和可用性测试，收集反馈并进行优化，确保产品在实际使用中的流畅性和易用性；产品上线后，通过持续的用户反馈和数据分析，不断迭代改进，解决用户在使用过程中遇到的问题，提升用户体验。此外，基于用户导向的设计还强调跨学科团队的合作，设计、技术、市场等多部门紧密协作，共同从用户的角度出发，解决产品开发中的各种问题，确保产品能够全面满足用户的需求，提升用户满意度和忠诚度，为企业带来长期的价值。正所谓"得大众者得天下"。成功的互联网产品多是抓住了大众群体的需求，当产品不能让用户成为产品的一部分，不能和用户连接在一起的话，产品必然是失败的。QQ、百度、淘宝、微信、小米都是基于用户导向才不断壮大。案例 2-1 介绍了京东基于用户导向的产品和服务设计。

案例2-1

京东的"用户关系学"

互联网正在摒弃卖方思维、拥抱"用户关系"。用户还是那些，需求不会因为到别的平台购物就发生变化，但对于面向更广大用户群体的京东，这是一场考验。

这个时代，谁和用户关系更好，谁才能长久赢得用户的选择。或者说，在用户需求不断变化、平台竞争日趋激烈的今天，平台大小、模式的不同已经不再关键，不管是谁，都要拉近与用户的关系，用价格、品质等去给予用户更好的体验，博得他们的信任，建立基于"关系"的交易模式。这种做法不再是流量战争，其本质，是用各种方式换取用户直接的信任——信你，所以买，而不只是信品牌、信产品。

过去，京东已经通过很多方式构建起用户"信任"，例如正品、物流、服务——要买正品、要快速到、要售后方便，到京东就可以了。这是用户体验构建后，京东长期以来建立的品牌价值。

现在，通过采销的准确选品、广泛比价，这种信任，被京东以"专家智囊""谈判代表"，以及"购物助理"等角色所强化。

在京东采销户外装备的工作人员，不仅会跑工厂、谈价格、找产品，还会在与用户生活直接相关的骑行、垂钓、轮滑、滑板、滑雪、攀岩等场景中现身评测产品，甚至能够把直播间搬到西沙群岛海域进行海钓，直接与钓鱼者通过直播方式互动……"用户信任的是一个具象化的京东，一个能够陪伴在身边的京东，而不是一个流量大的电商平台"。

营造基于信任与陪伴的用户关系，不只是让电商平台能够更好、更快地发展，更重要的是面向整个行业，在三个方面解决低价内卷问题。第一方面，京东打出"又便宜又好"的口号，更多的是为了给用户以更低的价格选择好产品，这是长期的信任与陪伴关系的营造，最终也是可以做到良性发展与循环的。在当前看似低价同质化的行业竞争中，京东实际上有着自己的路线和章法。第二方面，在不断的信任与陪伴中，让消费者走出"电商节疲劳"。京东从用户关系建设角度出发的信任与陪伴，总是在贴近生活中不断推荐各种好产品，并在电商节提供更大的优惠力度——其本质也是代表消费者的"谈判代表"拿回来的更优惠价格。消费行为是消费者需求的满足，而非频繁外部刺激所激发，这就让消费者的"电商节疲劳"减轻很多。第三方面，京东采用"做身边的朋友，不只有实体产品交易"的策略，"用户关系"的链接，能够卖实体产品，也就一定能够卖其他服务。在"京东618"发布会上，京东健康也有亮相。健康相关服务是电商平台重要的衍生领域，前提是信任关系的建立。目前京东健康已经成为国内领先的互联网健康平台。

基于供应链优势、服务能力和品牌价值，京东能为用户做的（而不是能卖给用户的）还有很多，换一个出发点后，一切海阔天空。

资料来源：曾响铃. 发力采销，京东的"用户关系学" [EB/OL]. (2024-06-19) [2024-09-27]. https://user.guancha.cn/main/content?id=1253138.

2.2.2 基于个性需求和用户参与的产品和服务创新

基于个性需求和用户参与的产品和服务创新是一种以用户为中心的创新模式，通过深入了解每个用户的独特需求和偏好，邀请用户积极参与产品和服务的设计、测试和反馈过程，从而开发出高度个性化、符合用户期望的解决方案。通过这种创新模式，企业不仅能够更好地满足用户的个性化需求，还能激发用户的参与感和归属感，促进用户与品牌之间的深度互动，实现双赢的局面。

个性化需求的产品和服务创新最重要的是兜售参与感。一种情况是按需定制，厂商提供满足用户个性化需求的产品即可，如海尔的定制化冰箱；另一种情况是在用户的参与中去优化产品，如淘品牌"七格格"，每次新品上市，都会把设计的款式放到其管理的粉丝群组里，让粉丝投票，这些粉丝决定了最终的潮流趋势，自然也会为这些产品买单。让用户参与品牌传播，便是粉丝经济。企业的品牌需要的是"粉丝"，而不只是用户，因为用户远没有"粉丝"那么忠诚。"粉丝"是最优质的目标消费者，一旦注入感情因素，有缺陷的产品也会被接受。未来，没有"粉丝"的品牌大概率都会消亡。

拓展阅读 2.1　小米社群的"粉丝经济"

2.3　跨界融合思维

跨界融合是指企业向不同领域、业务、文化等方面进行跨界延伸，吸收优秀企业及其经验进行融合发展。在供应链管理中，跨界融合可以帮助企业组织有效地整合和优化能力和资源，实现产品研发、物流运输、市场推广等多环节的协同。而创新则是持续提高企业竞争力的关键因素，通过跨界融合，企业可以获取新的技术、管理经验和市场洞察力，激发创新灵感，开拓新市场、新业务和新模式，从而提升企业盈利能力和品牌价值。

有句话叫："打败你的不一定是同行。"企业只有整合多方力量，优势互补，资源共享，才能使整个商业链条中的所有节点都能获得更多的利益。跨界融合思维是一种通过打破传统行业和领域的界限，将不同领域的资源、技术和理念进行整合和创新，以实现新的商业模式、产品和服务的思维方式。这种思维模式强调跨行业的合作与协同，通过资源共享、优势互补，创造更大的价值。例如，科技公司与传统制造业合作，利用物联网和大数据技术提升生产效率和产品质量；电商平台与金融服务结合，提供便捷的支付和信贷服务；医疗健康领域与可穿戴设备融合，实现健康管理的智能化和个性化。跨界融合不仅能够带来技术创新和业务拓展，还能解决传统行业面临的瓶颈和挑战，提升用户体验和市场竞争力。通过跨界合作，企业可以开拓新的市场空间，创造新的增长点，实现可持续发展。此外，跨界融合还促进了知识和文化的交流，激发了更多的创新灵感，推动了社会和经济的全面发展。

2.3.1　基于供应链管理的跨界融合和资源整合

互联网企业在供应链中的跨界融合，本质是高效率整合低效率。随着互联网和新科技的发展，很多产业的边界变得模糊，互联网企业的触角已无孔不入，如零售、图书、金融、电信、娱乐、交通、媒体，等等。跨界融合的关键在于：寻找低效点，打破利益分配格局，敢于自我创新、主动跨界。

供应链管理平台相比供应链服务平台，更侧重于企业内部的业务运行和发展，较少涉及平台的开放共享，其跨界融合和资源整合通常基于企业内部业务的延伸和拓展，代表企业是小米、海尔。小米于2013年建设了跨界融合的小米生态链，海尔于2018年提出了生态品牌。以海尔日日顺物流为例，近年来，日日顺物流开始生态化发展，提出"人单合一，小微引爆"的发展原则，日日顺聚焦于用户个人场景，挖掘客户的个性化需求，利用海达园供应商平台，为客户提供快捷送达、一次到位和不断迭代升级的服务，以获取终身用户。日日顺物流基于科技化、数字化和场景化，从"送单品"到"送装同步、成套精准交付"，从"送产品"到"送全景解决方案"，为跨界融合生态化发展树立了一个好的标杆。日日顺物流的三大核心场景分别是健身场景、家居场景和社会化智能场景。在健身场景中，日日顺不仅提供健身器材，还提供整个健身方案，包括健身食谱、运动装备等。在家居场景中，用户的需求不仅是家的概念，很多用户需要把厨房、卫生间等需要的服务进行整合，日日顺整合相关的家居品牌供应商，为客户提供一站式服务，在服务的过程中，根据获得的数据可以精确地为用户提供解决方案。

拓展阅读 2.2　小米的跨界融合生态品牌

2.3.2　基于供应链服务的跨界融合和资源整合

供应链服务平台相比供应链管理平台，更侧重于平台的开放、共享和连接，其跨界融合形式更加多元，并常以跨界合作的形式进行新业务的起步。基于供应链服务的跨界融合和资源整合是一种通过整合不同行业和领域的资源，实现供应链各环节的高效协同和优化，从而提升整体运营效率和客户满意度的创新模式。这种模式强调打破传统供应链的界限，通过跨行业的合作和资源共享，实现信息、物流、资金等多方面的深度融合。例如，与物流公司合作，可优化运输和仓储环节，提高物流效率；与金融科技公司合作，可提供供应链金融服务，解决中小企业"融资难"的问题；与电商平台合作，可实现线上线下一体化销售和配送服务，提升客户体验。此外，通过大数据和人工智能技术的应用，实现供应链的智能化管理，提升预测精度和响应速度，减少库存积压和断货风险。跨界融合和资源整合不仅能够降低运营成本，提高资源利用效率，还能够创造新的业务模式和增值服务，为企业带来新的增长点，提升市场竞争力。典型代表企业便是阿里巴巴和京东，它们以电商平台为载体，不仅有着优质的双边运作方式，吸引优质商家入驻，连接广大消费者，还有自己的自营品牌，在跨界融合时能从不同品牌的入驻商家那里汲取大量经验，其开放的平台也有利于多方跨界合作，实现资源整合和互惠共赢。

2.4　平台思维

互联网的平台思维是开放、共享、共赢。平台思维是一种以构建和运营开放、互联、协作的生态系统为核心的战略思维，通过连接多个参与方，实现资源的高效整合和价值的共创共享。这种思维模式强调平台作为中介和枢纽的角色，通过提供基础设施、工具和服务，吸引和赋能各类参与者，包括用户、供应商、开发者、合作伙伴等，形成一个动态、互动的网络。平台思维的核心在于创造一个开放的环境，促进信息、资源和能力的自由流动，激发创新和协同效应。例如，电商平台连接买家和卖家，提供交易、支付、物流等服务，提升交易效率和用户体验；社交平台连接用户和内容创作者，提供互动和分享工具，促进内容的广泛传播；工业互联网平台连接设备和系统，实现生产过程的智能化和协同化，提高制造效率和产品质量。通过平台思维，企业不仅能够扩大自身的业务范围和市场影响力，还能通过生态系统的健康发展，实现持续的创新和增长。平台思维还强调数据驱动和用户中心，通过大数据和人工智能技术，提供个性化服务和精准营销，提升用户满意度和忠诚度。最终，平台思维的目标是通过构建一个多方共赢的生态系统，实现可持续发展和长期价值创造。平台模式最有可能成就产业巨头。全球最大的100家企业里，有60家企业的主要收入来自平台商业模式，包括苹果、谷歌等。

平台模式的精髓在于打造一个多主体共赢互利的生态圈。区别于跨界融合下生态链和生态品牌的打造，平台思维下的生态更广泛，是一个生态圈的概念，为了维系这个生态圈的稳定运行，平台赋能的能力尤为重要。将来的平台之争，一定是生态圈之间的竞争。百度、阿里巴巴、腾讯三大互联网巨头围绕搜索、电商、社交各自构筑了强大的产业生态，所以后来者如奇虎360其实是很难撼动它们的。对于后来者，善用现有平台也尤为重要，马云说："假设我是'90后'重新创业，前面有个阿里巴巴，有个腾讯，我不会跟它挑战，心不能太大。"当你不具备构建生态型平台实力的时候，那就要思考怎样利用现有的平台。

2.4.1　基于供应链平台的价值共创

基于供应链平台的价值共创是一种通过构建和优化供应链生态系统，实现多方参与者之间的高效协同和资源共享，从而共同创造和分享价值的商业模式。这种模式强调平台作为核心枢纽，连接供应商、制造商、分销商、零售商和最终用户，通过信息透明、流程优化和技术创新，提升整个供应链的效率和灵活性。供应链平台通过提供统一的数据交换和管理工具，实现供应链各环节的无缝对接，减少信息不对称和沟通成本。例如，平台可以实时共享库存信息、订单状态和物流动态，帮助各方及时调整生产和配送计划，降低库存积压和断货风险。此外，平台还通过集成金融服务、物流服务和市场分析工具，为参与者提供全方位的支持，帮助中小企业解决融资难、物流成本高等问题。通过价值共创，供应链平台不仅能够提升整体运营效率和客户满意度，还能促进创新和业务拓展，推动供应链向智能化、绿色化和可持续化方向发展。这种模式通过多方合作和资源共享，实现了供应链各参与者的互利共赢，为企业和行业带来长期的竞争力和增长潜力。

拓展阅读 2.3　腾讯的 6
大事业群：让企业成为员
工的平台

无论是成熟的平台还是初创平台，平台赋能都是平台形成生态圈的重要保障。平台的核心要义是价值共创。在企业内部，让企业成为员工的平台尤为重要。互联网巨头的组织变革，都是围绕着如何打造内部"平台型组织"展开的。包括阿里巴巴 25 个事业部的分拆、腾讯六大事业群的调整，都旨在发挥内部组织的平台化作用。海尔将 8 万多人分为 2 000 个自主经营体，让员工成为真正的"创业者"，让每个人成为自己的 CEO。内部平台化就是要变成自组织而不是他组织。他组织永远听命于别人，自组织是自己来创新。基于企业员工在平台上自组织的价值共创，能极大地提高企业平台的黏性，同时依托平台的技术赋能、创新赋能，能促进生态圈的稳定可持续发展。

2.4.2　基于平台生态圈的合作共赢

在企业外部，生态圈内的伙伴与平台企业合作共赢尤为重要。这是因为生态圈是一个相互依存、相互影响的系统，企业与合作伙伴通过建立生态系统，共同分享资源、优势和协同创新，实现双方的共同发展和成功。基于平台生态圈的合作共赢是一种通过构建和优化多主体参与的生态系统，实现各方资源的高效整合和协同发展的商业模式。这种模式强调平台作为核心枢纽，连接并赋能各类参与者，包括供应商、合作伙伴、开发者、用户等，通过资源共享、信息互通和价值共创，形成一个互利共赢的生态系统。平台生态圈通过提供开放的接口和工具，吸引更多的参与者加入，促进创新和业务拓展。例如，电商平台不仅连接买家和卖家，还整合物流、支付、营销等服务，提升交易效率和用户体验；工业互联网平台通过连接设备、系统和应用，实现生产过程的智能化和协同化，提高制造效率和产品质量。此外，平台生态圈还通过数据共享和分析，为参与者提供精准的市场洞察和决策支持，帮助他们更好地把握市场机会，降低运营风险。这种合作共赢的模式不仅能够提升平台自身的竞争力和市场地位，还能够推动整个行业的创新和发展，实现可持续增长。案例 2-2 介绍了海尔集团基于平台生态圈的合作共赢。

案例2-2

海尔生态收入：基于生态圈的各利益攸关方的共创共赢

海尔创始人张瑞敏的说法很特别："宇宙里，所有的恒星、行星、卫星，只有恒星能发光。"他认为："恒星是用户，永远跟着用户走，你就会沾用户的光。企业觉得自己厉害，别人都围着自己转，那是不行的。千万不要把自己当成恒星，把自己当成恒星的企业必死。企业充其量只是一颗行星，可能有些供应商是你的卫星，但和你也是相互作用的，就像地球没有月亮，没有潮汐，也不行。"

以高端洗衣为例，为了提升用户体验，海尔打造"衣联网"生态，整合洗涤剂、服装品牌等资源方，通过在衣物上添加射频识别（RFID）芯片，洗衣机可以自动识别面料和颜色，然后根据衣物的特点，自动匹配洗涤程序，用户不用再担心高端衣物的洗护问题了，而且随着生态拓展和升级还可以为用户提供穿衣、搭配等的新体验。目前，衣联网吸引了众多服装品牌、服装协会、洗涤剂品牌、鞋子品牌等众多资源方的进入，目前加入的品牌达数千家，有蓝月亮、宝洁等洗涤品牌，报喜鸟、波司登、海澜之家、水星家纺等服装品牌，也有奥康、李宁等鞋类品牌。

在洗护产业生态圈，各个企业都能得到提升，因为洗衣机、服装行业、洗涤剂行业本来就存在升级需求，如服装企业近年来由于产能过剩，产品同质化，经常打价格战，加入衣联网之后，按照用户需求设计生产服装（添加 RFID 芯片），将有效减少库存，推动产业升级。归根到底，海尔生态圈与电商企业的最大不同，就是实现了体验的增值，并且用户愿意为体验的增值买单，各个利益攸关方都可以分享收益。

真正的共享经济会共享"生态收入"，简单地说，就是服务方案的收入。企业只是单纯销售产品，难以避免价格战，还会陷入边际收益递减的困境——总收入可能增加，但利润会下降。生态收入却不同，呈现边际收益递增的趋势。

资料来源：海尔生态收入：基于生态圈的各利益攸关方的共创共赢[EB/OL]. (2018-09-07) [2024-09-27]. https://baijiahao.baidu.com/s?id=1610930638709809202&wfr=spider&for=pc.

2.5　大数据思维

大数据思维是指对大数据的认识，对企业资产、关键竞争要素的理解，是一种通过收集、处理和分析海量数据，从中提取有价值的信息和洞察，以数据驱动决策和创新的思维方式。这种思维模式强调数据的重要性，认为数据是现代企业和组织的核心资产，能够帮助企业更好地理解市场趋势、用户行为、业务运营等多方面的信息。大数据思维不仅涉及技术层面的数据处理和分析，更是一种战略性思维方式，要求企业在决策过程中充分考虑数据的指导作用。通过大数据技术，企业可以实时监控和分析各种数据源，如用户行为数据、交易记录、社交媒体互动、传感器数据等，从而发现潜在的商业机会和风险。例如，零售企业可以通过分析销售数据和顾客行为，优化库存管理和个性化推荐；金融机构可以通过大数据分析，提升风险管理能力和反欺诈能力；医疗行业可以通过分析患者数据，提高诊断准确性和治疗效果。大数据思维还强调跨部门和跨领域的数据整合与共享，通过数据驱动的协作，提升整体运营效率和创新能力。此外，大数据思维还要求企业建立完善的数据治理和隐私保护机制，确保数据的安全和合规使用。通过大数据思维，企业能够实现更加精准的市场定位、高效的运营管理和个性化的客户服务，从而在激烈的市场竞争中获得优势，实现可持续发展。

任何企业都有大数据，用户在网络上一般会产生信息、行为、关系三个层面的数据，这些数据的沉淀，有助于企业进行预测和决策。一切皆可被数据化，企业必须构建自己的大数据平台，即使是小企业的供应链，也要有大数据平台。

2.5.1 基于供应链大数据的需求预测和产品优化

需求预测是关乎企业未来生产和销售的关键过程，旨在提前预测和计划货物和物料需求。它为企业提供了保持盈利、避免供应过剩风险、降低成本和减少资源浪费的机会，同时也能够更好地把握客户需求、偏好和购买意图，有利于产品优化，从而赢得宝贵的商业机会。没有强大的需求预测能力，企业可能会陷入供应过剩的困境，导致资源浪费和错失商机。然而，随着消费者行为、市场环境、技术进步等因素的不断变化，需求预测的难度也在日益加大，基于供应链大数据的需求预测和产品优化将有助于解决这种问题。通过将大数据与预测模型相结合，企业和组织可以制定更精确、更有效的决策。

基于供应链大数据的需求预测和产品优化是一种通过收集、分析和利用供应链各环节的海量数据，实现对市场需求的精准预测和产品性能的持续优化，从而提升供应链效率和市场竞争力的先进方法。这种模式利用大数据技术，从销售数据、市场趋势、用户反馈、库存信息等多个维度，全面分析和挖掘数据中的潜在规律和洞察。通过机器学习和人工智能算法，企业可以实时监控和预测市场需求的变化，提前调整生产计划和库存管理，减少库存积压和断货风险，提高供应链的灵活性和响应速度。同时，基于用户反馈和使用数据，企业可以快速识别产品的优点和不足，进行针对性改进和优化，提升产品质量和用户体验。例如，通过分析销售数据和市场趋势，企业可以预测特定产品的季节性需求，优化生产和配送计划；通过收集用户使用数据和反馈，企业可以发现产品的常见问题和改进点，及时进行功能升级和设计优化。此外，供应链大数据还可以帮助企业发现新的市场机会和潜在客户，指导新产品开发和市场拓展。基于供应链大数据的需求预测和产品优化，不仅能够提升企业的运营效率和客户满意度，还能增强企业的市场竞争力和可持续发展能力。

2.5.2 基于用户大数据的精准营销和个性化推荐

在互联网和大数据时代，企业的营销策略应该是针对个性化用户做精准营销。基于用户大数据的精准营销和个性化推荐是一种通过收集、分析和利用大量用户数据，实现对用户行为、偏好和需求的深入理解，从而提供高度个性化的产品和服务，提升营销效果和用户体验的策略。这种模式利用大数据技术，从用户的历史行为、购买记录、搜索记录、社交媒体互动等多个维度，构建用户画像，精准识别用户的兴趣和需求。通过机器学习和人工智能算法，平台可以实时分析用户数据，预测用户的行为和偏好，从而推送个性化的广告、产品推荐和内容。例如，电商平台可以根据用户的浏览和购买历史，推荐相关商品；新闻应用可以根据用户的阅读习惯，推送感兴趣的新闻文章；社交媒体平台可以根据用户的互动记录，展示相关的内容和广告。精准营销和个性化推荐不仅能够提高用户的满意度和忠诚度，还能提高转化率和复购率，为企业带来更高的收益。此外，这种模式还能够帮助企业更好地理解市场趋势和用户需求，优化产品和服务，实现持续的业务增长和竞争优势。案例 2-3 以电商平台为例介绍了基于用户大数据的精准营销和个性化推荐。

案例2-3

电商平台亚马逊和阿里巴巴等基于大数据的精准营销和个性化推荐

电商行业的精细化运营是指利用大数据分析手段，针对不同消费者群体、不同商品、不同营销渠道等进行精细管理，以提升用户体验、提高销售效率和效果。

1. 数据分析助力用户行为分析和个性化推荐

数据分析可以帮助电商平台理解用户的购买偏好、兴趣和行为习惯，从而实现"千人千面"和"一人千面"，并在此基础上实现个性化的商品推荐，提升用户购买意愿和忠诚度。以亚马逊为例，亚马逊的个性化推荐系统通过分析用户的浏览、购买、收藏等行为数据，为用户量身定制商品推荐。例如，如果一个用户经常浏览健身相关的商品，系统会根据他的兴趣推荐相关的健身器材、营养品等，从而提高用户购买的可能性。

2. 数据分析协助优化营销策略

数据分析可以帮助电商企业评估不同营销活动的效果，优化广告投放和促销策略，从而提高转化率和销售额。以阿里巴巴为例，阿里巴巴每年的"双 11"购物狂欢节都会通过数据分析，实时监测不同商品的销售情况、用户的购买行为和广告投放效果，并根据结果及时调整页面推荐和价格促销策略，以提高用户的购买意愿和购物转化率。

通过以上案例，我们可以看到数据分析在电商精细化运营中的作用是多方面的，当然，这些都是比较常规的应用，电商行业的精细化运营还在不断演进。比如，京东在其电商平台中引入了人工智能客服，能够根据特定用户的提问快速给出精准答案，这种技术不仅能节省人力成本，还能更快速和准确地解决用户问题。此外，欧莱雅（L'Oreal）品牌的移动应用 App 可以使用增强现实（AR）技术，让用户在手机屏幕上试用不同的化妆品，看到自己在不同妆容下的效果，提升用户体验，协助用户更自信地做出购买决策。

资料来源：应用案例：从亚马逊到京东，数据分析如何助力电商企业库存管理和需求预测[EB/OL]. (2023-08-29) [2024-09-27]. https://www.sohu.com/a/715879738_121124379.

2.6 社会化传播思维

社会化传播思维是一种将社交媒体和网络社区的互动性、连接性和共享性融入企业战略、产品设计、营销和服务等各个环节的思维方式。这种思维模式强调通过建立和维护与用户的深度互动，形成一个活跃的社区，促进信息的快速传播和用户之间的相互影响。社会化传播思维的核心在于利用社交媒体平台和网络社区的广泛连接性，实现品牌与用户之间的双向沟通和多向互动，从而提升用户参与度、品牌忠诚度和市场影响力。

具体而言，企业可以通过创建和维护官方社交媒体账号，发布有趣、有价值的内容，吸引用户关注和互动；通过举办线上活动、竞赛和挑战，激发用户的参与热情和分享欲望；通过用户生成内容（UGC）和用户反馈，不断优化产品和服务，提升用户体验。此外，社会化传播思维还强调跨部门的协同合作，将社交媒体和网络社区的数据和洞察应用于市场调研、产品开发、客户服务等多个领域，实现数据驱动的决策和创新。通过社会化传播思维，企业不仅能更好地理解用户需求和市场趋势，还能建立强大的品牌社区，形成良好的口碑效应，推动企业的持续发展和竞争优势。社会化思维的核心是"网"，公司面对的客户以网的形式存在，这将改变企业的生产、销售、营销等整个形态。

2.6.1 基于社交化的众包协助

众包是指一个公司或机构把过去由员工执行的工作任务，以自由自愿的形式外包给非特定的（通常是大型的）大众志愿者的做法。众包的任务通常是由个人来承担，但如果涉及需要多人协作完成的任务，也有可能以依靠开源的个体生产的形式出现。众包是以"蜂群思维"和层级架构为核心的互联网协作模式，维基百科、百度百科就是典型的众包产品。传统企业要思考如何利用"外脑"，不用招募，便可"天下英雄入吾彀中"。基于社交化的众包协助是一种通过社交平台和网络社区，将大量用户的力量和智慧汇聚起来，共同完成特定任务或解决问题的创新模式。这种模式利用社交媒体的广泛连接性和互动性，吸引和激励用户参与，实现资源的高效整合和协同工作。众包协助可以应用于多个领域，如产品设计、创意征集、问题解决、数据标注等。通过社交平台，企业可以发布任务或挑战，吸引全球范围内的用户参与，收集多样化的意见和解决方案。用户可以通过评论、点赞、分享等方式进行互动，形成一个活跃的社区，促进创意的碰撞和优化。例如，设计公司可以通过众包平台征集产品设计创意，科技公司可以利用众包进行软件测试和数据标注，非营利组织可以借助众包筹集资金和志愿者。这种模式不仅能降低企业的成本和风险，还能提高创新的速度和质量，同时增强用户的参与感和归属感，提升品牌形象和用户忠诚度。基于社交化的众包协助通过充分利用用户的集体智慧和资源，实现了多方共赢，推动了社会和经济的创新发展。例如，小米手机在研发中让用户深度参与，实际上也是一种众包模式。此外，还有众包物流、众包骑手等。

2.6.2 基于社交媒体和网络社区的病毒式营销

基于社交媒体和网络社区的病毒式营销，是一种通过利用社交媒体平台和网络社区的广泛传播力和互动性，快速传播品牌信息和营销内容，实现大规模用户参与和品牌曝光的营销策略。这种模式的核心在于创造具有高度吸引力和分享价值的内容，如创意视频、有趣的文章、互动性强的活动等，激发用户自发分享和传播。通过用户的社交网络，这些内容可以迅速扩散，形成"病毒式"传播效应，覆盖更广泛的受众群体。例如，品牌可以通过发布有趣的挑战、互动游戏或引人瞩目的故事，吸引用户参与并分享到自己的社交圈，从而增加品牌的可见度和影响力。此外，病毒式营销还利用社交媒体的分析工具，实时监测和分析传播效果，及时调整策略，优化内容，提高传播效率。这种营销方式不仅能够降低传统广告的高成本，还能增强用户的参与感和互动性，提升品牌忠诚度和用户黏性。通过社交媒体和网络社区的病毒式营销，企业能够快速建立品牌认知，扩大市场影响力，实现营销目标。利用好社会化媒体进行口碑营销、病毒式营销，对供应链企业而言也是重要的手段。以智能手表的品牌为例，早在 2013 年，微商起步之初，通过 10 条微信，近 100 个微信群讨论，3 000 多人转发，11 小时预订售出 18 698 只土曼 T-Watch 智能手表，订单金额 900 多万元。这就是朋友圈社会化营销的魅力。有一点要记住，口碑营销不是自说自话，一定是站在用户的角度、以用户的方式和用户沟通。

拓展阅读 2.4　拼多多病毒营销案例

2.7　共享思维

共享思维是一种通过共享资源、信息和能力，实现资源高效利用和价值最大化的理念和实践模式。这种思维强调在个人、组织和社会层面，通过合作和协同，打破传统资源独占的模式，实现资源的优化配置和互利共赢。共享思维的核心在于利用技术平台和网络工具，连接供需双方，促进资源的高效流动和利用。例如，共享经济平台如共享单车、共享汽车、共享住宿等，通过将闲置资源转化为可用资源，满足用户的临时需求，减少资源浪费，提高社会整体效率；在企业层面，共享思维可以应用于知识管理、技术创新和供应链协同，通过共享知识库、研发资源和物流信息，提升企业的创新能力和运营效率；在社会层面，共享思维可以促进公共服务的优化，如共享医疗资源、教育资源和社区服务，提高公共服务的覆盖面和质量。共享思维不仅能够降低个人和组织的成本，提升资源利用效率，还能促进社会的可持续发展，增强社区的凝聚力和互动性。通过共享思维，各方可以实现资源的最优配置，创造更大的社会和经济价值。

"三人行，必有我师焉"，无论个人还是行业，群体间的思维碰撞都能有新的启发。共享从来不是纯粹利他和贡献，而是互惠共赢，双方都变得更好。如果你经营雪糕或经营水饺，都需要找一个冷库储存。但是如果你只卖雪糕，"五一"到"十一"这段时间是旺季，天越热越好卖；如果你只卖水饺，"五一"到"十一"这段时间是淡季，天越热越不好卖。两个不同的人，经营着不同的生意，用着两个冷库。如果把他们两人的产品放到一起，你会发现一个冷库就够了，这样就会节约一半的冷库费用，这就是共享思维。"互联网＋"不是只有互联网才可以增加共享，你完全可以拓展到"产品＋""渠道＋""服务＋"，甚至是"理念＋"。如果你真正能用好"共享"，就可以只出一分财力获得多种收益，而且可以把未来单方面的成本降到几乎为零。

2.7.1　基于供应链管理的资源互换和互惠

供应链管理企业可以在内部集中进行组织内部的扁平化发展，与企业员工进行更好的资源共享与价值创造，在外边甄选出战略合作伙伴，与之进行资源互换和互惠。基于供应链管理的资源互换和互惠是一种通过优化供应链各环节的资源配置，实现合作伙伴之间的资源共享和互利共赢的管理模式。这种模式强调供应链中的各个企业通过合作和协调，共同优化资源利用，降低成本，提高效率。具体来说，企业可以通过共享仓库、物流设施、生产能力和技术资源，减少重复投资和资源浪费。例如，多家制造商可以共享一个物流中心，实现集中配送，降低运输成本；供应商和生产商可以通过信息共享，优化库存管理，减少库存积压和断货风险。此外，供应链中的企业还可以通过技术合作和知识共享，提升整体的创新能力和竞争力。例如，上游供应商可以提供先进的生产技术和管理经验，帮助下游企业提升产品质量和生产效率。资源互换和互惠不仅能够增强供应链的灵活性和响应速度，还能促进供应链各环节的协同合作，形成稳定的合作伙伴关系，提升整个供应链的抗风险能力。通过这种模式，企业不仅能实现自身的可持续发展，还能推动整个行业的健康发展和创新进步。案例2-4以华世界为例介绍了基于供应链管理的资源互换和互惠。

案例2-4

华世界的资源共享案例

华世界致力于为产业交易（B2B）提供数字化解决方案，基于多年在产业交易上的沉淀，结合共享经济对闲置资源盘活带来的社会资源优化配置和有效利用，推出了产业交易全新的商业模式——华世界商业联盟。

华世界商业联盟，是指产业链上下游企业，甚至是跨产业企业形成的联盟，在采购侧，共享供应商，共同采购、共享仓储和共享商品库，降低企业经营成本；在销售侧，共享合作伙伴渠道、品牌和客户资源，快速开拓新市场和客户群。

1. 销售侧合作群信息共享

企业的合作伙伴在入驻商业联盟后，可在华世界产业互联网操作系统echOS中建立商业联盟合作群，在一个群内进行消息互动、交流学习，从而促进信息互通，资源共享。平台运营方还可以在群内一键同步所有运营、促销消息。

2. 组织架构同步

组织型的商业联盟，成员会跟随组织架构中的入职离职而动态变化。如果合作伙伴原本对接的员工离职了，对方企业可以马上获得信息，并对接上新的员工，避免工作进度受到影响。

3. 渠道资源共享

除了传统的线下广告位、线上自媒体等资源可以进行互相推荐外，商业联盟内的合作伙伴还可以共享彼此的销售渠道网络。比如，家居整装行业可以组成异业商业联盟，合作伙伴可以将自己熟悉的设计师、装修企业、工厂等资源进行共享，设计师或装修企业在进行方案设计的时候就可以集成不同合作伙伴之间的商品，这不仅让整个方案更具价格优势，还为合作商家带来了订单，以资源互换的方式共建起一个异业渠道联盟。

4. 共享仓库、物流

新流通数字化时代，在商业联盟中不仅可以整合线上的商家，线下卖场的商户也可以入驻。在入驻时设定门店地址的定位及配送半径、配送范围等，从而成为更多品牌厂商的本地化服务商，系统将厂家订单精准地分配给服务范围内的线下门店。这样线下门店不仅提供展示，还提供了仓储、配送、安装等服务，既缩短买家收货时间，也节约了厂商的物流成本，线下门店也可以从多样化的本地服务中赚取更多的、额外的利润。这样卖场优势再一次得到发挥，帮助厂商解决本地化流量扩张及本地化服务问题。平台企业通过建立自营线上商城并对线下线上多渠道业务进行统一管理，通过入驻商户、商品、订单、财务和仓储等管理系统，轻松打造"共享云仓和物流"的联盟商城。

5. 客户共享与运营

互补型的联盟合作伙伴之间还可以进行客户信息共享。比如，卖家具的商家可以根据了解到的客户需求、预算和房屋面积等，将客户推荐共享给建材供应商，而建材供应商还可以将客户共享推荐给装修工厂。这样一条链的商品及服务下来，客户获得了更精准的产品和服务，联盟合作伙伴也获得了更多的销售机会。同时，商业联盟还可以通过客户的注册、购买行为、推荐好友等行为进行多方位VIP会员运营，通过会员体系与积分制定客户的会员等级体系，通过积分兑换优惠券、积分兑换礼品、高会员等级享受更多优惠或服务等方式激励客户不断提高等级，以此提高客户满意度和忠诚度。

6. 商品和服务共享

商业联盟合作伙伴可以将不同的商品引入联盟商城中，支持在不同商城内的下游买家在线采购的同时，商户自己商品库的商品还可以被不同联盟商城的合作伙伴、客户很方便地分享出去，一键分享至各种平台上曝光并打开，还可以互相进行搭配，实现商品的组包出售。在推销爆款产品的时候，引导消费者加购其他商品。比如，当买家购买餐桌的时候，可以组包推荐购买餐椅，有效地提升不同店铺的销售额。

作为产业互联网的基础设施建设者，华世界通过echOS构建了全新的分布式产业互联网。从微观看是企业整合内外部资源的刚需软件，从宏观看是分布式的互联互通的网络。目前，echOS已覆盖了上百个行业，与苏泊尔、美心等3 000家行业龙头合作，实现了500亿元的数字交易成交额。华世界在香港、深圳、广州、郑州、天津、西安、佛山、杭州、厦门等十多个城市均设立分支机构，为全国各地企业提供专业服务。

资料来源：由共享到相互赋能，华世界开启产业互联网商业模式新时代[EB/OL]．（2023-11-10）[2024-12-27]. https://www.sohu.com/a/735334369_120267337.

2.7.2 基于供应链服务的资源整合和配置

开放的供应链服务型企业可以做一个共享的平台，"你中有我，我中有你"。共享下，同行将不是竞争对手，而是真正的拧成一股绳的力量，真正把行业做得越来越好，越来越精，为整个平台服务，为整个社会服务，从而实现更好的资源整合和配置。基于供应链服务的资源整合和配置是一种通过优化和整合供应链各环节的资源，实现高效协同和价值最大化的管理策略。这种模式强调在供应链的全过程中，从原材料采购、生产制造、仓储物流到销售服务，通过信息技术和管理手段，实现资源的优化配置和高效利用。具体来说，通过建立统一的信息平台，实现供应链各环节的信息共享和透明化，提高决策的准确性和响应速度。例如，利用大数据和人工智能技术，可以精准预测市场需求，优化库存管理，减少库存积压和断货风险。通过与物流公司的深度合作，实现运输和仓储的智能化管理，提高物流效率，降低成本。此外，供应链服务的资源整合还涉及与供应商、分销商、零售商等多方的协同合作，通过建立长期稳定的合作伙伴关系，实现资源互补和优势共享。例如，与供应商合作，实现原材料的稳定供应和质量控制；与分销商合作，拓展市场渠道，提升销售效率。通过这些措施，企业不仅能提升供应链的整体效率和灵活性，还能增强应对市场变化的能力，提高客户满意度和市场竞争力。最终，基于供应链服务的资源整合和配置，能够为企业带来更高的运营效率和经济效益，实现可持续发展。

2.8　迭代思维

迭代思维是一种通过持续的循环过程，不断改进和优化产品、服务或解决方案的方法论。这种思维模式强调在开发和实施过程中，通过快速原型制作、用户测试、反馈收集和持续优化，逐步完善产品或服务，而不是一次性追求完美。迭代思维的核心在于敏捷性和灵活性，通过小步快跑的方式，快速响应市场变化和用户需求，降低风险，提高成功率。具体来说，迭代思维包括以下两个关键步骤：第一步，定义初步的目标和假设，快速开发出一个最小可行产品，然后通过用户测试和反馈，收集数据和意见，识别问题和改进点；第二步，根据反馈进行迭代优化，不断调整和改进产品，直至达到预期效果。这一过程是循环往复的，每次迭代都旨在解决上一版本的问题，增加新的功能或改进用户体验。迭代思维不仅适用于产品开发，还可以应用于项目管理、服务设计和业务流程优化等多个领域。通过持续的迭代，企业能够更快地适应市场变化，提升产品和服务的质量，增强用户满意度和市场竞争力。此外，迭代思维还鼓励团队成员之间的紧密合作和快速决策，促进创新和持续改进，为企业带来长期的发展动力。

"天下武功，唯快不破"，只有快速地对消费者需求做出反应，产品才更容易贴近消费者。Zynga游戏公司每周对游戏进行数次更新，小米MIUI系统坚持每周迭代。这里的迭代思维，对传统企业而言，更侧重在迭代的意识，意味着我们必须要及时乃至实时关注消费者需求，把握消费者需求的变化。

2.8.1　基于敏捷开发的产品和服务创新

敏捷开发是互联网产品开发的典型方法论，是一种以人为核心、不断迭代、循序渐进的开发方法，允许有所不足，不断试错，在持续迭代中完善产品。基于敏捷开发的产品和服务创新是一种通过快速迭代和持续交付，灵活应对市场变化和用户需求的开发方法。敏捷开发强调团队的高效协作、用户反馈的及时响应和持续改进，通过短周期的迭代，快速交付可工作的产品或服务，确保每个迭代都能带来实际的价值。这种方法的核心原则包括用户故事驱动、持续集成、每日迭代回顾，确保团队始终保持对目标的清晰认识和对问题的快速响应。通过频繁的用户测试和反馈，敏捷开发能够及时发现和解决问题，减少开发风险，提高产品质量。此外，敏捷开发鼓励跨职能团队的合作，包括开发、设计、测试和市场等多部门的紧密协作，共同推动项目的进展。这种模式不仅能加快产品上市速度，还能更好地适应市场变化，提升用户满意度和市场竞争力。基于敏捷开发的产品和服务创新，通过灵活的开发流程和持续的用户互动，实现了快速迭代和持续优化，为企业带来了更高的效率和更强的创新能力。案例 2-5 以苹果公司为例介绍了基于敏捷开发的产品和服务创新。

案例2-5

苹果的供应链：卓越的供应链管理实现敏捷制造

苹果作为整个供应链的"链主"，主导着整个供应链的价值分配和运行协调。在保证供应链成员企业之间合作关系的基础上，苹果还有一整套管理和控制措施，以对整个供应链的运行质量和标准进行管理，帮助各个环节优化、创造价值。

一是从挑选代工制造商开始，苹果就秉持了极其审慎的态度和超高的标准。

在选择供应商的时候，苹果美国总部会派出专门团队到工厂考察，考核项目众多，要求严格，苹果只对占据所属加工业前五名地位的制造商感兴趣，注重制造商的工艺水平、信息化建设、流程管控能力。

二是对供应商"事无巨细"地管理。从厂房的规划建设到如何培训工人，再到生产监控所需的计算机系统和软件、原材料，供应商都会得到苹果的建议，而且这种建议是带有强制性的。凡被苹果选中的代工厂商，必须使用苹果指定的生产设备，以保证每一个产品模具的质量。苹果还深入生产过程中的每一个环节，事无巨细，都要过问。苹果有一支非常庞大的驻厂工程师队伍，仅在富士康工厂就有近 5 000 名驻厂工程师来负责保障苹果产品的一流质量和生产效率。每个季度，苹果会对所有供应商进行打分、排名。排名靠后的，未来获得的订单配额将会越来越少。

三是强大的数字化支撑。为使苹果和供应商能获得准确的信息流，苹果设置了与富士康等零部件供应商共享的关于生产计划和进程的数据库。这样，供应商的交货管理人员不用等待苹果的通知，就可以直接在网上获取苹果的最新需求，直接投入生产；生产管理人员不断将交货日程和数量等关键信息传到数据库中，苹果的少量管理人员只要根据关键指标，就能利用数据库的信息对供应商进行管理和评估。

信息的集成化打破了传统供应链的线性和多层结构，形成了一种端对端的、共享、动态的伙伴关系网络，极大地加速了苹果和供应商之间的沟通，使得苹果的供应链具备更大的伸缩性和敏捷性。

资料来源：职场那些事. 苹果的供应链：卓越的供应链管理实现敏捷制造[EB/OL]. （2024-04-11）[2024-12-27]. https://zhuanlan.zhihu.com/p/691867924.

2.8.2　基于迭代优化的产品和服务升级

拓展阅读 2.5　360 商业化的迭代升级案例

基于迭代优化的产品和服务升级是一种通过持续的用户反馈、数据分析和快速改进，不断优化和提升产品或服务的策略。这种模式强调在产品或服务的整个生命周期中，通过多个迭代周期，逐步完善功能、提升性能和改善用户体验。首先，通过用户调研、反馈收集和数据分析，深入了解用户的需求和痛点，识别改进的机会；其次，将这些反馈转化为具体的改进措施，进行小规模的测试和验证，确保新功能或优化方案的有效性；最后，将经过验证的改进逐步推广到更广泛的用户群体，同时继续收集用户反馈，监测使用效果，评估改进的实际效果。通过这种持续的迭代循环，企业可以快速响应市场变化和用户需求，不断优化产品或服务，提升用户满意度和忠诚度。此外，迭代优化还能够帮助企业发现新的业务机会和创新点，推动产品的持续创新和竞争力的提升。这种模式不仅适用于软件和互联网产品，也广泛应用于硬件、服务等多个领域，通过不断小步快跑，实现产品的长期发展和用户的持续满意。迭代优化强调从小处着眼，微创新。"微"，要从细微的用户需求入手，贴近用户心理，在用户参与和反馈中逐步改进。"可能你觉得是一个不起眼的点，但是用户可能觉得很重要"，360 安全卫士当年只是一个安全防护产品，但凭借这款产品，奇虎 360 后来也成了新兴的互联网巨头。

本章小结

在互联网时代的浪潮下，互联网思维扮演着重要的角色。它颠覆了传统观念，改变了人们的生活和工作方式。面向供应链平台运营与模式创新的用户思维包括以下七大思维：用户中心思维、跨界融合思维、平台思维、大数据思维、社会化传播思维、共享思维和迭代思维。

关键概念

互联网思维　用户中心思维　跨界融合思维　平台思维　大数据思维
社会化传播思维　共享思维　迭代思维

思考题

1. 如何理解互联网思维的概念？
2. 什么是跨界融合思维？
3. 平台思维与跨界融合思维的区别和联系是什么？

4. 什么是大数据思维？

5. 什么是用户中心思维？

案例分析

内容平台抖音案例——从用户体验到商业化模式

在短视频行业里，抖音（海外版为 TikTok）自推出以来，以其独特的产品设计和强大的用户黏性迅速脱颖而出。如何让一个短视频平台在激烈的市场竞争中胜出？本案例将从抖音的核心功能、用户体验、未来趋势等多个角度，对这一现象进行深度探讨。

抖音由字节跳动（现北京抖音信息服务有限公司）于2016年推出，作为一款短视频分享平台，它的核心功能包括视频制作、浏览和分享。在2016年9月推出时，抖音的理念是"记录美好生活"，并逐步演变为集娱乐、教育和消费于一体的综合平台。2024年，抖音的日活跃用户已突破6亿名，稳居行业第一梯队。

用户需求与画像分析：抖音的用户群体主要是年轻人，尤其是18～30岁的"Z世代"用户。根据数据，抖音的用户几乎覆盖整个中国，无论是城市还是乡村，这为其内容的多样化提供了丰富的土壤。通过兴趣标签和行为数据，平台实现个性化推荐，从而更加精准地满足用户的娱乐、社交、购物等需求。

抖音平台核心功能主要包括4个。①短视频制作与编辑：抖音提供丰富的编辑工具，例如滤镜、特效和配乐，使用户能够轻松创作出高质量的视频内容。这些工具的易用性大大降低了创作门槛。②个性化推荐算法：基于用户的观看历史和互动行为，抖音的推荐算法确保用户在第一时间接触到符合其兴趣的视频内容，这种"千人千面"的内容推送机制，实现了高用户留存率。③社交互动功能：除了内容消费，抖音还鼓励用户之间的互动，提供评论、点赞、私信等社交功能。平台定期推出挑战赛和热门话题，引发用户共鸣，增强社交体验。④电商与直播功能：近年来，抖音通过直播和短视频带货逐渐深入电商领域，用户在观看视频的同时可以直接购买商品，这种无缝链接有效促进了消费。

抖音着重打造流畅的用户界面，视频自动全屏播放，通过上下滑动等简便操作，实现快速切换，这降低了用户的时间成本。平台的沉浸式体验极大地增强了用户的观看时长，形成了"信息茧房"效应，用户深陷其中。

抖音的功能创新与商业化模式包括以下三种。①创作工具的持续升级：抖音不断推出新特效、新主题，保持内容的新鲜感，以激励用户创作。这些创新不仅提高了用户的活动度，也有效提升了平台的流量与活跃度。②直播与带货的深度结合：抖音的直播带货模式与内容创作无缝衔接，成为电商新风口。在大促活动中，带货直播更是吸引了大量用户，成为其营收的重要来源。③社区氛围与用户参与：通过强大的社交功能，抖音不仅让用户观看视频，更促使他们参与内容生产，形成良好的创作生态，用户能通过参与活动而获得曝光、奖金等奖励。

抖音凭借其卓越的用户体验和丰富的内容生态，已在短视频市场占据主导地位。未来的发展需继续依靠技术创新、多元商业模式及社交电商的深入整合。技术创新将是抖音未来成长的重要推动力。随着人工智能和增强现实等技术的进步，预计抖音将进一步提升视频制作与观看体验，吸引更多用户。此外，国际市场的拓展也是抖音的重要战略，如何在不同的文化背景下达到用户的需求，将是一大挑战。

资料来源：抖音的成功密码：从用户体验到商业化模式的深度剖析[EB/OL].（2024-10-22）[2024-12-27]. https://www.sohu.com/a/818932487_121798711.

案例思考题

1. 抖音的用户中心思维是如何体现的？

2. 抖音的跨界融合包括哪些？

3. 抖音的平台思维有哪些体现？

即测即练

自学自测  扫描此码

第 3 章

平台概述及其在供应链中的应用

学习目的

- 理解平台的基本概念
- 了解平台运营的设计方法
- 掌握平台的合作与竞争策略、转型策略
- 了解供应链平台的分类、设计与运作方法

引导案例

平台运营模式思考案例

随着互联网的普及，平台型企业逐渐崛起。平台型企业通过建立一个中介平台，为用户提供交易、沟通、服务等便捷的功能，实现了企业与用户之间的无缝衔接，并且使企业的规模得到了极大的扩展。因此，平台运营模式的案例分析就显得尤为重要。

以淘宝为例，淘宝是国内最大的电商平台之一，提供了全面的电子商务服务，包括交易、支付、物流、售后等。淘宝作为一个平台型企业，其运营模式主要体现在三个方面。

第一，淘宝的平台模式以商家为中心，通过引入商家和用户的双重需求，构建了一个商家—消费者双方都获益的生态系统。淘宝提供大量的流量入口和营销服务，吸引商家入驻，并提供在线交易工具和营销工具等服务，为商家提供了经营的基础。同时，淘宝通过多种形式的促销活动吸引用户消费，提升用户对商家的转化率和订单额，为商家带来了收益。双方合作共赢，并相互促进，引领了整个电商市场的发展。

第二，淘宝平台模式的核心是平台化。在购物体验中，淘宝强调个性化的购物服务，如个性化推荐系统、即时通信、在线客服等。这些功能使得淘宝的购物流程更加顺畅和智能，优化了用户的购物体验和商家的交易流程。同时，淘宝为商家提供了各种搭建和维护自己店铺的服务，从店铺装修、运营推广到数据分析等，为其提供工具和数据分析，帮助商家更好地维护店铺，吸引更多的用户。

第三，淘宝平台模式通过增加社交元素来增强用户黏性。淘宝通过增加社交与分享功能，建立了一个淘友社区，让用户能够分享自己购买的商品、评价商品等。这种交互式的购物方式让用户有了更多的参与感和体验感，提升了用户的黏度和忠诚度。在这个

社区中，用户可以交友、玩游戏、聊天等，使得购物变成了一个社交环节，而不再是一种简单的交易行为。

综上所述，淘宝的平台运营模式是建立在商家和用户双方的需求之上的，通过平台化和社交元素，增强用户的黏性，并为商家提供丰富的服务，使得商家和用户的交易更加流畅和便捷。作为一家平台型企业，淘宝的成功为企业崛起打下了坚实的基础，同时也推动了中国电商产业的快速发展。

资料来源：平台运营模式案例分析[EB/OL].（2023-01-09）[2024-12-27]. https://www.wdnzx.com/newsDetail_87914.html.

由上述案例可知，平台经济不断发展，并且拥有各种新型的商业模式和发展业态，但平台远远不止电商平台这一种类型，不同平台的运营战略也有诸多不同。本章将对这些内容详细展开。

3.1　平台的基本概念和分类

3.1.1　平台的定义和内涵

"平台"（platform）的概念最早兴起于计算机科学与信息技术领域，随着互联网技术的飞速发展和广泛应用，其内涵与外延不断拓展至商业、社会乃至文化等多个领域。平台作为一种基础架构或中介服务，其核心在于连接两个或多个独立的群体（如用户、供应商、开发者等），通过提供一系列规则、工具或服务，促进这些群体之间的有效互动、价值交换和资源共享（孙萍，2024；江小涓和黄颖轩，2021）。

目前，对于平台的定义基本统一，且普遍认可其具备以下四个关键要素：平台主体、生产者、消费者和价值（如商品、内容、服务、社交等）。平台所具备的典型特征[①]如下。

（1）连接性。平台的首要功能是连接，它搭建起不同用户群体之间的桥梁，使得原本可能相互隔绝的各方能够便捷地找到对方，进行信息交流、商品交易或合作共创。

（2）外部性。平台不是对整体中的每个个体产生直接价值，而是依赖于其他个体存在于平台而产生间接价值。

（3）多归属性。在一个有序市场中，某个平台中存在的买方和卖方也可以与其他平台存在关联。

（4）规则制定性。平台会制定一套明确的规则体系，用以维护平台秩序，保障参与者的权益，促进公平竞争和健康发展。这些规则可能涉及准入条件、服务标准、争议解决机制等。

（5）价值创造与分配。平台通过整合资源、优化匹配等方式创造价值，并通过合理的定价策略、佣金制度或广告收入等方式实现价值的分配，确保平台的持续运营和各方利益的平衡。

---

① 方军，程明霞，徐思彦. 平台时代[M]. 北京：机械工业出版社，2018.

（6）网络效应。平台往往具有显著的网络效应，即随着用户数量的增加，每个用户从平台获得的价值也会增加，从而吸引更多用户加入，形成良性循环。

案例3-1

商业模式画布：以滴滴出行为例

滴滴出行是全球领先的一站式移动出行平台，为用户提供出租车、快车、专车、豪华车、公交、小巴、代驾、共享单车、共享电单车、共享汽车、外卖等全面的出行和运输服务。致力于成为同城或跨城出租车行业的互补品，通过智慧交通创新解决全球交通、环保和就业挑战。滴滴正同越来越多的汽车产业链企业建立合作联盟，携手打造汽车运营服务平台。

滴滴出行的主要用户为乘客和司机。一般来说，乘客使用滴滴出行的原因是基于打车难的问题，原有的出租车模式满足不了他们的需求，用户更想拥有一种满足自己多方位需求的出行方式；而司机使用滴滴出行，主要是在挣钱的同时，工作自由，被他人尊重。结合乘客和司机的痛点，滴滴出行给予双方解决办法，让出行更美好。对于乘客来说，使用滴滴出行比出租车更加便宜，让等待的时间缩短，还能使用支付宝、微信等无现金方式支付；同时滴滴加强了乘客的隐私安全保护，可以实时看到到达时间，预计收费和地图跟踪，保障了乘客乘车安全。对于司机来说，跑滴滴可以增加额外收入，还有灵活的工作时间以及简易支付程序（在线支付、无须找零），既保障乘客安全，也保障了司机的人身安全。

滴滴出行的商业目标是构建移动出行平台以及平台运营和推广、产品开发和管理。为了达成目标，滴滴出行的关键业务分为乘客端和司机端，涵盖了快车、拼车、专车、出租车、顺风车、公交、豪华车、代驾以及市场营销、客户获取、雇佣司机收入支出管理、客服等。除了提供功能服务以外，也提供产品的售后服务。这需要强大的销售和运营团队去维护客户关系，只有带给客户好的体验，才有可能提升客户的续费率或者带来新的定制化项目。利用社交媒体给予用户专业的企业服务，如客服、评审等，还提供用户自助服务，如订单评价及用户反馈功能等。滴滴出行拥有技术平台，有着派单分发管理技术、定位技术等大数据技术支持，还拥有大财团的投资，如阿里巴巴、腾讯等。同时，对于滴滴来说，除了自身的流量、大数据、运营和渠道网络等资源，一个个用勤劳双手创造物质与精神财富的司机师傅，更用他们的片片暖心铸就了滴滴出行最硬核的核心资源。

资料来源：King. 商业模式画布：以滴滴出行为例[EB/OL].（2020-08-31）[2024-09-27]. https://www.woshipm.com/operate/4159160.html.

3.1.2 平台的分类

平台是一个较为丰富的概念，无论是技术、商业、创新还是媒体领域，平台都扮演着开展活动、提供服务和进行交易的重要角色。

按照不同的分类方式，平台可分为以下类型[①]。

1. 按功能分类

（1）操作系统平台：专门或主要从事移动操作系统、分布式操作系统等操作系统的研发、生产、销售的平台，如安卓（Android）、iOS 等。

（2）社交平台：主要连接人与人，提供社交互动、游戏休闲、视听服务、文学阅读等功能，如微信、QQ、抖音等。

（3）电商平台：连接人与商品，提供销售服务、促成双方交易、提高匹配效率等功能，如淘宝、京东、唯品会等。

（4）内容平台：主要提供内容管理、内容发布、内容存储等功能，实现信息的统一管理和发布，如微信公众号、今日头条等。

（5）金融服务平台：连接人与资金，提供支付结算、网络贷款服务、金融理财服务、金融资讯和证券投资服务等功能，如支付宝、微信支付、京东金融等。

（6）信息资讯平台：连接人与信息，提供新闻资讯、搜索服务、音视频资讯内容等功能，如百度、新浪新闻等。

（7）计算应用平台：连接人与计算能力，提供信息管理和云计算等服务，如阿里云、腾讯云、苹果 App Store、谷歌 Play Store 等。

2. 按覆盖范围分类

（1）全球性平台：在全球范围内提供服务和支持的平台。它们不受地域限制，能够覆盖全球用户，并满足全球范围内的需求，如谷歌、Facebook、亚马逊等。

（2）区域性平台：在特定地区或国家内提供服务和支持的平台。它们主要面向该地区的用户，并满足该地区的特定需求，如淘宝、拼多多、Lazada 等。

（3）行业性平台：专注于某一特定行业或领域的平台。它们为该行业或领域的用户提供专业的服务和支持，如汽车之家、医脉通、钢银电商等。

3. 按网络效应分类

（1）单边网络平台：平台上的用户主要属于同一类型或群体，且网络效应主要体现在该类型用户内部。这类平台上的用户之间通常不存在直接的交易或互动关系，而是共享平台提供的信息、服务或资源，如微博、X（原 Twitter）等。

（2）双边网络平台：平台连接了两个不同类型的用户群体，且网络效应主要体现在这两个群体之间的相互作用和依赖关系上。这类平台上的用户之间存在直接的交易或互动关系，平台通过促进这种关系来实现价值创造，如淘宝、京东、百度等。

（3）多边网络平台：平台连接了三个或更多不同类型的用户群体，且网络效应体现在这些群体之间的复杂相互作用和依赖关系上。这类平台上的用户之间存在多种交易或

---

① 网络交易监管司. 关于对《互联网平台分类分级指南（征求意见稿）》《互联网平台落实主体责任指南（征求意见稿）》公开征求意见的公告[EB/OL]. (2021-10-20) [2024.09.27]. https://www.samr.gov.cn/hd/zjdc/art/2023/art_c0086d02fcc544ea9506c997b3ac93c1.html.

互动关系，平台通过促进这些关系来实现更广泛的价值创造，如滴滴出行、爱彼迎（Airbnb）、亚马逊等。

具体的平台类型及举例如表 3-1 所示。

表 3-1　平台类型及举例

分 类 依 据	平 台 类 型	平 台 举 例
按功能分类	操作系统平台	安卓（Android）、iOS
	社交平台	微信、QQ、抖音
	电商平台	淘宝、京东、唯品会
	内容平台	微信公众号、今日头条
	金融服务平台	支付宝、微信支付
	信息资讯平台	百度、新浪新闻、京东金融
	计算应用平台	阿里云、腾讯云、苹果 App Store
按覆盖范围分类	全球性平台	谷歌、Facebook、亚马逊
	区域性平台	淘宝、拼多多、Lazada
	行业性平台	汽车之家、医脉通
按网络效应分类	单边网络平台	微博、X（原 Twitter）
	双边网络平台	淘宝、京东、百度
	多边网络平台	滴滴出行、爱彼迎（Airbnb）

3.2　平台运营的设计方法

3.2.1　平台架构和功能设计的基本范式

平台架构和功能设计的基本范式是一个复杂而多维度的过程，它涉及系统的结构、组件、交互方式以及所支持的功能等多个方面。

1. 平台架构的基本范式

平台架构应包括但不限于网络连接层、基础设施层、数据采集层、数据处理层、平台运营层。参考《物流企业分类与评估指标》（GB/T 19680—2013）中物流企业的平台架构，我们构建了具有普适性的平台架构，如图 3-1 所示。

平台的架构具有以下特点。

（1）分层架构。平台架构具有不同层次，这有助于实现代码的解耦，提高系统的可扩展性和可维护性。平台架构包括但不限于网络连接层、基础设施层、数据采集层、数据处理层、平台运营层。其中，平台运营层负责与用户进行交互，展示数据和界面元素；数据采集层和数据处理层是指应用程序的核心业务处理部分，如数据处理、业务规则验证等；网络连接层和基础设施层负责与数据库的交互，执行数据的增删改查操作。

平台运营层	网页端	移动端	App	API接口端	运维管理体系	安全管理体系
	订单管理系统 OMS	资源管理系统 ERP	...	供应商关系管理系统 SRM	客户关系管理系统 CRM	
数据处理层	数据准备功能 → 分析支持功能 → 数据分析功能					
数据采集层	传感数据采集　标签数据采集　空间位置数据采集　多媒体数据采集　标签数据采集					
基础设施层	云基础设施　　容器设施　　数据库设施					
网络连接层	有线接入　　　　　　　　　无线接入					

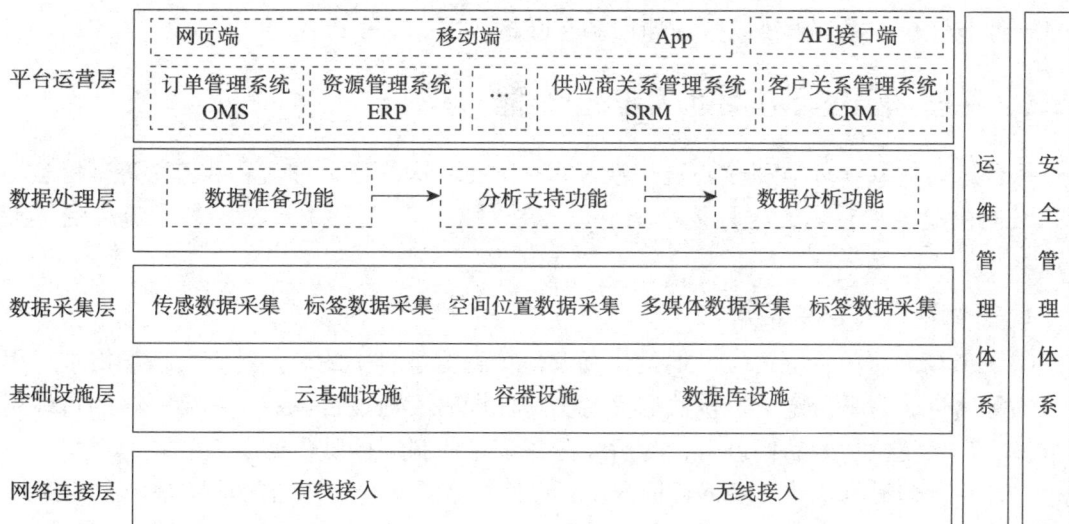

图 3-1　平台的架构图

（2）客户端-服务器架构。平台架构可以分为客户端和服务器两方面，能够实现分布式部署，提高系统的性能和可伸缩性。其中，客户端是指应用程序的客户端部分，负责与用户交互和展示数据，即平台运营层；服务器是指应用程序的服务器部分，负责处理业务逻辑和数据存储，即网络连接层、基础设施层、数据采集层、数据处理层。

（3）微服务架构。平台的架构中可以分为各个微服务，这样能够提高系统的灵活性和可维护性，同时也带来了更复杂的部署和管理挑战。它由平台运营层的应用程序拆分而来，包括一系列小型、独立的服务，每个服务负责一个特定的功能，可以独立部署和扩展。

2. 功能设计的基本范式

（1）用户需求分析。功能设计首先需要明确用户需求，包括用户类型、使用场景、功能需求等，并通过用户调研、竞品分析等方式收集需求信息，为后续的功能设计提供基础。

（2）功能模块划分。根据需求分析结果，将系统划分为不同的功能模块，每个模块负责一组相关的功能。功能模块划分有助于实现功能的模块化和组件化，提高系统的可维护性和可扩展性。

（3）流程设计。为每个功能模块设计详细的业务流程，包括用户操作、系统响应、数据处理等。流程设计需要确保业务流程的顺畅和高效，同时满足用户需求。

（4）界面设计。界面设计需要遵循一定的设计规范和标准，如色彩搭配、布局结构、交互方式等。通过设计用户友好的界面，确保用户能够方便地操作和使用系统。

（5）安全设计。安全设计包括数据加密、身份验证、访问控制等方面。通过设计安全可靠的系统架构和功能模块，确保用户数据的安全和隐私。

（6）性能优化。性能优化包括代码优化、数据库优化、缓存策略等方面。通过对系统进行性能优化，提高系统的响应速度和吞吐量。

3.2.2 平台运营的基本环节和核心流程

平台运营的基本环节和核心流程涉及多个方面，这些环节和流程相互关联、相互支持，共同构成了平台运营的整体框架。以下是对平台运营基本环节和核心流程的详细阐述。

1. 平台运营的基本环节

（1）市场调研与目标定位。通过市场调研了解竞争对手的产品特点、市场需求、用户行为等信息，为平台定位提供数据支持。与此同时，通过目标定位明确平台的目标用户群体、市场定位、产品特色等，为后续运营策略的制定提供依据。

（2）平台建设与优化。根据目标定位，设计并搭建平台，包括前端界面、后端系统、数据库等。与此同时，根据用户反馈和市场变化，不断优化平台功能、界面、性能等，提升用户体验。

（3）商品策略与供应链管理。根据市场需求和竞争态势，制定选品策略，挑选具有潜力的商品。与此同时，与供应商建立合作关系，确保商品的质量、价格和供货稳定性；采用先进的库存管理技术，确保库存水平合理。

（4）营销推广与品牌建设。根据平台特点和目标用户需求，制定有针对性的营销计划，包括产品推广、活动策划等。与此同时，通过广告投放、搜索引擎优化、社交媒体营销等方式，提升品牌知名度和影响力。

（5）用户维护与数据分析。及时回应用户的反馈和问题，解决用户困扰，提高用户满意度；通过优惠活动、会员制度等方式留住用户。与此同时，收集和分析平台数据，了解用户行为、销售情况等，为运营策略的调整提供依据。

（6）持续优化与迭代。根据数据分析结果和市场变化，及时调整运营策略，提高用户转化率和留存率。与此同时，根据用户需求和市场趋势，不断优化和迭代平台功能，保持平台的竞争力和吸引力。

2. 平台运营的核心流程

（1）策略制定。基于市场调研和目标定位，制定详细的运营策略，包括品牌推广、用户获取、用户满意度提升等方面的目标及相应的实现路径。

（2）计划执行。制定具体的运营计划，包括推广渠道、推广方式、时间表和任务分工等，并按照计划执行相关推广活动，如撰写推广文案、发布广告、组织活动等。

（3）用户反馈与响应。及时收集用户反馈和意见，了解用户需求和问题，并针对用户反馈进行快速响应和处理，提高用户满意度和忠诚度。

（4）数据分析与评估。对平台数据进行收集和分析，包括用户行为数据、销售数据等，并根据数据分析结果评估运营效果，发现问题和不足。

（5）策略调整与优化。根据数据分析结果和市场变化，及时调整运营策略；对平台功能、界面、性能等进行持续优化和迭代，提升用户体验和平台竞争力。

（6）市场监测与竞争分析。持续关注市场动态和竞争对手情况，对竞争对手的推广策略、用户体验等进行深入分析，以便及时调整自身策略。

综上所述，平台运营的基本环节和核心流程是一个闭环的过程，需要不断循环往复地进行。在这个过程中，需要注重市场调研、用户需求分析、策略制定与执行、用户反馈与响应、数据分析与评估以及策略调整与优化等环节的工作，以确保平台能够持续稳定地发展并不断提升竞争力。

拓展阅读 3.1　京东品牌洞察：多快好省，是一种时代策略

3.3　平台的合作与竞争策略

3.3.1　单边网络平台的合作与竞争策略

正如 3.1.2 小节对平台的分类中所示，单边网络平台是指平台上的用户主要属于同一类型或群体，且网络效应主要体现在该类型用户内部。这类平台上的用户之间通常不存在直接的交易或互动关系，而是共享平台提供的信息、服务或资源。如微博、QQ 音乐、网易云等。

单边网络平台的合作与竞争策略是平台运营中至关重要的部分，它们直接影响到平台的用户增长、用户黏性以及市场竞争力。因此对于单边网络平台，了解合作与竞争策略至关重要。

1. 合作策略

（1）供应链合作：包括与供应商合作、物流合作和生态合作。其中，供应商合作是指与优质供应商建立长期稳定的合作关系，确保平台商品或服务的质量和供应稳定性；物流合作是指与物流公司合作，优化物流配送体系，提升用户体验如与顺丰、京东物流等合作，可实现快速、准确的配送服务；生态合作是指平台积极与产业链上下游的合作伙伴建立联系，共同构建健康的生态体系。通过整合资源、促进协同创新等方式，提升整个生态体系的竞争力。

（2）技术合作：包括数据共享和技术研发。其中，数据共享是指与其他平台或技术提供商进行数据共享，共同挖掘数据价值，提升平台的数据分析能力；技术研发是指与高校、研究机构或技术企业合作，共同研发新技术、新产品，提升平台的技术实力。

（3）内容合作：包括内容提供方合作、IP 合作和内容分发。其中，内容提供方合作是指与媒体、自媒体、KOL（关键意见领袖，多指社交媒体上影响力较大的人）、品牌方等合作，引入优质内容，丰富平台内容生态，提升用户黏性；IP 合作是指与热门 IP 合作，推出联名商品或服务，吸引粉丝用户，提升平台知名度；内容分发是指平台利用其广泛的用户基础和强大的分发能力，帮助合作伙伴将内容推送给目标受众，这包括通过算法推荐、热门话题、专题页面等方式提升内容的曝光度和传播效果。

（4）渠道合作：包括线下渠道合作、线上渠道合作和跨界渠道合作。其中，线下渠道合作是指与实体店、商场等合作，开展线上线下联动活动，拓宽用户渠道。比如，平台可以与具有相似品牌理念或目标受众的品牌进行联合推广，通过共同举办活动、互相推荐等方式提升品牌知名度和美誉度。线上渠道合作是指与其他互联网平台合作，进行流量互换或联合推广，提升平台曝光度，也可以尝试与其他行业的合作伙伴进行跨界合作，探索新的业务模式和市场机会。这种合作有助于打破行业壁垒，拓展平台的业务范围和用户群体。

2. 竞争策略

（1）差异化竞争：包括产品差异化、服务差异化以及品牌定位差异化。其中，产品差异化是指提供独特、有竞争力的产品或服务，满足用户的特定需求；服务差异化是指提供优质的客户服务、售后支持等，提升用户满意度和忠诚度；品牌定位差异化是指明确平台的品牌定位，与竞争对手形成差异化。通过独特的品牌形象、服务理念和用户体验，吸引目标用户群体；通过加强品牌宣传和推广，提升品牌知名度和美誉度；通过品牌故事、品牌理念等方式塑造品牌形象，增强用户对品牌的认同感和信任感。

（2）价格战：包括灵活定价和精准营销。灵活定价是指根据市场需求、竞争态势和用户反馈等因素，灵活调整定价策略。通过价格优惠、套餐组合等方式吸引用户，提升市场份额。在这个过程中，需注意避免恶性价格战，影响平台长期发展。精准营销是指利用大数据分析技术，精准洞察用户需求和行为特征。通过个性化推荐、精准广告投放等方式，提高营销效率和转化率。

（3）用户黏性提升：包括会员制度和社区建设。其中，会员制度是指推出会员制度，提供会员专属优惠、特权等，增强用户黏性；社区建设是指建立用户社区，鼓励用户分享、交流，提升用户参与度和归属感。

（4）技术创新：是指不断投入研发，提升平台的技术实力，通过技术创新实现差异化竞争。例如，利用人工智能、大数据等技术优化用户体验、提升运营效率。

综上所述，单边网络平台的合作与竞争策略需要综合考虑多方面因素，包括供应链、技术、内容、渠道等方面的合作以及差异化竞争、价格战、用户黏性提升、技术创新等方面的竞争策略。通过制定科学的合作与竞争策略，平台可以不断提升自身竞争力，实现可持续发展。单边网络平台的合作与竞争策略，如表3-2所示。

拓展阅读 3.2 微博：建区域 IP 化的媒体矩阵 走具时代感的融合之路

表 3-2　单边网络平台的合作与竞争策略

策略类型	表现类型	具 体 表 现	举　　例
合作策略	供应链合作	供应商合作、物流合作、生态合作	微博：与广告供应商、周边商品供应商等合作，提供优质广告和周边商品供应

续表

策略类型	表现类型	具 体 表 现	举　　例
合作策略	技术合作	数据共享、技术研发	中国大学 MOOC：与研究机构合作，共同研发教育技术和工具
	内容合作	内容提供方合作、IP 合作、内容分发	微博：与动漫 IP 合作推出限定周边，吸引粉丝用户
	渠道合作	线下渠道合作、线上渠道合作、跨界渠道合作	网易云音乐：与汽车品牌合作推出车载音乐服务，与智能家居品牌合作推出智能音响音乐服务
竞争策略	差异化竞争	产品差异化、服务差异化、品牌定位差异化	微博：注重用户生成内容推广，鼓励用户分享生活点滴、参与热门话题讨论，形成独特社区氛围
	价格战	灵活定价、精准营销	QQ 阅读：针对热门新书推出限时折扣活动，吸引用户购买并提供多种套餐组合等
	用户黏性提升	会员制度、社区建设	微博：通过推出会员制度提供会员专属优惠和特权，如优先推送，评论加精等增强用户黏性
	技术创新	利用人工智能、大数据等技术优化	中国大学 MOOC：引入虚拟现实和增强现实技术为用户提供更沉浸式的在线学习体验

3.3.2　双边和多边网络平台的合作与竞争策略

双边和多边网络平台的合作与竞争策略在多个维度上展开，旨在提升平台的用户黏性、市场份额和盈利能力。

1. 双边网络平台的合作与竞争策略

正如 3.1.2 小节所指出的，双边网络平台是指平台连接了两个不同类型的用户群体，且网络效应主要体现在这两个群体之间的相互作用和依赖关系上。这类平台上的用户之间存在直接的交易或互动关系，平台通过促进这种关系来实现价值创造，如淘宝、京东、百度等。

1）合作策略

（1）供应链合作：是指双边平台通常与上下游企业建立紧密的合作关系，以确保产品和服务的质量与供应稳定性。例如，电商平台与供应商合作，确保商品质量；金融平台与银行等金融机构合作，提供安全的金融服务。

（2）技术合作：是指双方可以共享技术资源，共同研发新技术或优化现有技术，以提升平台的运营效率和服务质量。例如，利用大数据和人工智能技术优化用户体验、提升营销效果。

（3）市场拓展合作：是指双方可以联合进行市场推广活动，共同拓展市场份额。通过共享用户资源、联合举办活动等方式，增加平台的曝光度和用户黏性。

（4）服务整合：是指双方可以将各自的服务进行整合，为用户提供一站式解决方案。例如，电商平台与物流公司合作，提供便捷的物流服务；旅游平台与酒店、航空公司合作，提供全方位的旅游服务。

2）竞争策略

（1）差异化竞争：是指提供独特、有竞争力的产品或服务，以满足用户的特定需求。通过差异化竞争，平台可以在激烈的市场竞争中脱颖而出。

（2）技术创新：是指不断投入研发，提升平台的技术实力。通过技术创新，平台可以打造独特的竞争优势，吸引更多用户。

（3）价格竞争：是指在保证利润的前提下，通过合理的定价策略吸引用户。但需注意避免恶性价格战，以免影响平台的长期发展。

（4）用户黏性提升：是指通过优化用户体验、提供个性化服务等方式，提升用户的黏性和忠诚度。例如，建立用户社区、提供会员特权等。

（5）市场定位：是指明确自身的市场定位和目标用户群体，制定相应的竞争策略。通过精准的市场定位，平台可以更好地满足用户需求，提升市场竞争力。

双边网络平台的合作与竞争策略，如表 3-3 所示。

表 3-3　双边网络平台的合作与竞争策略

策略类型	表现类型	具体表现	举例
合作策略	供应链合作	与上下游企业建立紧密的合作关系	京东：通过"京东京造"等自有品牌，与制造商合作开发高品质商品
	技术合作	共享技术资源，共同研发新技术或优化现有技术	京东：与一些科技公司合作，共同研发新技术，如无人机配送，提高配送效率
	市场拓展合作	共享用户资源、联合举办活动等方式	前程无忧：与高校、培训机构等合作，共同举办招聘会、职业规划讲座等活动
	服务整合	为用户提供一站式解决方案	携程旅行：整合机票、酒店、租车、景点门票等旅游资源，为用户提供全方位旅游服务体验
竞争策略	差异化竞争	提供独特、有竞争力的产品或服务	前程无忧：提供个性化的职业规划服务、在线培训课程等，形成差异化竞争
	技术创新	投入研发，提升平台的技术实力	百度：推出百度大脑、Apollo自动驾驶等前沿技术产品，打造独特的竞争优势
	价格竞争	合理的定价策略吸引用户	淘宝：通过淘宝特价版、聚划算等平台，提供优惠商品，吸引价格敏感型用户
	用户黏性提升	优化用户体验、提供个性化服务等方式	前程无忧：通过提供职业规划、在线学习等增值服务，提升用户黏性
	市场定位	明确自身的市场定位和目标用户群体	携程旅行：专注于旅游市场，提供便捷的在线预订服务，满足用户的出行需求

案例3-2

携程商旅助力资生堂中国打造线上差旅系统

此前，资生堂（中国）投资有限公司采用的是传统旅行社的线下预订模式，员工在出差时大多通过邮件和电话等方式，由旅行社人工干预操作预订、改签等流程。员工不仅为此耗费大量沟通成本，还要面对垫资的压力以及后续繁重的报销流程。旅行社代订模式由于其资源覆盖面的限制，无法满足企业，尤其大型企业员工出差各地的需求，也无法实现公对公结算。面对影响员工差旅体验的种种壁垒，资生堂（中国）决定采用更专业化的差旅管理公司（TMC）进行企业差旅的规范化管理。经过对资源覆盖能力、技术实力、服务等多方面的综合考量，最终选择与携程商旅合作，作为资生堂（中国）员工的差旅服务合作方。

1. 深刻洞悉品牌需求，打造一站式线上差旅系统

在合作初期，携程商旅与资生堂（中国）项目组进行了充分的需求对接与沟通，深入了解企业亟待解决的痛点，为其量身定制了既符合企业差旅管控需求，又能满足员工满意度的差旅解决方案。为此，携程商旅同资生堂（中国）OA 系统（自动办公系统）进行了对接打通，实现了差旅申请、审批、预订到结算的全流程线上化操作。同时，携程商旅在系统层面为企业实现了个性化管控配置，在满足企业差旅流程闭环需求的同时，也能够结合员工实际出行需求进行灵活管控。

2. 打破差旅传统流程壁垒，员工差旅满意度大幅提升

通过全流程线上化差旅系统的上线，及企业间的公对公结算，企业员工出差告别了以往的垫资与琐碎报销流程，对于企业财务来说，差旅支出也变得更加规范和透明。对于资生堂财务人员来说，以前为出差员工对账票据繁多，需要耗费大量的时间和人力成本；使用携程商旅后，通过携程商旅的结算端进行在线对账结算，不仅减少了财务人员的工作压力，而且让整个报销流程更合规。

资料来源：携程商旅. 携程商旅助力资生堂中国打造线上差旅系统[EB/OL].（2024-09-28）[2024-12-27]. https://ct.ctrip.com/customer-case/43.

2. 多边网络平台的合作与竞争策略

多边网络平台涉及更多的参与方和更复杂的利益关系，因此其合作与竞争策略需要更加全面和深入。

如 3.1.2 小节所指出的，多边网络平台是连接了三个或更多不同类型的用户群体，且网络效应体现在这些群体之间复杂的相互作用和依赖关系上。这类平台上的用户之间存在多种交易或互动关系，平台通过促进这些关系来实现更广泛的价值创造。如滴滴出行、亚马逊等。

1）合作策略

（1）多边协同：是指鼓励多方参与者之间协同合作，共同推动平台的发展。通过多边协同，平台可以整合各方资源，实现优势互补，提升整体竞争力。

（2）标准制定：是指推动制定行业标准和规范，确保平台上的交易和服务符合法律法规和行业标准。通过标准制定，平台可以建立良好的市场秩序和信任机制，吸引更多参与者加入。

（3）生态构建：是指构建开放、协同的生态系统，吸引更多合作伙伴加入。通过生态构建，平台可以形成强大的网络效应和规模效应，提升整体价值。

（4）资源共享：是指促进多方参与者之间的资源共享和互利共赢。例如，共享用户数据、技术资源、营销渠道等，以提升整体运营效率和市场竞争力。

2）竞争策略

（1）网络效应：是指利用多边平台的网络效应，吸引更多用户加入。通过增加用户数量和活跃度，提升平台的吸引力和竞争力。

（2）平台规则：是指制定公平、透明的平台规则，确保各方参与者的权益得到保障。通过良好的平台规则，平台可以建立良好的市场环境和信任机制，吸引更多参与者加入。

（3）服务创新：是指不断推出新的服务和功能，满足用户的多样化需求。通过服务创新，平台可以保持竞争优势和活力。

（4）市场定位与细分：是指针对不同用户群体和市场需求进行精准定位和细分。通过精细化运营和个性化服务，平台可以更好地满足用户多样化需求，提升市场竞争力。

拓展阅读 3.3 从出行"黑科技"看滴滴金融的蓝图

多边网络平台的合作与竞争策略如表 3-4 所示。

表 3-4　多边网络平台的合作与竞争策略

策略类型	表现类型	具体表现	举例
合作策略	多边协同	多方参与者之间的协同合作	滴滴出行：与汽车制造商合作开发定制车型，与充电设施运营商合作建设充电网络
	标准制定	制定行业标准和规范	爱彼迎：积极参与旅游住宿行业的标准制定，推动行业的健康发展
	生态构建	构建开放、协同的生态系统	滴滴出行：与餐饮、旅游、金融等领域的合作伙伴合作，提供多元化的出行服务，形成强大的网络效应和规模效应
	资源共享	共享用户数据、技术资源、营销渠道等	爱彼迎：与房主、租客等合作伙伴共享房源信息、用户评价等，以提升整体住宿服务质量和用户体验
竞争策略	网络效应	增加用户数量和活跃度，提升吸引力和竞争力	滴滴出行：通过增加司机和乘客的数量和活跃度，提升了平台的吸引力和竞争力
	平台规则	制定公平、透明的平台规则，保障参与者权益	亚马逊：通过技术手段和客服团队，处理和处罚违规行为，还推出卖家保护计划等措施
	服务创新	推出新的服务和功能	亚马逊：不断推出新的服务和功能，如 Prime 会员服务、智能音箱、无人配送等，满足用户的多样化需求
	市场定位与细分	对不同用户群体和市场需求进行精准定位和细分	爱彼迎：针对家庭出游推出亲子房源，针对年轻人推出特色民宿，针对商务人士推出高端公寓等

综上所述，多边网络平台的合作与竞争策略需要根据平台的特点和市场需求进行灵活调整和优化。通过采用合理的合作与竞争策略，平台可以不断提升自身的竞争力和市场地位。

3.4　平台的转型策略

当前，我国正加速由工业经济时代向新经济时代转型，处于新旧动能转换的关键阶段。面对新经济的蓬勃发展，传统产业中的大企业在组织形态、商业模式和创新管理等方面都显现出与之不相适应的问题。在这一背景下，平台企业能否通过转型实现开放式生态发展，成为新、旧动能能否成功转换的关键所在。

3.4.1 单边网络平台的转型策略

单边网络平台往往是指企业为自身业务建立，将自营业务销售给消费者的平台或者转售类型的平台。常见的单边网络平台如通信平台（如移动、联通、电信），电商平台的自营平台（如京东自营、阿里巴巴的天猫超市），企业的线上商城（如华为商店、小米商店）等。单边网络平台企业转型是指平台企业通过采用去中心化的平台型组织结构，开放技术、资本、市场等优势内部资源，链接各类外部资源，打造创新创业生态圈，促使大量社会创新主体围绕企业，在线上线下形成集聚，从而实现大中小企业融通发展。经过转型，单边平台从封闭发展模式转向内外协同模式，从生产者、交付者转变为资源的链接者、整合者的角色。

拓展阅读 3.4 联想工业互联网平台（iLeapCloud）建设与实践

3.4.2 双边和多边网络平台的转型策略

双边和多边网络平台已经属于资源的链接者和整合者，其下一步转型将向生态链、生态圈的方向发展。生态化转型是双边和多边网络平台应对颠覆性创新、适应快速变化的环境、实现企业永续发展的重要机制。在实现自身转型升级的同时，更能盘活存量资源，孵化出大量中小微企业，实现爆发式成长，为培育壮大经济发展新动能提供了重要机制。对于双边和多边网络平台相对集中的领域，虽然在新、旧动能转换过程中遇到严峻挑战，但完全可以通过推动平台生态化转型释放能量，激活新经济发展，将行业内平台多年积累的"势能"有效转换为新动能，变被动为主动，创造新的发展机遇。目前，由双边和多边网络平台孕育孵化具有新兴业态属性的瞪羚企业和独角兽企业已成为中国经济发展的一大亮点。如海尔集团孵化出众海汇智，海信孵化出海信医疗、亿联客等瞪羚企业，五星控股孵化出孩子王，北汽集团孵化出北汽新能源，中粮集团孵化出我买网等独角兽企业。平台生态化转型要求大企业深刻理解并准确把握转型的时代背景、内涵模式、路径方法，主动在组织形态、商业模式和创新管理等方面做出变革。海尔打造的卡奥斯（COSMOPlat）工业互联网平台，其多个双边市场、智能供应链、工业生态系统建设便是很好的范例。

拓展阅读 3.5 海尔 COSMOPlat——以用户为中心的大规模定制供应链平台建设与实践

3.5 供应链平台的分类

3.1.2 小节从功能、覆盖范围和网络效应方面阐述了平台的类型。从本节开始将介绍平台应用，即聚焦于供应链中的具体应用。本书将这种应用称为"供应链平台"，并从产业类型即制造型供应链和服务型供应链出发，将供应链平台划分为供应链管理平台和供应链服务平台。

3.5.1　供应链管理平台

供应链管理平台是核心企业用于统筹资源并优化资源配置的平台，连接供应链上各个利益主体，通过提供一系列规则、工具或服务，促进这些群体之间的有效互动、价值交换和资源共享。

供应链管理平台强调"链条管理"，侧重于企业内部的业务运行和发展，较少涉及平台的开放共享，供应链中的核心企业常常为制造企业。典型的供应链管理平台为制造业的工业互联网平台，如初期的联想 iLeapCloud 平台和初期的海尔卡奥斯 COSMOPlat 平台，当它们只应用在集团内部子公司之间、公司与供应商之间进行供应链管理时，便属于供应链管理平台。典型的供应链管理平台还包括主营业务是 B2C 的许多平台，如通信平台（如移动、联通、电信），电商平台的自营部分（如京东自营、阿里巴巴的天猫超市、京东物流）、企业的线上商城（如华为商店、小米商店）等，供应链管理平台一般只对内提供供应链管理，开放共享程度较低。案例 3-3 以海尔卡奥斯 COSMOPlat 平台为例介绍了供应链管理平台。

案例3-3

海尔卡奥斯 COSMOPlat：1 个平台，2 种身份

卡奥斯 COSMOPlat 是海尔创造的工业互联网平台（见图 3-2），可你知道它有 2 种身份吗？作为海尔大家庭的一员，卡奥斯 COSMOPlat 是一个合格的工业互联网平台，它内外兼修，身兼海尔属性与社会属性 2 种身份。

第一重身份，海尔属性：海尔智慧家庭落地的"加速器"。作为中国智能制造示范企业，早在 2012 年，海尔就开始规划建设互联工厂，由此开启了对大规模定制模式的探索实践。先从家电行业开始，尝试把产品的全流程分成用户交互定制、精准营销等七大模块，这样一来，用户参与全流程，企业生产和用户需求完美结合。

从建成第一个互联工厂——沈阳冰箱互联工厂到 2024 年，（卡奥斯 COSMOPlat 工业互联网平台已打造出 11 座灯塔工厂，累计主导和参与国际标准 11 项，在工业互联网国际标准领域实现了对 ISO、IEEE、IEC 三大国际标准组织的全覆盖，以"中国经验"填补了国际标准空白，也为我国工业互联网平台的全球应用提供了便利，编者补）科学技术在不断升级，人工智能、虚拟现实、5G 等新兴技术都被应用到智能制造中。在卡奥斯 COSMOPlat 支撑下，海尔智慧家庭方案和场景能够更快、更精准落地。

第二重身份，社会属性：衣食住行等美好生活体验升级的引领者。有了海尔互联工厂内部的实践经验，该平台开始把目光转向其他行业，进行社会化赋能，并在 15 类行业、六大区域和 20 个国家里有了响当当的名号。比如，在服装行业叫作"海织云"，可以通

过智能洗衣机、衣橱等智能家居产品收集用户在衣服款式、材质偏好方面的数据，了解用户的穿衣喜好，给厂家提供建议，这样生产出来的衣服保证用户会喜欢。在农业方面叫作"海优禾"，可在金乡大蒜外包装上贴上二维码，扫一扫就能知道它的"前世今生"，让用户吃得健康安全又正宗。在建陶行业，又叫作"海享陶"，可以针对地铁、电子等行业的特殊需求来定制防静电瓷砖，使用起来更安全、耐磨，防静电效果更持久稳定。该平台还能帮助企业打造智能互联工厂，进行自动化升级改造。在房车行业，有了该平台，你不但再也不会找不到营地，找不到补给，还能享受智慧家电的服务，原本苦恼的出行问题都统统搞得定。

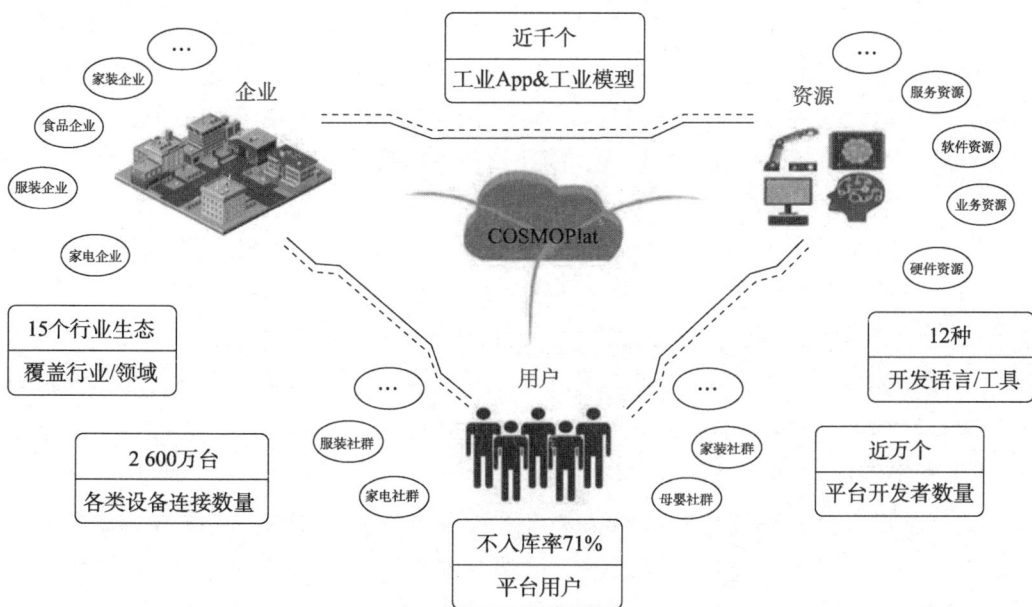

图 3-2　海尔卡奥斯 COSMOPlat 中企业、用户和资源概览

作为中国最早一批探索工业互联网的企业，卡奥斯平台的海尔属性和社会属性，获得社会各界的认可，这既是荣誉，更是担当！该平台将继续践行跨行业跨领域生态赋能，帮助更多企业转型升级！

资料来源：海尔家电产业. 海尔 COSMOPlat：1 个平台，2 种身份[EB/OL].（2019-08-26）[2024-12-27]. https://www.sohu.com/a/336403142_664068.（有改动）

3.5.2　供应链服务平台

供应链服务平台是指核心企业通过双边或多边接入，集成整合供应链全方面资源的服务平台。通过匹配资源和优化调度等方式为用户提供良好的交易场所，促进平台上用户之间的有效互动、价值交换和资源共享。

供应链服务平台相比供应链管理平台，强调服务属性，侧重于平台的开放、共享和连接，其业务形式更加多元，并取决于其平台上的用户类型和资源丰富程度。供应链中的核心企业常常是拥有先进科技的服务型企业。典型的供应链服务平台包括第四方物流企业（如怡亚通、满帮集团、传化智联），货运匹配平台（如货拉拉、快狗速运），也包括双边或多边匹配协同、代理抽成的电商平台（如阿里巴巴、京东和拼多多），打车平台（如滴滴和优步），外卖平台（如美团和饿了么），住宿平台（如爱彼迎）；以及各类共享经济平台（如众包物流平台）等。

1. 供应链匹配平台（网络货运平台）

在快递物流匹配平台方面，代表企业有菜鸟、日日顺等。2022 年中国快递服务企业业务量累计完成 1 105.8 亿件，同比增长 2.1%，快递业务收入累计完成 10 566.7 亿元，同比增长 2.3%[①]。

长途货运匹配平台方面，代表企业是上市企业传化智联和满帮集团，它们整合了社会大量的长途运输运力资源。其中 2024 年全年，满帮营业收入和调整后净利润均再创新高，报告期内实现营业收入 112.4 亿元，同比增长 33.2%，平台履约活跃司机数量攀升至414 万人，再创历史新高。

同城货运匹配平台方面，代表企业是货拉拉、快狗打车（前身为 58 速运）等，它们将社会的司机运力和有运货需求的客户连接起来，并自称为"货运界的打车平台"。数据显示，就中国市场而言，货拉拉 2024 年上半年的交易总额约为 42.36 亿美元，市值份额为 66.6%，远超其他市场参与者。相比之下，福佑卡车、滴滴货运、快狗打车（GOGOX）的市场份额分别为 9.9%、7.3% 和 0.7%，其他参与者合计占 15.5%。

2. 共享经济平台

共享经济平台是一种利用互联网技术将闲置资源与需求相匹配，实现资源高效利用的经济模式。这些平台通过技术手段整合供求双方的信息，促进资源的优化配置，提高资源利用率。所有权与使用权的暂时分离是共享经济平台的核心环节之一，强调闲置资源的更有效利用。本质上，共享经济是以信息技术为支撑，通过信息终端为载体，公平、有偿、高效地共享社会资源，供求双方以较低的成本共享资源，并共同享受由此产生的红利。

共享经济平台的发展背景主要包括互联网技术的不断进步、移动终端设备的普及、第三方支付软件的出现以及新技术的应用，如位置定位技术、云计算和大数据等，这些都为共享经济的发展提供了良好的基础条件。共享经济不仅便利了日常出行，还提高了社会资源的配置效率，通过盘活闲置资源，促进了消费使用与生产服务的深度融合，实现了动态、精准的供需对接。

共享经济平台的商业模式多样，包括共享出行（如滴滴出行、哈啰出行）、共享金融（如微粒贷）、共享住宿（如爱彼迎，途家民宿、小猪民宿）以及共享服务（如闪送、果壳等）。这些平台通过提供技术服务、监管和推广等服务，实现了资源的优化配置，提高了资源利用率，推动了共享经济的发展。

---

① 观知海内. 2023 年中国快递行业市场现状、产业链、竞争格局及发展趋势分析[EB/OL]. (2023-05-18) [2024-03-27]. https://baijiahao.baidu.com/s?id=1766223823413159615&wfr=spider&for=pc.

共享经济平台面临的挑战包括如何有效地管理和监管共享资源的质量和安全，以及如何确保参与者的权益。此外，随着共享经济的快速发展，如何应对政策法规的变化，确保平台的合规性也是平台需要关注的重要问题。尽管如此，共享经济平台通过创新技术和商业模式，不断推动资源的共享和高效利用，为社会带来了显著的经济和社会效益。

3.6　供应链平台的设计与运作方法

3.6.1　供应链管理平台的设计与运作方法

供应链管理平台的典型代表是工业互联网平台。工业互联网平台是连接工业设备、系统、软件和人员的综合平台，旨在通过数据的收集、分析和应用来优化生产流程、提高效率、降低成本并增强安全性。工业互联网平台的设计与运作方法涉及多个方面，包括但不限于以下三个关键点。首先是环境和架构设计，形成基于核心技术（如云计算、大数据）的平台规范，形成支持工具库、知识库、用例库建设的基础设施，接着形成测试用例集，进而形成完整的平台测试方案，完成工业互联网平台功能完整性、可靠性、兼容性、安全性等方面的试验测试；其次是平台组件培育，全方位完善平台产品及解决方案体系，加快服务组件、云化软件、工业 App 等平台关键组件的培育；最后是推广运营和持续改进，包括用户体验的提升和建立反馈机制、迭代机制等，并持续优化创新。案例 3-4 以联想工业互联网平台为例具体介绍了供应链管理平台的设计与运作方法。

案例3-4

联想工业互联网平台（iLeapCloud）设计与运作方法

作为全球最大的电子设备制造商之一，联想以自身"互联网+先进制造"转型为切入点，积极开展联想自身的智能制造，打造了契合自身战略需要，具有自主知识产权，安全可靠的工业互联网平台——iLeapCloud（以下简称 iLeapCloud 平台）。

iLeapCloud 平台建设内容包括以下五个部分（图 3-3）：①工业互联网平台基础环境建设。建设普适可靠的工业互联网基础环境，形成基于 iLeapCloud 的平台规范，形成支持工具库、知识库、用例库建设的基础设施。②工业互联网平台设计与实施。形成测试用例集，形成完整的平台测试方案，完成工业互联网平台功能完整性、可靠性、兼容性、安全性等试验测试。③平台组件培育。全方位完善平台产品及解决方案体系，面向汽车、石化、电子设备、家电、机加等行业，开展基于 iLeapCloud 平台的垂直智能试验测试和部署实施，加快工业机理模型及微服务组件、云化软件、工业 App 等平台关键组件的培育。④基于工业互联网平台的垂直行业解决方案培育。面向汽车、石化、电子设备、家电、机加等行业，聚焦异构数据管理、工业数据建模分析、工业机理模型与微服务开发、工业 App 创新等关键问题，形成推广方案。⑤平台服务推广与生态建设。面向汽车、石化、电子设备、家电、机加行业的全域数据联动、弹性系统调优、规模定制协同等应用场景领域，开展服务推广，探索平台应用推广和生态建设，加快平台核心组件、模型、工具的快速迭代和优化。

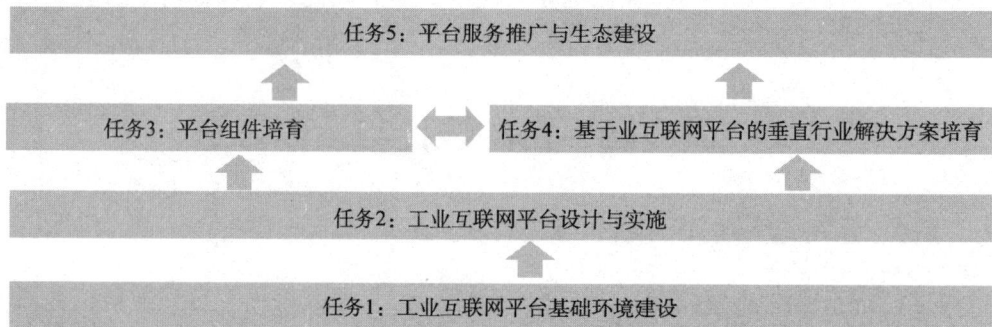

图 3-3   iLeapCloud 平台的建设内容

未来，联想将继续以 iLeapCloud 为基础，持续开展技术及商业模式创新，打造"平台+产品"的快速部署、灵活组合的工业互联网产品及解决方案体系；以持续改善用户体验为核心，依托前期基础，形成大型 B 端工业用户赋能的工业互联网整体解决方案，以及面向中小微企业的"即插即用"式工业智能产品及轻量化平台；进一步提升 iLeapCloud 平台的快速部署能力、用户需求契合度和快速改善能力。

资料来源：联想工业互联网平台（iLeapCloud）建设与实践[EB/OL].（2020-08-20）[2024-12-27].
https://www.aii-alliance.org/upload/202008/0820_134400_825.pdf.

3.6.2   供应链服务平台的设计与运作方法

供应链服务平台的设计与运作方法主要包括平台模式的创新、资源整合方式的创新、盈利模式的创新以及利用互联网技术提高资源利用效率和降低成本。

供应链服务平台的核心理念是通过技术手段，使得商品、服务、数据及人的才能等具备共享渠道，实现资源的高效利用，减少浪费。平台模式的创新是共享经济的核心，关键在于将供需双方进行匹配，实现资源的最大化利用。这包括信息共享、技术驱动、社交化等方面，通过提供全面、准确、实时的信息，引入人工智能、大数据等先进技术，以及融入社交元素，提高用户对资源的认知和信任度，促进资源的共享。

资源整合方式的创新则侧重于将闲置资源进行整合和优化配置，包括跨界合作、众包模式、物联网技术的应用等。这些方法能够将不同领域的资源进行整合，实现跨界合作，通过用户的参与和贡献，实现资源的整合和优化配置。

盈利模式的创新是共享经济可持续发展的重要保障，关键在于实现收益和成本的平衡。这包括佣金模式、广告模式、增值服务模式等，通过收取交易佣金、向广告商出售广告位、提供增值服务等方式实现盈利。

利用互联网技术，供应链服务平台可以降低运营成本，提高运营效率，进一步推动共享经济的发展。通过数据驱动，平台能够实现资源优化配置，减少浪费，推动绿色、可持续发展。同时，平台的建设也将促进创新创业，带动就业增长，为社会经济发展注入新的活力。案例 3-5 以天道智能匹配交易平台为例介绍了供应链服务平台的设计与运作方法。

案例3-5

天道智能匹配交易平台搭建案例

作为产业供应链金融专家，天道金科潜心打磨，致力打造多跨场景业务解决方案，以适应各类型业务需求，由此衍生出了如天选、链上数贷、链上速融、天票、天链等天道特色产品。在产品设计过程中，会涉及融资产品选择、资金资产撮合等问题，在各式各样的融资产品面前，搭建一座联通融资企业与资金产品之间最精准、最快捷的桥梁成为天道的首要任务。为了让融资交易的匹配逻辑更加合理，匹配的效率更加高效，天道金科基于大数据技术潜心研发并自主搭建了智能匹配交易平台，平台架构如图 3-4 所示。

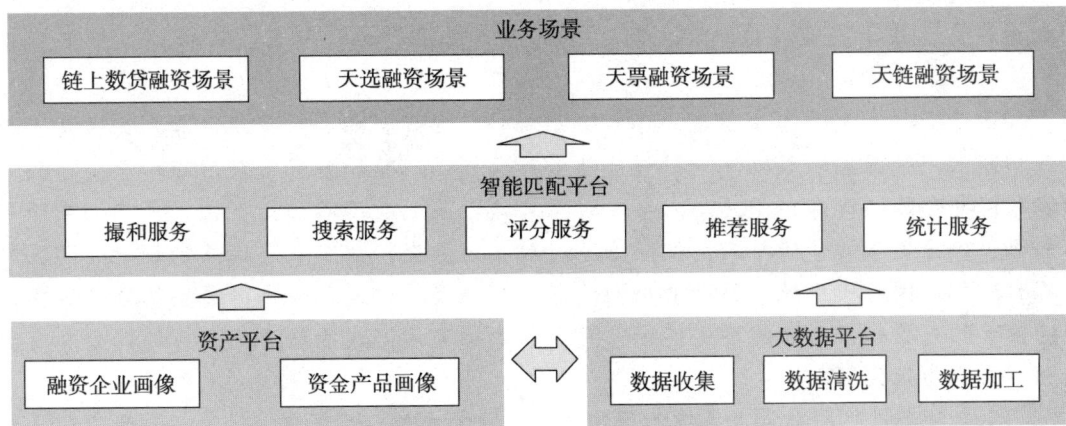

图 3-4 智能匹配交易平台架构

对于融资方而言，核心关注点在于融资产品的贷款利率、贷款金额、贷款周期、担保方式以及还款方式；但对于资金方来说，会更加关注融资企业的资质、信用、资产以及经营风险情况的好坏。评估融资企业实力的背后，依赖于大数据技术能力，依赖于融资企业画像评估能力。基于自身前沿技术实力与数据治理能力，结合业务需求与业务特点进行分析，最终形成天道融资场景下的智能匹配交易平台建设思路。该思路主要分三步。

（1）在资产端，构建企业画像。凭借天道平台已有的数据能力与技术能力，以企业的工商信息、司法风险、经营风险、经营信息及知识产权等多维度的特色信息作为基础数据，已经可以完整准确地构建企业画像。此外，天道还打通了产业供应链金融场景下的资产端数据资源，获取到诸如订单采购信息、应收账款信息、出入库信息等产业供应链上下游企业的最新资产信息，从资产的维度极大程度丰富了企业融资的评价信息。

（2）在资金端，构建产品画像。通过对融资产品模型进行标准化处理，并加入融资产品评分构建体系，进而提升融资企业在融资过程中的效率，优化融资过程的用户体验感。

（3）在撮合端，构建智能匹配交易平台。根据融资产品准入规则差异化的情况，允许资金方自定义融资规则，平台可根据这些规则与画像信息进行自动智能化匹配，精准撮合企业画像和产品画像。

整体建设思路中技术实现的核心包含三点：企业画像构建逻辑设计、融资产品评分逻辑设计、融资产品智能匹配规则设计。

（1）基于大数据的企业画像构建体系。在平台建设过程中，天道技术团队尤为重视数据资产的建设。针对企业画像构建体系，在合法合规前提下，对大量企业内外部数据进行归集与治理，最终形成了一套标准的企业全景视图，多维度立体化地展示企业整体情况。

整个系统架构可以分为三层。①数据源：汇集了政务数据、第三方市场数据、产业场景数据、自由业务系统以及合作伙伴生态数据；②数据建模：根据企业画像建设数据体系，对数据依次进行标准化、标签化、结构化处理，生成最终需要的企业画像模型；③数据服务：基于企业画像数据，按照不同的主题进行数据封装，以适应不同业务使用场景。

（2）基于贝叶斯平均法原理的评分模型。针对融资产品的推荐及评分，天道技术团队在初期采用融资次数激励评分模型，随着产品成功对接的融资笔数不断增多，产品的激励分值也会随之提升，但算法未考虑时间衰减效应以及不同场景下融资产品的先验分布知识、评分模型的分值排名及相应推荐，对于后上架产品以及大额低笔数产品的曝光率不太理想。因此团队结合贝叶斯平均法原理对模型算法进行优化，算法结合产品在应用场景下的先验知识与时间衰退因子，对于新产品与不同应用场景下产品的评分具有更强的一致性与泛化性。

（3）支持个性化的融资产品准入规则配置。资金方可以根据自身的产品特性进行多维度的规则配置，如融资企业的准入规则包括法人年龄、注册资本、注册时间、所属行业等要素，配置资产的筛选规则包括资产有效金额、单据类型、合同总金额、订单总额等要素。这样融资企业在选择融资产品时会更加精准，资金方的贷款审核效率也会更加高效。

天道金科基于大数据技术自主研发的智能匹配交易平台，目前已在多个场景应用方面取得明显成效。未来，天道技术团队仍将持续聚焦中小微企业的融资需求，发挥自身硬核科技实力，不断丰富业务应用场景，进一步提升企业画像架构体系的数据维度，扩充产品规则配置的覆盖面，优化产品评分逻辑算法，搭建融资方与资金方之间智慧金融互联互通的桥梁，促进金融服务提质增效，利用科技赋能企业高质量发展。

资料来源：天道金科. 科技创新：天道智能匹配交易平台，致力搭建智慧金融互通桥梁[EB/OL].（2022-02-24）[2024-12-27]. https://www.sohu.com/a/525205649_121148970.

本章小结

平台经济逐渐成为国民经济中重要的一环，熟悉和掌握平台的运营战略十分重要。

本章介绍了平台的基本概念和分类、平台运营的设计方法、平台的合作与竞争策略、平台的转型策略、供应链平台的分类以及供应链平台的设计与运作方法。

关键概念

平台分类　平台运营的设计方法　合作与竞争策略　转型策略　供应链平台
供应链平台的设计与运作

思考题

1. 平台分类有哪些？供应链平台分类又有哪些？
2. 什么是平台运营的设计方法？
3. 什么是供应链平台的设计与运作？
4. 如何理解平台的合作与竞争策略？
5. 平台的转型策略有哪些？

案例分析

2024年平台型互联网公司的运营战略——竞争与合作下IP导向、流量为王

本案例中的平台型互联网公司属于双边或多边网络平台，也可以归为供应链服务平台的范畴。在传统的印象中，平台级互联网大厂负责规模增长的部门是出了名的"不见兔子不撒鹰"。如果某个运营方案没办法准确追踪每一个环节最直接的转化效果，大概率会被预算部门以降本增效的理由予以否决。然而这两年，情况正在发生变化。行业内不少平台型公司在依赖传统精打细算的效果投放的同时，也开始更加侧重立体覆盖式的算总账的方法，与电视剧和综艺等热门IP进行多元联动，以实现增长效率的最大化。

1. 平台型互联网大厂促增长打法在悄然改变

在降本增效的总基调下，平台型互联网大厂开始重新思考哪些新打法能跳出原有增长定式的束缚，从另一个维度构建一条效率看得见的增长路径，而联动剧综热门IP就是不少头部公司共同的选择。例如，作为头部电商平台，天猫在新的竞争态势下必须证明自己在激烈的市场环境中持续获取消费者信任的能力。而这背后的一条重要的战线在于消费心智份额的争夺，天猫选择和《庆余年2》这样的国民大剧深度联动，以重启消费者首选购物心智。无论是甄选剧情的氛围贴还是共庆时刻的弹幕，无论是和剧情紧密结合的IP专题还是货真价实的弹幕福袋，天猫深刻理解大剧营销的核心在于"共情"。因此选择了和剧情无缝贴合的切入方式，让剧中的喜庆时刻和天猫的年中大促自然地交织在一起，在欢快沉浸的氛围中让用户顺手愉快地买买买。事实上，这并非天猫第一次在国民大剧中和腾讯视频平台合作。2023年《繁花》热播的时候，天猫就恰如其分地将其与自身的年货节进行了深度绑定，通过"角色演绎+场景融入"，打造了沉浸式的植入剧情，多维度无缝增加了天猫年货节的热度。除了天猫，过去两年来，多个平台型App选

择拥抱更加立体的剧综营销的全新打法——唯品会联动《繁花》和《玫瑰的故事》，用内容植入、明星同款等方式让品牌融于内容，实现了不跳戏的高效种草；美团联动腾讯视频 S 级电竞综艺《战至巅峰》、王者荣耀顶级赛事 KPL，将外卖骑手、明星与电竞玩家这三个各具特色的群体融合到一起。通过电竞游戏这一载体，实现了内容上的深度共创以及跨圈层的对话与交流，实现了视觉年轻、语言年轻，有趣有梗的年轻营销，成功将电竞的势能转化成品牌的动能。

以上这些案例的共同特点：一，都是极其精明理性的互联网平台型企业；二，都选择了顶级剧综进行深度联动从而实现"品"和"效"的统一。这是一个值得深入讨论的话题——平台大厂的增长打法变化背后的核心逻辑到底是什么？

2. 深水区的品效协同到底解决什么问题？

是因为大厂的决策者们在存量时代刻意追求存在感吗？是因为热门剧综的追逐品牌变少从而让互联网大厂捡漏了吗？当然不是，越来越多的平台公司开始了新打法——将预算投入到了更加立体的品牌和效果系统，其背后的核心原因是新打法能切实解决增长困境。

增长本质上就两点——拉新、促活。注意，这两点都没办法在自身平台内通过运营完成：拉新很显然是要去公域触达未曾触达过的人群，而需要促活的人群说明已经在 App内不再活跃，必须通过一个更高频的外部平台去重新唤醒，这时候承接国民情绪的热门剧综就成为一个理想的选择。热门剧综的一个重要特点是——播放时间长、人物故事感丰富、外溢发酵的话题度高，能通过沉浸的体验让观众"共情"和"移情"，而这种 IP级的"共情"和"移情"正是品牌需要的最稀缺的营销价值。

它产生的情绪价值能在潜移默化中为品牌赋予一种难得的"陪伴感"和"亲切感"。而这种难得的"陪伴感"和"亲切感"就是品牌价值和社交资产。俞军老师曾经提出过一个用户价值的公式：用户价值＝新体验－旧体验－替换成本。这个替换成本既包含物理意义上的替换成本，也包含心理意义上的替换成本，而互联网大厂这种新打法，在某种意义上其实就是增加用户在心理意义上的替换成本：通过一个热门剧，用户对这个平台更亲切了；通过一个代言人，用户习惯了在这个平台下单。没错，在今天，存量保住了就是增量。

营销基建在转化链路上的闭环也为平台型企业更好地协同"品"与"效"提供了有力的保障。没错，对于天猫、唯品会、京东等平台而言，最终目标还是要引导用户下单。而腾讯视频构建的"边看边买"和"弹幕红包"等功能，为用户流畅地下单提供了便捷丝滑的通道，让品牌们在收获心智份额的同时同样可以收获"看得见、摸得着"的转化数据。这种转化路径的顺畅对今天的消费者有着非常重要的意义，在媒介触点高度碎片化、多元化的今天，消费者的决策路径变短了，以前在家里看电视对某个品牌产生了好感，需要等到自己到线下店才能完成转化。而今天可以在任何时间、任何地点，只要中意了剧中的品牌和同款，可以便捷地无缝一键转跳和下单，减少了潜在客户的流失，让品牌心智更高效地实现转化。从这个意义上，腾讯品牌营销是深刻洞察平台大厂的增长痛点的，即既要覆盖的广度（海量覆盖保证新用户），也要触达的深度（强势内容保证高唤醒），还要转化的力度（通畅链路保证强转化）。

此外，今天的平台型公司之所以愿意将预算更多地投入到剧综这类品牌 IP 类型的营销上，另一个原因在于：得益于更多营销科学工具的推出，营销度量的精度也得到了大幅的提升。例如，某个平台型互联网公司的首席增长官如今可以清晰地计算出，在剧综里进行创意中插之后，原来平均需要 5.5 次效果广告才能转化的用户人群，现在可能平均只需要 2.5 次，原因在于用户已经通过陪伴式 IP 植入对平台的品牌非常熟悉了。其中，"创意中插"是营销用语，指由剧中人通过情景短剧来推荐产品；"效果广告"也是营销用语，是指一种基于广告实际效果的广告类型，其投放和付费方式完全取决于广告的实际效果。此时算账就会变得非常容易：只要这次创意中插的预算少于 3 次效果广告的支出，这笔生意就是赚的。需要注意的是：这没有将品牌投放的长期效应统计进去。在红利见顶的时代，互联网大厂增长无非两个路径——存量激活、增量拓新，而这两者可通过内容种草和品牌破圈实现，前者关注的是内容的覆盖度、讨论度以及有足够完善的链路来实现转化，后者则更看重声量覆盖后能否形成品牌资产的沉淀。从上面的实践看，这些互联网头部企业通过"品"和"效"双管齐下的打法突破了以往单一营销目标的局限性，既实现了"看得见摸得着"的有效转化，又积累了持续产生复利的品牌资产。营销不再是一种消耗，而是变成了一项投资，这是另一种形式的"性价比"。

剧综 IP 营销在效果上受到大厂欢迎，这是市场选择的结果。在行业遇冷的大背景下，一方面，甲方的预算有了更强的目标导向，"既要又要"的趋势日益明显，纯粹的流量打法逐渐式微；另一方面，消费者也日益理性，对简单粗暴的广告逐渐无感，他们更愿意接受走心的品牌。

资料来源：Ⅱ夕捐北. 2024，平台型互联网公司的增长打法变了[EB/OL].（2024-09-25）[2024-12-27]. https://www.163.com/dy/article/JCV7374Q05314W2T.html?spss=dy_author.（节选）

案例思考题

1. 平台型互联网公司目前的合作与竞争策略为何出现了新打法？
2. 怎样理解平台向剧综 IP 营销这个方向的转型？
3. 未来平台型互联网公司可能会有什么样的趋势？

即测即练

自学自测  扫描此码

第 4 章

供应链管理平台的运营与实践

◇ **学习目的**

- 理解供应链管理平台的基本架构
- 掌握供应链管理平台的运营模式
- 认识供应链管理平台的最佳实践
- 了解供应链管理平台的建设方法

◇ **引导案例**

最典型的供应链管理平台——工业互联网平台介绍

最典型的供应链管理平台便是工业互联网平台。2021 年 12 月，工业与信息部公示了 2021 年工业互联网平台创新领航应用案例入围名单，聚焦工业企业发展面临的关键问题，围绕平台化设计、数字化管理、智能化制造、个性化定制、网络化协同、服务化延伸等六大应用模式，征集并遴选了 140 个技术先进、成效显著、能复制推广的工业互联网平台应用案例，推进工业互联网创新发展。代表性平台如：上飞院（中国商用飞机有限责任公司上海飞机设计研究院）和上海航空工业（集团）有限公司搭建的数字化协同建模与仿真平台，杰克缝纫机股份有限公司应用的杰克智能缝制产业工业互联网平台，青岛双星轮胎工业有限公司应用的双星胎联网"智慧云"平台，中国铁建重工集团股份有限公司应用的复杂地质隧道施工凿岩台车全生命周期数字孪生平台，一汽铸造有限公司成都有色铸造分公司应用的智网在线-工业互联网能源大数据平台等。

资料来源：工信部：30 个工业互联网平台创新案例汇总[EB/OL].（2021-12-31）[2024-12-27]. https://www.jnexpert.com/article/detail?id=3187.（节选）

通过上述案例，我们对供应链管理平台有了初步的了解和认知。供应链管理平台是核心企业用于统筹资源并优化资源配置的平台。它连接起供应链上各个利益主体，通过提供一系列规则、工具或服务，促进这些群体之间的有效互动、价值交换和资源共享。供应链管理平台扎根于互联网、物联网、大数据等信息技术，常用于制造企业主导的供应链中。本章将对供应链管理平台进行详细介绍。

4.1 供应链管理平台的基本架构

供应链管理平台的基本架构是一个复杂而精细的系统，旨在优化和管理供应链中的各个环节。通过技术支撑、信息系统以及关键业务模块与功能的协同工作，形成一个多层次、模块化的系统，实现了供应链的高效管理和优化。

4.1.1 供应链管理平台的业务模块

随着经济全球化和知识经济时代的到来，市场竞争日益激烈，用户需求的不确定性和个性化增加，产品寿命周期缩短和产品结构越来越复杂。这些变化对传统企业的管理运作模式提出了新的挑战，要求企业能够快速、有效地响应市场变化，满足客户的多样化需求。因此，供应链管理平台应运而生，通过整合和优化供应链中的各个环节，提高供应链的效率和响应速度，以满足市场需求。供应链管理平台的业务模块如图 4-1 所示。

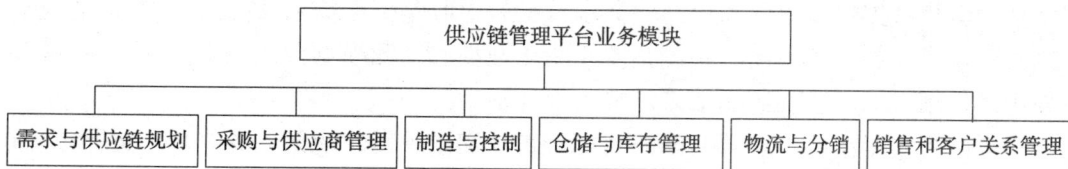

图 4-1 供应链管理平台业务模块

案例4-1

一汽大众通过物流整合提高效益

一汽大众是中国一汽集团汽车销量最主要的贡献者，贡献率在 50% 以上。2024 年，一汽大众整车销量为 1 659 107 辆，在国内所有合资车企中排名第一位。一汽大众所取得的成功除了市场开拓与投入、技术创新等有效举措之外，另一重要的因素就是引入了现代化的计算机管理模式和技术：通过企业资源计划（ERP）对企业物流进行了有效整合。

一汽大众集团为了提高自身的竞争能力，求生存、求发展，在我国汽车整车行业中率先引进了德国思爱普公司（SAP）推出 ERP 大型系统集成管理软件 R/3 系列，运用一整套完整的 ERP 系统来对企业进行管理，为企业管理方式的探索走出了一条新路子。由于汽车市场需求的变化，要求制造商从小品种、大批量的生产方式转变为多品种、小批量的生产方式，一汽大众旗下有大众、奥迪和捷达 3 个品牌，每个品牌又有许多品种，批量小、生产批次多，如果不采用先进的信息管理系统，必会导致库存量大、生产效率低、生产成本高的情况。因此企业考虑统筹规划，使物流、信息流和资金流并行，对企业内部物流整合，从制度上规范了公司业务的各个环节，改善了企业的经营决策功能，实现采购订货及时、库存量降低、生产计划安排合理。这一整合提高了企业的应变能力

71

和竞争能力，使企业在市场上获得了更高的声誉，整体运营水平大大提高。

资料来源：经典|三个供应链管理案例，值得收藏[EB/OL].（2021-04-16）[2024-12-16]. https://www.sohu.com/a/461130512_120782937.（有删改）

一汽大众通过引入 ERP 等信息管理系统实现物流整合的案例，充分展示了先进技术和供应链管理平台应用在现代企业中的重要性。这一案例不仅为一汽大众自身的发展注入了新的活力，也为整个汽车行业的转型升级提供了有益的参考。

1. 需求与供应链规划

在供应链管理平台的业务模块中，需求与供应链规划是两个至关重要的组成部分。需求管理帮助企业准确把握市场动态，为供应链规划提供基础；而供应链规划则根据需求预测结果，对供应链的各个环节进行整体规划和优化，以确保供应链的顺畅运作。

需求管理是指对市场需求进行收集、分析、预测和调整的过程。它旨在帮助企业准确把握市场动态，了解客户的真实需求，为供应链规划提供准确的数据支持。需求管理包括需求收集、需求分析、需求预测以及需求调整。其中，需求收集通过市场调研、客户反馈、销售数据等渠道收集信息；需求分析是对收集到的需求数据进行整理和分析，识别关键需求点和趋势；需求预测是基于历史数据和预测模型预测未来需求变化；需求调整则是根据市场反馈和预测结果调整需求计划。

供应链规划是指根据企业的战略目标和市场需求，对供应链的各个环节进行整体规划和优化的过程。它旨在通过合理的资源配置和流程设计，提高供应链的效率和响应速度，降低运营成本，增强企业的市场竞争力。供应链规划包括生产计划、采购计划、库存管理、物流规划等。其中，生产计划是根据需求预测结果制订生产计划，采购计划是根据生产计划和库存水平制订采购计划，库存管理则是通过优化库存水平以降低库存成本，物流规划包含规划物流运输、仓储、配送等环节以确保货物按时送达。

以盒马鲜生供应链产业领域规划为例，盒马鲜生供应链产业领域规划承接顶层商业设计，围绕"品质商品供给 + 零售供应网络"进行领域规划。盒马鲜生建设了三点三段的供应链结构，支撑起 B2C 和 B2B 直营零售，线上线下全渠道履约的供应链模式规划，实现产、供、销一体化的供应链运营模式。其中，供应链结构三点包括：产地直采中心，供应链中心（仓配中心、加工中心）和零售门店。供应链结构三段包括：产地直采中心—供应链中心（仓配中心、加工中心），供应链中心（仓配中心、加工中心）—零售门店，零售门店—消费者①。

盒马鲜生的供应链产业领域规划体现了其对于需求与供应链规划的深刻理解和创新实践。通过构建三点三段的供应链结构，盒马实现了从产地到消费者的无缝连接，减少了中间环节，提高了供应链的效率和灵活性。店仓一体化的模式更是将销售和仓储功能融为一体，进一步提升了供应链的响应速度和客户满意度。此外，盒马不断迭代其供应

① 犀象会展. 供应链规划案例篇：盒马鲜生[EB/OL].（2024-05-20）[2024-12-16]. https://www.163.com/dy/article/J2L E3RH10534ST3F.html.

链模式,形成了五个核心供应链环节,这进一步强化了其在供应链管理方面的优势。这种持续创新的精神和敏锐的市场洞察力,使得盒马能够在竞争激烈的市场中保持领先地位。

2. 采购与供应商管理

采购与供应商管理在供应链管理平台中占据着极其重要的地位。它是指利用信息化手段,对企业采购活动及供应商关系进行全面、高效、系统化管理的一系列工具与流程。采购与供应商管理旨在优化采购流程,降本增效,同时确保供应商的质量与交货期,从而提升企业整体供应链的竞争力。

采购管理是供应链管理平台中的重要模块,包括采购计划制订、采购订单生成、采购执行监控、采购收货入库、采购付款结算等全过程。通过该模块,企业可以实现对采购活动的全面掌控,优化采购流程,提高采购效率,降低采购成本。

供应商管理是指对供应链中供应商的选择、评估、合作、监督及优化等过程的管理。在供应链管理平台中,供应商管理模块通常包括供应商信息管理、供应商绩效评估、供应商关系维护、供应商风险预警等功能。通过该模块,企业可以建立稳定的供应商关系,确保供应商质量,提高供应链稳定性。

3. 制造与控制

在供应链管理平台中,制造与控制模块扮演着至关重要的角色。制造与控制是指通过信息化手段对企业的生产活动进行全面规划、组织、执行、监控和调整的一系列管理工具与流程。该模块旨在确保生产过程的顺畅进行,提高生产效率,降低成本,同时保证产品质量,以满足客户需求和市场变化。

制造与控制模块主要包括生产计划制订、生产过程监控和质量控制。其中,生产计划制订是根据市场需求、库存水平和生产能力,制订合理的生产计划,以最大化资源利用效率,减少浪费,同时与供应链其他环节(如采购、库存、物流等)紧密协调,实现资源配置优化;生产过程监控通过数据采集和监控系统,实时获取生产现场的各项数据,达到实时监控设备状态、生产进度、产品质量等现场情况,便于异常状况处理;质量控制则是在生产过程中进行质量检验,并对关键环节进行追溯管理,以确保产品质量的可追溯性和可控性。

4. 仓储与库存管理

仓储与库存管理是供应链管理平台中的一个核心业务模块,它涉及对物资在仓库中的存储、保管、收发、盘点、调拨等一系列活动的计划、组织、协调与控制。该模块旨在确保物资的安全存储、高效流通和合理利用,以满足企业生产和市场需求。

仓储管理主要包括仓库布局规划、仓库设备配置、物资入库、仓储保管、物资出库等环节。通过科学的仓储布局和设备配置,可以提高仓库的存储能力和作业效率;通过严格的物资入库和出库流程,可以确保物资的安全性和准确性;通过定期的仓储保管和盘点,可以及时发现和解决库存问题,避免库存损失。

库存管理是对企业持有的存货进行的管理，包括库存量的控制、库存成本的控制以及库存信息的管理。通过合理的库存量设置和预测，可以平衡供需关系，减少库存积压和缺货风险；通过优化采购和供应计划，可以降低库存成本；通过实时的库存信息监控和管理，可以提高库存周转率和客户满意度。

案例4-2

国家电网——智慧运营体系

作为中国最大的电力供应与服务企业，国家电网有限公司（简称国家电网）面临着前所未有的挑战与机遇。为了提升运营效率、优化资源配置、增强服务质量和创新能力，国家电网决定构建一套现代智慧供应链体系。国家电网现代智慧供应链的核心业务体系包括：以智能采购、数字物流、全景质控三大智慧业务链为基础，实现供应链全业务智慧贯通；以内外两个高效协同为支撑，对内深化企业内部的跨业务智慧协同，对外延伸至供应链上下游企业的跨企业智慧协同，提升供应链各环节服务质量及价值；以智慧运营为核心，依托供应链运营中心，提高供应链全过程数据挖掘和价值创造能力，改善供应链运营效率和效益，实现有序运作、智慧运营。国家电网现代智慧供应链的核心业务体系如图4-2所示。

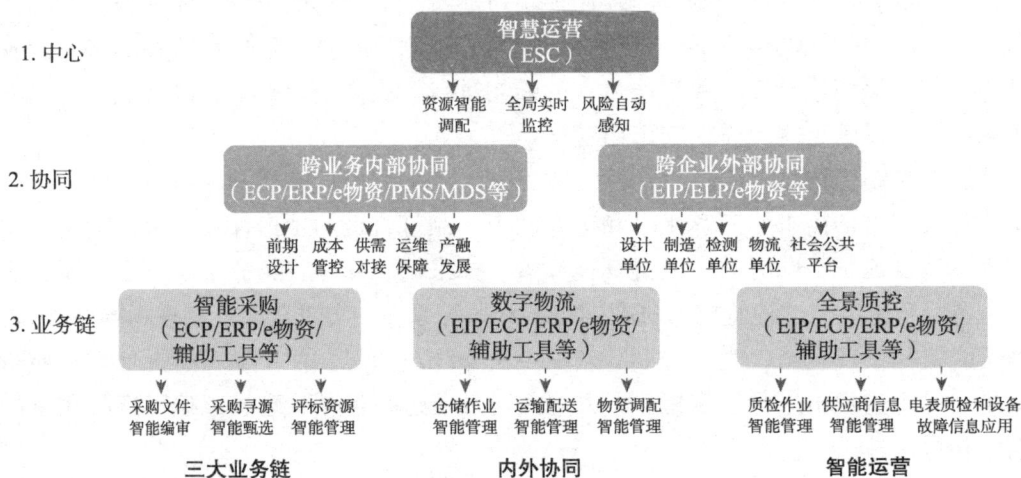

图 4-2　现代智慧供应链核心业务体系

资料来源：国家电网有限公司. 现代智慧供应链创新与实践[M]. 中国电力出版社，2020.

国家电网构建的体系以智能采购、数字物流、全景质控为三大核心业务链，通过将供应链全业务智慧贯通，实现了采购与供应商管理、制造与控制、仓储与库存管理这几个关键业务模块的协同运作。国家电网现代智慧供应链核心业务体系通过深化内部跨业务智慧协同以及对外供应链上下游企业的智慧协同，提升了企业的服务质量与价值。该体系以智慧运营为核心，依托供应链运营中心，提高数据挖掘与价值创造能力，改善了运营效率与效益。

5. 物流与分销

实现物流与分销的高效协同，提升整体供应链绩效是供应链管理平台中的核心业务模块之一，主要涉及产品从生产地到消费者手中的整个流动过程，包括仓储、运输、配送、分销等环节。具体来说，物流与分销模块通过以下方式实现供应链的高效运作。①仓储管理。利用先进的仓储管理系统（WMS），实现库存的精准控制和高效利用；通过自动化设备和智能算法，优化仓库布局和作业流程，减少库存积压和损耗。②运输管理。通过运输管理系统（TMS），对运输资源进行统一调度和优化配置；利用 GPS、物联网等技术，实时监控运输状态，确保货物安全、准时送达。③配送管理。根据客户需求和订单信息，制定最优的配送方案；利用智能配送系统和配送网络，实现快速、准确的配送服务，提升客户满意度。④分销管理。通过分销管理系统（DMS），对分销渠道进行统一管理和优化；与分销商建立紧密的合作关系，共同开拓市场，提升产品销量和市场占有率。

拓展阅读 4.1　企业的自营物流——美的安得物流

6. 销售和客户关系管理

随着市场竞争的日益激烈，企业越来越意识到客户是企业最宝贵的资源之一。为了更好地满足客户需求，提升客户满意度和忠诚度，企业开始将销售和客户关系管理作为供应链管理平台的重要业务模块进行整合。这一模块的提出，旨在通过系统化、信息化的手段，优化销售流程，提升销售效率，同时加强与客户之间的沟通与互动，建立长期稳定的客户关系。

销售管理是供应链管理平台中负责产品销售和销售渠道管理的业务模块。它涵盖了销售计划制订、销售活动执行、销售业绩评估等多个方面。通过销售管理模块，企业可以实时监控销售数据，分析销售趋势，制定针对性的销售策略，从而提升销售业绩和市场占有率。

客户关系管理是指企业为了提高客户满意度、促进客户忠诚度、增加销售额和市场份额，而协调和整合企业的市场、销售和服务活动，建立长期稳定的客户关系的过程。在供应链管理平台中，客户关系管理模块通过收集和分析客户数据，帮助企业深入了解客户需求，为其提供个性化的产品和服务，优化客户体验，从而增强客户黏性和忠诚度。

4.1.2　供应链管理平台的技术支撑

供应链管理平台通过集成先进的技术手段，实现了供应链各环节的信息共享、协同作业和智能决策，从而优化了供应链的整体运作效率。

供应链管理平台的技术支撑主要是 ABCDI 技术，具体包括人工智能（AI）、区块链（blockchain）、云计算（cloud computing）、大数据（big data）和互联网（internet 及移动互联网）。

（1）人工智能（AI）。人工智能是通过计算机算法和统计学方法实现自我学习和自我适应的技术。它涉及机器学习、深度学习、自然语言处理等多个领域，能够模拟人类的智能行为，执行复杂的任务。在供应链管理平台建设中，人工智能可以进行预测与规划，通过分析历史销售数据、市场趋势和季节性变化，能够准确预测未来的需求，帮助供应链管理者制订更合理的采购、生产和库存计划。人工智能还具备自动化处理功能，通过自动化处理订单、发票、库存管理等任务，减少人为错误，提高处理速度。此外，基于机器学习算法，人工智能能够为供应链管理者提供智能的决策建议，如优化物流路径、调整生产计划等。在客户服务方面，人工智能可以通过聊天机器人等方式，提供 24/7（24小时在线，7天不休息）的客户服务，解答客户疑问，提高客户满意度。

（2）区块链（blockchain）。区块链是一种去中心化、分布式的数据存储和传输技术，通过加密算法保证数据的安全性和不可篡改性。它由一个个区块组成，每个区块包含一定数量的交易记录，并通过哈希指针与前一个区块相连，形成链式结构。区块链所有交易记录都是公开、透明且可追溯的，可以实现对产品从原材料采购、生产、运输到销售的全链条追溯，提高供应链的透明度。此外，区块链能够减少中介环节，降低交易成本和时间。最重要的是区块链能够通过加密算法和分布式存储，保护数据免受篡改和攻击，增强供应链管理平台的数据安全性。供应链管理平台还可以借助区块链上的智能合约，自动执行合同条款，如当产品到达指定地点时自动触发付款，降低交易成本和风险。

（3）云计算（cloud computing）。云计算是指通过网络按需提供计算资源和服务，包括存储空间、服务器、软件应用等。用户可以根据需要随时获取和释放资源，无须自行建设和维护 IT 基础设施。云计算具有灵活扩展的优点，根据供应链管理的业务需求，快速调整资源规模，满足高峰期的计算需求。由于其高效的处理效率，云计算减少了供应链管理平台的硬件投入和运维成本，实现供应链各参与方之间的数据共享和协作，提高资源利用率和整体效率。此外，云计算提高了可靠性，通过多节点备份和容错机制，保证服务的稳定性和连续性。

（4）大数据（big data）。大数据是指规模庞大、结构复杂、增长迅速且难以用传统数据处理工具进行捕捉、管理和处理的数据集合。大数据技术涉及数据的收集、存储、处理和分析等多个环节，旨在从数据中提取有价值的信息和洞察。大数据技术在供应链管理平台中发挥着关键作用，通过整合、分析和挖掘海量数据，帮助企业优化供应链的各个环节，提升效率、降低成本并增强决策能力。具体而言，大数据技术在需求预测、库存优化、供应链可视化、供应商管理、物流优化、质量控制、成本优化、风险管理、客户体验提升以及可持续发展等方面提供了强有力的技术支撑。例如，通过分析历史销售数据和市场趋势，企业可以更准确地预测需求，避免库存过剩或短缺；通过监控供应链中的潜在风险，企业能够提前应对突发情况，确保供应链的稳定性。此外，大数据技术还帮助企业实现端到端的供应链可视化，优化资源配置，提升客户满意度，并推动绿色供应链建设。

（5）互联网（Internet 及移动互联网）。互联网是一个全球性的网络，连接着各种计算机设备和用户。移动互联网则是互联网在移动设备上的延伸，使得用户可以随时随地接入互联网。互联网和移动互联网使得供应链各参与方能够实时共享信息，提高协同效率。通过移动互联网技术，企业还可以实现对供应链各环节的远程监控和管理，提高响应速度。此外，互联网为供应链提供了更广阔的销售渠道，使得产品能够更快地触达消费者。

4.1.3　供应链管理平台的信息系统架构

随着信息技术的飞速发展和企业业务的日益复杂化，传统的供应链管理方式已难以满足现代企业对于高效、透明、灵活的需求。为了更好地应对市场变化，提高供应链管理的效率和准确性，供应链管理平台的信息系统架构应运而生。该架构通过分层设计，将数据处理、网络连接、应用决策等功能模块有机结合，实现了供应链信息的全面集成和智能化管理。

供应链管理平台的信息系统架构通常包括三个主要层次：数据处理层、网络连接层和应用决策层。

（1）数据处理层。数据处理层是供应链管理平台的核心部分，负责收集和处理来自供应链各环节的数据，包括供应商信息、库存信息、订单信息、物流信息等。该层通过数据库管理系统（DBMS）和数据分析工具，对数据进行存储、清洗、转换和挖掘，为上层应用提供准确、及时的数据支持。该技术采用关系型或非关系型数据库，结合大数据处理技术和人工智能技术，提高数据处理效率和准确性。

（2）网络连接层。网络连接层是连接供应链管理平台各组成部分和供应链各节点的桥梁，负责数据的传输和共享。该层通过局域网（LAN）、广域网（WAN）或云计算网络等，实现供应链各环节之间的实时通信和数据交换。该技术采用先进的网络技术和安全协议，确保数据传输的可靠性和安全性。

（3）应用决策层。应用决策层是供应链管理平台的用户界面和智能决策中心，为用户提供操作界面和决策支持。该层通过各种应用程序和智能决策系统，实现供应链的协同管理、优化调度和智能决策。用户可以通过该层进行订单处理、库存查询、物流跟踪等操作，并获取供应链绩效分析和优化建议。该技术采用企业级应用程序（ERP）、供应链管理系统（SCM）、客户关系管理（CRM）等成熟软件，结合人工智能算法和机器学习技术，提高供应链的智能化水平。

供应链管理平台信息系统架构如图 4-3 所示。

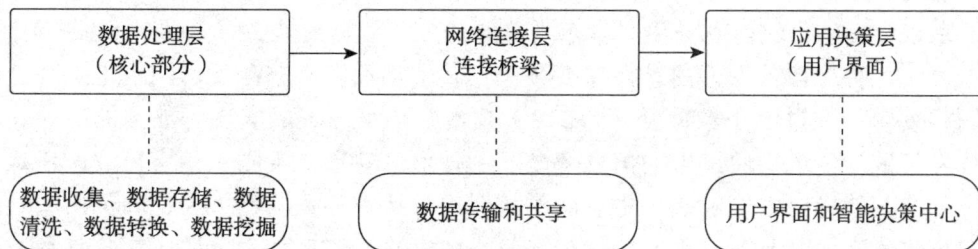

图 4-3　供应链管理平台信息系统架构

4.2 供应链管理平台的运营模式

4.2.1 基于传统业务模块的典型运营模式

目前基于传统业务模块的典型运营模式主要包括供应商管理库存模式，联合管理库存模式，协同计划、预测与补货模式，推拉结合模式，场内场外物流运营模式等。

1. 供应商管理库存（vendor managed inventory，VMI）模式

随着市场竞争的加剧，企业越来越关注库存管理的效率和成本。传统的库存管理模式中，库存责任往往由买方承担，导致库存积压、资金占用等问题。VMI模式的提出，旨在通过供应商参与库存管理，实现库存的优化和成本的降低。

拓展阅读 4.2　沃尔玛和宝洁（P&G）

VMI是一种供应链库存管理方法，其中供应商负责监控和管理客户的库存水平，并根据客户需求和市场变化进行补货决策。这一模式要求供应商与客户之间建立紧密的合作关系，共享库存和需求数据，以实现库存的最优管理。

2. 联合管理库存（jointly managed inventory，JMI）模式

JMI是在VMI基础上发展而来的一种库存管理模式。它强调供应链上下游企业之间的共同责任和协同管理，以更好地应对市场变化和客户需求。

JMI是指供应链中的多个节点（如供应商、制造商、分销商等）共同参与库存管理的过程。通过共享库存信息、协同制定库存策略和优化库存布局，实现库存的整体优化和成本的降低。

3. 协同计划、预测与补货（collaborative planning, forecasting and replenishment，CPFR）模式

CPFR是在供应链管理中实现协同合作的重要工具。它旨在通过供应链上下游企业之间的紧密合作，共同制订销售计划和补货策略，以提高供应链的整体响应速度和效率。

CPFR是一种协同式的供应链库存管理方法，它通过集成供应链上下游企业的计划和预测过程，实现信息的实时共享和协同决策。这一模式要求供应链各方共同参与销售计划的制订、市场需求的预测以及补货策略的优化等过程。

以京东和美的为例。2014年底京东与美的达成了战略合作关系，双方将在物流配送、大数据分析、智能设备等方面进行深度合作，其中实现供应链深度协同也是战略合作的重要内容之一。通过电子数据交换（EDI）技术，京东与美的实现了数据的有效及时共享，从而打破了传统供应链中的信息壁垒。这种信息共享并不限于销售环节，还延伸到了生产环节，使得双方能够基于更全面的数据进行计划和预测，大大提高了供应链的透明度和响应速度。在业务流程上，京东与美的构建的CPFR体系涵盖了销售计划、订单预测和订单补货三个方面，形成了从计划到执行的全链条协同。这种协同不仅有助于减

少缺货和库存积压的风险，还能优化生产计划，提高生产效率。此外，京东的自动补货系统在这一过程中发挥了重要作用，它基于仓到仓支援关系和供应商库存等限制因素，计算出各仓补货建议，并与美的进行共享和调整。这种智能化的补货策略不仅提高了补货的准确性和及时性，还减少了人为干预，降低了运营成本。

4. 推拉结合（push-pull）模式

推拉结合模式是针对供应链中不同环节的需求特性而设计的一种混合库存管理模式。它结合了推动式（push）和拉动式（pull）两种库存管理方式的优势，以更好地满足市场需求和提高库存周转效率。

在推拉结合模式中，供应链的前端（如原材料采购和生产环节）采用推动式库存管理方式，根据长期预测和计划进行生产和补货；而供应链的后端（如分销和零售环节）则采用拉动式库存管理方式，根据实际需求和市场变化进行快速响应和补货。

5. 场内场外物流运营模式

场内场外物流运营模式是针对企业物流运作的空间布局和流程设计而提出的一种管理模式。它旨在通过优化物流资源的配置和流程设计，提高物流运作的效率和准确性。

场内物流主要关注企业内部仓库、生产线等区域的物流运作，包括物料搬运、存储、配送等环节；而场外物流则关注企业与外部供应商、客户之间的物流运作，包括采购、运输、配送等环节。场内场外物流运营模式要求企业根据业务需求和市场变化灵活调整物流运作策略，以实现整体物流成本的最优化。

4.2.2　基于创新业务模块的典型运营模式

在创新业务模块的驱动下，供应链管理平台不断进化，供应链运营体系以提高物资供应、保障效率效益效果为目标，以资源统筹和物资调配实体化业务为基础，基于创新业务模块的供应链管理平台的典型运营模式主要包括以下几种。

1. 数智管理赋能业务

数智管理赋能业务集中在数字化供应链管理平台，并通过集成物联网、大数据、云计算等先进技术，实现供应链信息的实时共享与协同。平台提供数据分析、预测、优化等功能，帮助企业实现供应链的数字化转型，同时为子公司或者联盟企业提供管理支撑服务。

在该运营模式下，数字化供应链管理平台通过整合 ERP（企业资源计划）、WMS（仓库管理系统）、TMS（运输管理系统）等不同系统的数据，实现数据的集中管理和共享。平台提供订单协同管理功能，包括订单接收、订单处理、订单跟踪、订单结算等环节，实现核心企业及其集团子公司或供应链上的战略联盟企业订单的全流程协同处理，提高订单业务处理效率和客户满意度。此外，平台提供实时监控与可视化功能，通过图表、地图和仪表板展示库存水平、运输状态、生产进度等关键信息。通过数字化支持物流业务环节的协同优化，包括物流路线规划、物流资源调度、物流成本控制等。利用大数据和人工智能技术，平台可以进行智能预测与分析，包括需求预测、库存优化、供应链风险管理等。通过数字化为子公司或者联盟企业提供管理支撑服务，将供应链上下游企业之间的协同计划，包括生产计划、物流计划、销售计划等业务进行数字化整合，实现资源的优化配置和价值的最大化。

案例4-3

日日顺供应链的数字化

作为中国物联网供应链场景生态品牌，日日顺供应链将数字化和信息化贯穿于供应链服务的各个环节，在加快自身全流程智慧化升级的同时，又赋能产业上下游发展，打造了开放共赢的生态体系，为整个行业发展发挥了重要的示范效应。

在数字化趋势下，日日顺供应链对配送环节上下游各节点信息进行了全流程整合，从而实现了各作业节点的流程标准化和信息化管理。例如在仓储环节，日日顺供应链在全国打造了以佛山仓、即墨仓等为代表的多个智能化仓库。其中，作为全国首个 5G 大件智慧物流园区的核心智能仓，即墨仓通过数字化技术手段的应用，可实现 24 小时不间断无人化"黑灯"作业。在配车环节，日日顺供应链利用数字化信息系统，可生成最优配送车型、配送顺序等，并最终指引司机按序导航送货。这也使日日顺供应链实现了各个节点的可视化管理，达到整体运营效率最优的目的。

在中医药行业，日日顺供应链助力利欣制药落成了河南医药智能制造领域首个智能无人仓，解决了传统医药仓储环节流程复杂不清晰、人工管理模式漏洞多等问题。相较传统仓，智能仓采用立体化设计、全程数字化管理，不仅存储密度提高了 300%，信息准确率也达到 100%，有效保证了库内药品有序、安全、健康流转。在汽车行业，日日顺供应链为比亚迪打造了动力电池运输方案，通过全国统仓统配的仓储服务实力，以及智能下单、全流程监控、智能调仓等先进的物流技术，实现灵活调动就近物资资源，配送轨迹全程可查，达到降本提效的目标。

通过全流程整合和数字化技术手段的应用，日日顺不仅提升了自身运营效率，还成功赋能了中医药、汽车等多个行业的上下游企业，推动了整个供应链的智能化升级。

资料来源：解析日日顺供应链的数字化"赋智""赋能""赋值"[EB/OL].（2023-05-24）[2024-12-16]. https://www.thepaper.cn/newsDetail_forward_23206882.（有改动）

2. 智能制造赋能业务

智能制造赋能业务集中于智能化供应链管理平台，并运用人工智能、机器学习等技术，对供应链数据进行深度挖掘和分析，实现需求预测、库存优化、风险预警等智能化决策。平台还提供智能采购、智能仓储、智能配送等一站式服务。

在该运营模式下，智能化供应链管理平台能够提供技术支撑与质量提升，为子公司或联盟企业提供智能制造技术支持，如自动化生产线、智能机器人等，并通过智能化手段对生产过程进行实时监控和优化，确保产品质量稳定可靠。此外，利用人工智能技术进行生产计划和排程的优化，通过数据分析预测市场需求，调整生产计划以满足市场需求变化，这也是智能制造赋能业务的一个重要表现。智能化供应链管理平台模式运营，还能够支持智能采购与供应链协同。利用人工智能技术进行供应商画像的建立和智能寻源，选择优质的供应商进行合作，在此基础上还可对供应商进行绩效评估和管理。在智能采购与合同管理业务方面，利用智能化运营实现采购流程的智能化和自动化，利用人工智能技术快速起草和审核合同，降低合同风险和管理成本。在智能物流与库存管理业务方面，借助智能平台开创智能物流调度与优化业务，利用人工智能和大数据技术实现智能化的物流调度和优化，通过实时监控和分析物流数据，优化运输路线和减少运输成本。在此基础上，利用物联网技术对库存进行实时监控和管理，确保智能库存管理。同时，借助智能化运营模式，开辟智能风控与合规管理业务，建立智能化的监控和预警体系，弥补目前供应链中的风险缺乏实时监控和预警的空白。此外，进行业务合规管理与优化，确保供应链管理的合规性，遵守相关法律法规和行业标准。

3. 低碳赋能业务

低碳赋能业务集中于绿色供应链管理平台，注重环保和可持续性，通过优化资源配置、降低能源消耗和减少废弃物排放等方式，实现供应链的绿色转型。平台提供绿色采购、绿色生产、绿色物流等一站式服务，将单个企业的减排行动整合为供应链上同盟企业的共同减排行动，从而实现整个供应链的绿色化。

在该运营模式下，绿色供应链管理平台运营模式通过整合供应链各环节的绿色资源和技术，涉及绿色采购管理、绿色生产与制造、绿色物流与运输、绿色销售与消费和绿色回收与再利用等业务，实现了对整个供应链的绿色化管理和优化。绿色供应链管理平台通过建立严格的供应商评估体系，优先选择那些环保达标、资源节约的供应商进行合作；定期对供应商进行环保审核，制定绿色采购标准，包括环保材料的使用、能效标识的认证、绿色包装的要求等；通过平台对采购业务过程进行实时监控，确保采购活动符合绿色标准。在绿色生产与制造方面，在生产过程中采用先进的节能减排技术，如节能设备、清洁能源等，减少能源消耗和排放；在产品设计阶段就考虑环保因素，如产品的可回收性、可降解性等；采用绿色材料和绿色制造工艺，确保产品在全生命周期内对环境的影响最小化。在绿色物流与运输方面，利用平台的数据分析能力，优化运输路线，减少运输过程中的能源消耗和排放；鼓励使用低碳排放的运输方式，如铁路、水路等。在绿色包装与回收业务中，采用可降解、易回收的包装材料，减少包装废弃物；建立包装回收体系，对包装废弃物进行回收和处理。在绿色销售与消费方面，通过平台推广绿色产品，提供绿色产品的信息和比较，倡导消费者在消费过程中注重对环境的保护，如减少一次性产品的使用、选择环保产品等。在绿色回收与再利用方面，建立产品回收体系，对废旧产品进行回收和处理。对回收的废旧产品进行拆解和资源化利用，减少资源浪费；通过平台推广资源再利用的技术和方法，鼓励企业实现资源的循环利用。

拓展阅读 4.3 苹果的绿色供应链管理为什么成功?

4. 协同创新业务

协同创新业务集中于协同化供应链管理平台，并通过集成上下游企业的信息系统，实现供应链各环节的信息共享和协同决策。平台提供协同计划、协同采购、协同生产、协同物流等一站式服务，帮助企业实现供应链的协同化管理。

在该运营模式下，协同化供应链管理平台会搭建一个研发合作的基础平台，为供应链上的企业提供技术研发、技术扩散、技术转移和技术授权等业务的合作机会。平台提供项目管理工具、在线协作平台等技术支持，方便企业之间进行研发合作。在此基础上，该平台整合供应链上的技术资源，包括专利、技术秘密、研发设备等，实现资源共享和优势互补。

在该模式下，可实现协同创新业务的开展。①通过该平台，实现技术研发合作；供应链上的企业可以在平台上发布技术研发需求，寻求合作伙伴。平台会提供技术匹配和推荐服务，帮助企业找到合适的合作伙伴。企业之间可以共同投入研发资源，进行联合研发，实现技术突破和创新。②平台能提供技术扩散与转移业务。平台上的企业可以将自己的先进技术进行扩散和转移，推动技术的广泛应用和产业升级。平台会提供技术评估、技术交易等服务，帮助企业实现技术的商业化。③通过平台还可实现技术授权与许可。一方面，企业可以通过平台将自己的技术进行授权和许可，获取技术收益；另一方面，平台会提供技术授权合同模板、法律咨询等服务，帮助企业完成技术授权和许可的谈判和签约。

4.3 供应链管理平台的最佳实践

本节将以国家电网和中兴通讯为例介绍供应链管理平台的最佳实践。

案例 4-4 介绍了国家电网平台的实践和启示，国家电网平台通过其多维精益管理变革和云计算建设实践，展现了其在推动企业数字化转型与高质量发展方面的努力，同时也为我们提供了宝贵的启示：一是持续推动管理创新和技术革新是提升企业及其供应链管理平台竞争力的关键；二是面对技术和管理的挑战，应积极寻求变革，通过多维度的分析和实践，找到适合自身发展的路径；三是强化数字化和智能化建设，提高服务质量和效率，以满足日益增长的社会需求。

案例4-4

国家电网平台的实践和启示

国家电网的多维精益管理变革，通过开展多层次、多视角、多属性、多节点的分析，促进了企业数字化转型与高质量发展。这一实践体现了企业对经营活动进行深入细致的分析和管理，进而提高效率和效果。通过总结实践经验和具体做法，提炼关键路径和经验启示，不仅为国家电网，也为类似企业提供了参考借鉴，尤其是在财务管理数字化转型方面，通过推动理念、治理架构、运营机制和技术手段的变革，构建了以"开放协同、智慧共享"为特征的数智化财务管理新模式。这一模式围绕企业宗旨和责任，聚焦于支撑战略、支持决策、服务业务、创造价值、防控风险等功能作用，体现了国家电网在管理创新和技术应用方面的前瞻性和实效性。

国家电网智慧共享运营平台具备以下三个功能。

（1）智慧数字运营。业务与财务共用一套统一的数据标准、数据标签、数据模型和数据架构，支持全量业财数据更全面、更实时、更高质量、更小颗粒度集中汇聚，实现资源集中共享、业财实时互动，极大提升运营质效。

（2）业务虚拟共享。通过核心要素集中管理，实现操作一平台、管理一标准、数据一个池，构建起全新的财务共享模式——虚拟共享，在一个平台上完成所有财务工作，实现全量数据共享，这不仅是财务信息系统建设模式的根本改变，更是财务管理模式、管理机制、工作形态的根本转变。

（3）生态开放创新。紧密衔接全社会数字化转型，以总对总系统直连、数据标准统一、票据无纸交换等方式，在平台上集中接入外部数据、同步聚合内部数据，将分散的数据资源加速整合为一体化的数据资产，并与政府各部门、各类社会主体广泛共享，共同探索更丰富的合作场景、挖掘更灵活的商业模式，构建有利于企业健康发展的良好生态，实现合作共赢。

在云计算建设方面，国家电网通过三个阶段向"云"跨进，解决了地域跨度大、异构化管理、利旧观念根深蒂固等挑战，实现了电力行业在云计算领域的国内落地。这一实践不仅提升了国家电网的信息化水平，也为电力行业及其他行业提供了在云计算领域的应用经验和思考。特别是在引入 OpenStack 开源云管理平台后，国家电网正式迈向开源，这进一步促进了资源的优化配置和高效管理。

国家电网的这些实践和探索为我们提供了宝贵的启示：一是持续推动管理创新和技术革新是提升企业竞争力的关键；二是面对技术和管理的挑战，应积极寻求变革，通过多维度的分析和实践，找到适合自身发展的路径；三是强化数字化和智能化建设，提高服务质量和效率，以满足日益增长的社会需求。通过这些实践和启示，国家电网不仅自身实现了高质量发展，也为行业和其他企业提供了可借鉴的经验和模式。

资料来源：冯来法，杨付忠，曹海东，等. 国家电网"开放协同、智慧共享"数智化财务管理新模式的探索与实践[EB/OL].（2021-12-08）[2024-12-16]. https://www.zgcznet.com/cjqk/cwykj/cktjyd/202112/20211208/j_202112081455240001638946656970 8206.html.（节选）

案例 4-5 介绍了中兴通讯平台的实践和启示。中兴通讯是全球领先的综合通信信息解决方案提供商。中兴通讯坚持自主创新，持续增强研发投入，不断强化核心竞争力，专利数量全球领先。在数字经济大潮中，中兴通讯致力于成为"数字经济筑路者"，对内践行数字化转型，建设中兴通讯云平台 ZTE iCenter、打造极致云公司；对外积极赋能，以创新、匠心和耐心夯实产业升级之路，推动全球数字化转型。中兴通讯平台相比国家电网平台，其共同之处在于，都大力发展自己的优势领域，并合理准确地投资数字技术，打造供应链管理平台进行业务赋能；其差异在于，中兴通讯更为强调员工之间的协作沟通，与员工一起价值共创，并积极基于成功实践，打造各类重点实验室进行深入技术开发。

案例4-5

中兴通讯平台的实践

中兴通讯的数字化转型基于底层的 IaaS、PaaS 支撑业务中台、数据中台和 AI 中台，并利用中台提供的服务和编排能力，以及前端 ZTE iCenter 的统一触点，对服务和能力进行策划，从而以极低的成本、极好的体验、统一的交互获取基于公司内部部署的泛化基础设施；利用强大的中台能力快速构建产品服务，提供在线自助社交的用户体验，全面提升中兴通讯的运营能力。

中兴通讯数字办公平台 ZTE iCenter，是专为企业打造的一站式协同工作平台。其产品理念是 PocketZTE，即"口袋里的中兴"，以一部手机打天下，成为中兴通讯的"数字化单兵作战武器"。ZTE iCenter 既是个人工作助手，又是团队协作的沟通纽带和企业在线化的统一触点，更为企业内外部开发者快速开发和部署应用提供了能力支撑。

ZTE iCenter 可支撑中兴通讯近 7 万名员工的办公协同；1 000 万条/天的即时消息，330 万封/天的邮件，保证公司全员日常沟通交流；1 万场/天的音视频会议，全员沟通工具 100%全自研；1.2 万条/天的审批，做到审批 100%移动化、无纸化；14 万条的 AP 总数，任务流 100% AP 闭环运作，提升了中兴通讯的响应速度和执行力；2.7 万个团队空间总数实现项目运作 100%线上化。

ZTE iCenter 实现了人与知识、业务、设备的全连接，支撑中兴通讯从线下迈向线上，并且正向智能在线迈进。

此外，作为 5G+智能制造的积极践行者，中兴通讯秉承"用 5G 制造 5G"的理念，在滨江打造智能制造基地。目前已经完成园区 5G 网络室内外覆盖，结合切片及边缘计算技术，打造包括一张 5G 专网（基于 MEC 的 5G 虚拟专网）、两个核心平台（iMES 智能制造平台和工业互联网平台）及 N 种应用场景的"1＋2＋N"架构。通过不断的业务迭代，逐步实现运营智能化、设备智联化、制造数字化。

中兴通讯将 5G 应用于制造 5G 基站设备的每个环节，整体规划了 16 大类、超过 60 项 5G＋工业融合创新应用，包括 5G 云化 AGV、视觉质检、安全生产、工业 AR/VR、数字孪生、5G 智慧工业园区等。目前已经实现人工 40%的减少、不良率 20%的减少、生产周期 30%的缩短和生产效率 40%的提升。

基于 5G 应用的成功实践，中兴通讯 5G 智能制造基地成功中标 2020 年国家发改委新基建 5G 创新提升工程；同时，依托滨江基地申报的"5G＋工业互联网安全实验室"和"5G＋工业确定性网络实验室"成功入围 AII（工业互联网产业联盟）第一批和第二批重点实验室。2024 年，中兴通讯南京智能滨江 5G 工厂荣获国内首个五星 5G 工厂认证，成为 5G 技术与电子设备制造业深度融合与全面应用的新标杆。

资料来源：中兴通讯. 数字化转型实践——打造极致云公司[EB/OL]. （2022-04-08）[2024-12-16]. http://www.zdeia.org.cn/csal/10.html.（有增补）

4.4　供应链管理平台的建设方法

本小节首先给出技术层面构建供应链管理平台的方法，即自下而上的建设方法和自上而下的建设方法，然后通过案例介绍商业视角下供应链管理平台的建设方法。

4.4.1　自下而上的建设方法

从技术层面看，建设一个自下而上的供应链管理平台，意味着从现有的业务流程和信息系统出发，对原有的各个业务部门散乱的信息系统的整合和统一，逐步集成优化，最终形成一个统一的、高效的供应链管理系统。这种方法注重于对现有资源的最大化利用，并且通常会更贴合企业的实际需求。自下而上的建设方法适合普通中小企业在业务扩展背景下的运作模式转型。

以下是构建平台的一般步骤。

第一步，现状分析。①对现有的各个业务部门的信息系统进行详细的调研，了解其功能、数据结构、技术架构以及与供应链相关的关键业务流程；②识别出不同系统之间的数据孤岛问题及信息流断点；③收集各部门对于当前系统使用情况的意见反馈，明确改进的方向。

第二步，需求定义。①根据现状分析的结果，结合企业战略目标和发展规划，确定新平台需要支持的核心业务能力和服务水平要求；②与各利益相关方沟通，确保所有关键用户的需求都被充分考虑进去；③明确项目范围边界，包括哪些现有系统将被纳入改造计划之中。

第三步，架构设计。①设计整体解决方案架构，涵盖应用程序层、数据管理层等各个方面；②选择适合的技术栈（如云计算服务、微服务架构等）来支撑新的平台建设；③规划如何实现跨系统的集成与交互，比如通过 API 接口、消息队列等方式。

第四步，分阶段实施。①制定详细的实施路线图，按照优先级顺序推进各项任务；②考虑采用敏捷开发模式，快速迭代小规模的功能模块，以便及时调整方向；③在每个里程碑完成后都要进行彻底测试，确保质量达标后再继续下一步工作。

通过上述步骤，可以有效地整合原有的散乱信息系统，建立起一个更加高效、灵活且易于扩展的供应链管理平台。在整个过程中需要注意的是，成功的变革不仅依赖于技术层面的努力，还需要得到高层领导的支持以及全体员工的积极参与配合。

拓展阅读 4.4　海尔 COSMOPlat 建设实践

4.4.2　自上而下的建设方法

从技术层面看，自上而下的供应链管理平台建设方法强调的是从整体战略出发，先进行顶层设计，然后逐步细化到具体的业务流程和信息系统构建。这种方法有助于确保整个供应链管理体系的一致性和标准化，同时利用最新的信息技术来打造一个统一集中管理的全新平台。自上而下的建设方法适合大企业进入新的领域或行业并展开供应链管理业务。

以下是这种建设方法的主要步骤。

第一步，战略规划与顶层设计。①企业战略对齐：明确供应链管理如何支持企业的总体目标和发展策略。②需求分析：通过跨部门协作的方式识别关键业务需求，包括但不限于采购、生产、仓储、物流等环节的需求。③架构设计：基于云计算、大数据、人工智能等现代技术制定系统架构蓝图，包括数据流、服务接口、安全机制等核心要素的设计。④标准与规范：确立统一的数据标准、业务流程规则以及技术选型指南。

第二步，技术选型与平台搭建。①选择合适的技术栈：根据架构设计选定适合的软件框架、数据库、中间件等组件。②开发环境准备：配置好必要的开发测试环境，例如DevOps工具链的建立。③基础架构实施：如采用云服务，则需完成相应的云端资源部署；若为本地化解决方案，则要着手于服务器、网络等基础设施建设。④核心功能模块开发：优先实现供应链中最重要或最具挑战性的部分，例如供应商门户、库存管理系统等。

第三步，部门级信息系统建设。①定制化开发：依据各个职能部门的具体需求为其量身定做相应功能，比如销售预测、订单处理等。②用户界面友好性：保证前端展示简洁易用，便于员工快速上手操作。③移动办公支持：考虑到现代工作模式的变化趋势，提供移动端应用也是一个不错的选择。

拓展阅读 4.5 联想工业互联网平台（iLeapCloud）设计与运作方法

通过上述步骤，可以从宏观层面把握住供应链管理的核心价值点，再通过微观层面的具体实施来确保每一个细节都得到妥善处理，最终建立起一套高效协同运作的供应链管理体系。在整个项目的推进过程中，保持良好的内外部沟通非常重要，这样才能更好地协调各方资源，推动项目顺利进行。

本章小结

供应链管理平台在制造业主导的供应链中十分重要，熟知和掌握供应链管理平台的运营模式十分必要。本章介绍了供应链管理平台的基本架构、运营模式、最佳实践和建设方法。

关键概念

供应链管理平台　基本架构　运营模式　最佳实践　建设方法

思考题

1. 如何理解供应链管理平台？
2. 典型的供应链管理平台包括哪些？

3. 供应链管理平台的基本架构和运营模式是什么？

4. 如何进行供应链管理平台的建设？

案例分析

宝钢股份炼铁厂基于"一总部、多基地"的智慧高炉运行平台

1. 研究的背景与问题

得益于检测、信息化和数字化技术的飞速发展，高炉生产正快速向智慧化、智能化方向发展。而宝钢在不断兼并、重组的过程中，顺应时代潮流，大力推进"三跨融合"公司战略，即通过智慧制造2.0版本升级，实现"跨产业、跨基地、跨空间"互通融合，推进"一总部、多基地"一体化运作模式转变。2020年10月，宝钢股份成立了涵盖宝山、湛江、梅钢、武钢四个基地炼铁厂的炼铁部，以"军种＋战区"模式搭建了初步的管理体系平台。但由于历史原因，多基地协同、一体化管理存在一些难题：一是缺少统一智能化管理平台，炉况、生产信息零散不集中，各基地模型分散独立，形成数据孤岛，数据运用、挖掘不够；二是协同响应滞后，由于时空阻隔，协同信息、需求信息滞后，部分信息经层层过滤，准确性、及时性受限；三是缺少统一的评价体系，由于工艺装备、原燃料、操作模式的差异，指标先进性、运行状态评价体系不一致；四是语言、标准尚未完全统一，一些工艺参数名称、计算方法、异常炉况的判别、操作应对标准、个体操作手法与偏好不一致。为适应大部制生产管理变革和智慧制造发展的需要，需要迫切建设资源共享、优势互补、高效协同的统一管理、技术平台，提升整体协同效率。

基于以上背景与需要，宝钢炼铁部汇集四基地技术力量，通过历史模型的再造升级、系统完善、大数据挖掘技术运用，自主集成、开发了智慧高炉运行平台，并推广到四基地应用，形成了一个各基地高炉系统互联、所有高炉炉况远程诊断、单高炉智能控制（闭环控制、模型互通）以及生产一体化管控的信息化、智能化运营的基于"一总部、多基地"的"智慧高炉运行平台"解决方案，并取得了良好的运行实效。

2. 解决问题的思路与技术方案

该平台分两个层次，以远程诊断及操作支持、对标功能为主的"中心决策层"和以闭环控制功能为主的"边缘执行层"；平台具有实时监控、炉况智能诊断、闭环控制、数字化高炉及长寿管控、综合对标、设备智能运维等六大功能；网络以宝山基地（总部）的软硬件为基础，构建以宝山为中心的远程监控网络。采集四大基地15座高炉的L1、L2边缘节点系统、L3动态管控系统、L4经营决策系统等实时运行数据，将数据植入模型，构建集互联网、大数据、工艺技术规则、模型库于一体的平台系统。

3. 主要创新性成果

高炉闭环控制代表了业内的最高水平，是炼铁技术"皇冠上的明珠"。宝钢股份自主研发与集成的智慧高炉运行平台，系全球首套，为我国高炉技术进步树立了一个标杆。该平台系统拥有完全自主知识产权，已取得多项专利、技术秘密，整个系统可移植、可复制。

通过宝钢投运后的效果来看，平台对炼铁技术管理的提升体现在以下四个方面。

（1）有助于实现管理提升。可以实现"跨空间"互通融合，满足、适应多基地生产管控模式；实现专业化协同，打造炼铁"One Mill"理念的探索实践，提高管理效率；打破固有管理边界的藩篱，实现炉况分析、工艺调整等知识共享；实时全面对标找差，及时改进成本指标。

（2）有利于提升多基地整体技术能力，实现技术引领。在高炉炉况远程诊断，炉温、气流、碱度闭环控制，高炉综合竞争力评价指数，数字化高炉和长寿管理等方面实现引领性发展与提升。

（3）助力提升和改善技术经济指标。通过"跨基地"高炉实时监控、远程诊断及预警，提升高炉生产稳定性，减少炉况失常，提升指标，减少技能水平差异而引起的炉况波动。

（4）有助于炼铁智慧制造升级。数据、信息的联通，大数据及模型开发，极大地减轻了操作人员的劳动强度，提升了高炉智能化制造水平和劳动效率。

资料来源：科技新进展：宝钢股份炼铁厂基于"一总部、多基地"的智慧高炉运行平台[EB/OL].（2021-12-13）[2024-12-16]. https://www.sohu.com/a/507850442_121117446.（节选）

案例思考题

1. 案例中智慧高炉运行平台的应用范围属于供应链的哪些环节？

2. 制造企业如宝钢搭建供应链管理平台的动机主要是什么？

3. 宝钢的智慧高炉运行平台的建设方法属于哪种类型？

4. 联系第三章平台的转型策略的相关内容，宝钢的智慧高炉运行平台未来有可能往哪些方向发展？

即测即练

自学自测  扫描此码

第 5 章

供应链服务平台的运营与实践

◇ **本章学习目的**

- 了解供应链服务产生的现实需求
- 理解供应链服务平台的运营模式
- 熟悉供应链服务平台的最佳实践
- 掌握供应链服务平台的建设方法

◇ **引导案例**

阿里巴巴集团赋能乡村振兴，打造一站式服务平台

2024 年 6 月，阿里巴巴乡村振兴平台案例——"益起寻美数字攻略，打造乡村旅游一站式服务平台"，入选工业和信息化部 2024 年全国新型数字服务优秀案例。

乡村振兴的基础是乡村产业的兴旺。阿里巴巴集团通过自身数字化能力和平台经济优势，培育乡村特色品牌，组建农特产品销售矩阵，打通乡村物流出村"最先一公里"，助力农产品上行。"益起寻美"乡村旅游助力计划由阿里巴巴旗下浙江飞猪网络技术有限公司和阿里巴巴公益基金会联合启动，旨在借助数字化力量推动乡村旅游发展提档升级，从线上经营、智慧旅游、品牌打造等多方面入手，设计精品旅游路线、优化民宿产业分布、升级景区配套服务，让游客看到乡村、走进乡村。具体内容包括开设"益起寻美旅游旗舰店"公益店铺、落地乡村农旅人才培训、推出"多送一件特产"、上线"益起寻美数字攻略"等。

"从产业域和地域的角度看，我们做的乡村叠加旅游业务正是电商基础最薄弱的领域。"飞猪"益起寻美"乡村旅游助力计划负责人表示。截至目前，四川康定、浙江开化等多个县域目的地的乡村旅游商品已经在飞猪益起寻美旅游旗舰店上线。

资料来源：余杭时报. 2024 年全国新型数字服务优秀案例公布 余杭平台型企业两大案例入选 [EB/OL]. (2024-06-17) [2024-12-11]. https://www.yuhang.gov.cn/art/2024/6/17/art_1532131_59098817.html.（节选）

上述案例中阿里巴巴便是典型的供应链服务平台。供应链服务平台是核心企业通过双边或多边接入，集成并整合供应链全方面资源的服务平台，通过匹配资源和优化调度等方式为用户提供良好的交易场所，促进平台上用户之间的有效互动、价值交换和资源共享。供应链服务平台强调"服务"属性，常为双边或多边平台，典型的供应链服务平台包括共享平台、匹配平台、内容平台、信贷平台等。本章将对供应链服务平台的运营模式进行深度讨论。

5.1 供应链服务产生的现实需求

5.1.1 供应链全球化和专业分工下的现实需求

供应链全球化和供应链服务之间存在着密切的关系，并相互促进，共同推动全球经济的发展。

供应链全球化和专业分工的发展为供应链服务提供了广阔的发展空间和机遇。随着全球化的推进，商品和服务的跨国交易变得更加频繁，这为提供供应链服务的平台提供了更多的市场机会。例如，跨境电商的建设提升了当地政府招商引资的优势，增强了城市的创新活力，集中了进出口企业的资源，促进了国内外贸相关产业的升级和稳定发展。此外，跨境电商行业的发展还带动了社会各界力量创新创业，培育了众多跨境电商主体及配套企业，进而提供了更多新岗位。这些变化都需要从产业链、供应链的宏观角度进行统筹，而供应链服务平台的发展为此提供了坚实的基础。

同时，供应链服务平台的发展也推动了供应链全球化和专业分工的进一步深化。供应链服务平台以数据为关键生产要素、以新一代信息技术为核心驱动力，催生了网络直播、跨境电商等新型商业模式。这些新型商业模式不仅加速了全球贸易的进程，还促进了全球供应链的优化和升级。例如，随着互联网经济的飞速发展，技术、劳动与资本等生产要素跨境跨地区流动生产已经形成常态化，这为全球供应链的变革提供了强大的动力。

此外，在供应链全球化的过程中，企业面临着外部环境的不确定性和供应链绩效难以评估等挑战。为了应对这些挑战，企业需要加强对外部环境的监测和预警，建立更加灵活的供应链管理机制，并与供应商和合作伙伴建立紧密的合作关系。供应链服务平台有利于信息透明和快速传递，有利于平台快捷赋能以及海内外资源整合，也有助于提升供应链的稳定性和时效性。

5.1.2 供应链数字化下的现实需求

首先，数字经济背景下，供应链服务平台的发展催生了供应链数字化的需求。供应链服务平台具有数据要素、数字技术、数字平台等优势，这些优势助力供给侧结构性改革深入推进，供应链产业链现代化水平持续提升，为推动产业结构优化升级带来新的机遇。例如，全国电子商务平台交易额和网上零售额的增长，显示了供应链服务平台在促进供应链数字化方面的积极作用。

其次，供应链数字化的推进依赖于供应链服务平台的发展。供应链服务平台中的数字化平台通过全产业链数字化运营，牵引赋能企业提升管理效率，增加产业链供应链运营层韧性。数字化平台的重要性在后疫情时代尤为凸显，全球产业链供应链的加速重构使得数字化平台成为提升产业链供应链韧性的关键。通过数字化转型，企业能够实现降本增效、提升竞争力，同时数字化平台通过促进产业链供应链韧性需求的不断提升，推动生产力发展。

最后，供应链服务平台尤其是电商平台企业的发展，成为畅通双循环新发展格局的重要载体。随着新一代信息技术的发展，以电商平台为核心组织的供应链体系朝着网络化、数字化、智能化、国际化的方向发展，这对于提升中国供应链的现代化水平具有关键性作用。

5.1.3　全球地缘政治和生态灾害下的现实需求

全球地缘政治和生态灾害对平台经济的影响主要体现在增加经济不确定性、影响投资信心和市场稳定性，而供应链服务平台则通过其创新能力和适应性，努力缓解这些挑战，促进经济的恢复和增长。

首先，地缘政治冲突和生态灾害可能导致全球贸易减缓，进而影响市场信心和投资决策。例如，地缘政治风险可能导致全球 GDP 增速下降，金融市场波动性上升，进而影响实体经济和金融市场稳定。其次，地缘政治风险和生态灾害可能引发市场恐慌，导致资本流动不稳定，进而影响股票市场和其他金融市场的表现。例如，恐怖主义和地缘政治动荡增加了全球经济运行的不确定性，可能影响全球贸易增速，导致资本市场动荡。最后，生活成本高企、气候变化和适应行动失败被视为最严重的长期风险，这些风险可能破坏国际社会为了解决长期风险而开展的各项行动，尤其是与气候变化、生物多样性和人力资本投资相关的风险。

通过科技创新和企业服务领域的投资，平台经济为实体经济提质增效升级提供了支持。例如，2023 年一季度，中国市值排名前 10 位的平台企业通过自主投资或子公司投资等方式，在芯片、自动驾驶、新能源、农业等领域投资环比提升了 15.6 个百分点。此外，利用技术创新和模式创新对传统就业市场进行调整、优化，创造新的就业岗位，为不同年龄、文化程度、技能水平的劳动者提供就业机会。如直播电商、社区团购等新模式新业态在平台上蓬勃发展，创造了大量就业机会。通过建设产业互联网平台，为产业链上下游实体企业提供信息撮合、交易贸易、数字化供应链、物流仓储等创新型经济业态，构筑更加强韧、完整、健康的产业生态体系，能够推进产业升级，从而抵御全球地缘政治和生态灾害带来的风险。

5.2 供应链服务平台的运营模式

5.2.1 基于传统业务模块的典型运营模式

供应链服务平台，包括靠近供应端的第四方物流平台（4PL 平台）和靠近消费端的匹配平台，各自有不同的传统业务和服务模式。方便起见，以第四方物流平台代表 B2B（business-to-business）类型的供应链服务平台，以匹配平台代表 B2C（business-to-customer）和 C2C（customer-to-customer）类型的供应链服务平台。下面分别介绍这些平台的典型业务以及它们的运营模式。

1. 第四方物流平台典型业务和运营模式

1）第四方物流平台定义

第四方物流平台（4PL 平台）是一种高级物流服务模式，通过整合和管理供应链中的各种资源和功能，为客户提供全面的物流解决方案。第四方物流平台不仅协调和优化传统的第三方物流（3PL）服务，还涵盖了供应链管理、信息技术、咨询和金融服务等多个方面。其核心在于通过高度集成的信息系统和先进的技术手段，实现供应链各环节的透明化和高效协同。第四方物流平台可以提供从需求预测、采购管理、库存控制到运输、仓储、配送等全流程的优化服务，帮助企业降低运营成本，提高物流效率和客户满意度。例如，第四方物流平台可以通过大数据分析和人工智能技术，优化运输路线和配送计划，减少运输时间和成本；通过实时监控和预警系统，确保货物的安全和及时交付；通过供应链金融解决方案，缓解企业的资金压力。此外，第四方物流平台还能够通过跨行业的资源整合，实现供应链的灵活性和响应性，帮助企业应对市场变化和突发事件。这种模式不仅提升了供应链的整体效能，还增强了企业的竞争力和市场适应能力，为企业带来长期的可持续发展。

2）第四方物流平台典型业务

第四方物流平台典型业务包括供应链设计与优化、集成管理、数据分析和客户反馈与改进。

（1）供应链设计与优化是指提供全面的供应链解决方案。①供应链战略规划。第四方物流平台帮助企业制定和实施供应链战略，包括供应链网络设计、供应商选择、库存管理、运输策略等。通过综合分析市场趋势、客户需求和企业资源，第四方物流平台可以提供定制化的战略规划，确保供应链的灵活性和响应性。②供应链网络设计。第四方物流平台利用先进的建模和优化技术，帮助企业设计最优的供应链网络。这包括确定最佳的仓库位置、运输路线、分销中心布局等，以减少运输成本、提高物流效率和响应速度。通过网络设计优化，企业可以实现资源的高效利用，降低运营成本。③供应商管理与优化。第四方物流平台通过整合供应商资源，帮助企业选择和管理优质的供应商。平台可以提供供应商评估、绩效监控和风险管理等服务，确保供应链的稳定性和可靠性。

此外，第四方物流平台还可以通过集中采购和批量采购，帮助企业获得更好的价格和条件，降低采购成本。④库存管理与优化。第四方物流平台利用先进的库存管理技术和算法，帮助企业实现库存的精细化管理。通过实时监控库存水平、预测需求和优化补货策略，第四方物流平台可以减少库存积压和断货风险，提高库存周转率。此外，平台还可以提供多渠道库存管理，确保不同渠道的库存协调一致，提升整体供应链的灵活性。⑤运输与配送优化。第四方物流平台通过整合多种运输方式和物流资源，提供最优的运输和配送方案。平台可以利用大数据和优化算法，实现运输路线的优化、运输成本的降低和运输时间的缩短。此外，第四方物流平台还可以提供实时的运输监控和跟踪服务，确保货物的安全和准时交付。

（2）集成管理是指第四方物流平台整合多个第三方物流供应商和其他服务提供商，为客户提供一站式服务。①资源整合。第四方物流平台将多个第三方物流供应商和其他服务提供商（如运输公司、仓储公司、报关代理等）整合到一个统一的平台上，实现资源的集中管理和优化配置。此外，通过整合不同供应商的服务，第四方物流平台能够提供包括运输、仓储、配送、包装、报关、供应链金融等在内的全方位服务，满足客户的多样化需求。②统一管理。第四方物流平台通过中央管理系统，对所有供应商的资源进行集中调度和管理，确保物流过程的高效和协调。此外，建立统一的服务标准和操作流程，确保各供应商的服务质量和效率一致，减少因标准不一导致的混乱和延误。③信息共享。通过先进的信息技术，第四方物流平台实现与各供应商的实时数据交换，提供透明的物流信息，客户可以随时查看货物的运输状态和位置。此外，平台支持各供应商之间的信息共享和协同工作，提高整个供应链的响应速度和灵活性。④优化服务，通过集中管理和规模效应，第四方物流平台能够降低物流成本，提高资源利用效率，为客户提供更具竞争力的价格。此外，通过严格的服务标准和绩效评估，确保各供应商的服务质量，提升客户满意度。⑤客户体验。客户只需与第四方物流平台对接，即可获得全面的物流解决方案，简化了操作流程，提高了便利性。此外，第四方物流平台根据客户的具体需求，提供定制化的物流解决方案，满足不同客户的个性化需求。

（3）数据分析是指第四方物流平台通过大数据和人工智能技术，对物流数据进行分析，发现潜在问题和优化机会，持续改进服务。①数据收集与整合。第四方物流平台从多个渠道收集数据，包括运输公司、仓储中心、客户系统、传感器设备等。这些数据包括运输时间、成本、货物状态、车辆位置、天气信息、交通状况等。将不同来源的数据进行整合，形成一个统一的数据平台，确保数据的完整性和一致性。这一步骤通常涉及数据清洗、格式转换和标准化处理。②数据存储与管理。使用大数据存储技术（如 Hadoop、数据湖等）来存储和管理海量的物流数据，确保数据的安全性和可访问性。建立数据管理机制，包括数据备份、恢复、权限管理和审计，确保数据的可靠性和合规性。③数据分析与挖掘。通过统计分析和可视化工具，对历史数据进行描述性分析，了解物流过程中的关键指标和趋势，如运输时间、成本、延误率等。此外，深入分析数据，识别问题的根源。例如，通过分析运输延误的数据，找出导致延误的主要原因，如交通拥堵、天气影响、操作失误等。利用机器学习和预测模型，预测未来的物流需求、运输时间和成本。例如，通过历史数据和天气预报，预测特定路线的运输时间，基于分析结果，提出具体的优化建议和行动方案。又如，通过分析运输成本，提出优化路线、调整运输模式或改进仓储管理的建议。④实时监控与预警。利用物联网技术和实时数据流处理平台，实时监控物流过程中的关键指标，如车辆位置、货物状态、温度等。设置阈值和规则，当关键指标超出正常范围时，系统自动发出预警，提醒相关人员采取行动。例如，当车辆偏离预定路线或货物温度异常时，系统会立即通知相关人员。⑤决策支持。将数据分析结果转化为具体的决策支持，帮助管理层做出更明智的决策。例如，通过分析市场需求和运输成本，决定是否扩展新的物流线路或增加新的仓储中心。此外，提供直观的可视化仪表盘，展示关键指标和分析结果，帮助管理人员快速了解物流状况，及时做出调整。

（4）客户反馈与改进是指第四方物流平台定期收集和分析客户反馈，不断优化服务流程和质量，提升客户满意度。一方面，建设反馈循环。建立一个持续的反馈循环机制，定期收集和分析用户反馈、运营数据和市场变化，不断优化服务。例如，通过用户满意度调查，了解服务中的不足之处，进行改进。另一方面，迭代优化。基于数据分析结果，不断调整和优化物流策略，提高运输效率、降低成本、提升客户满意度。例如，通过优化运输路线，减少运输时间和成本；通过改进仓储管理，提高库存周转率。

3）第四方物流平台运营模式

第四方物流平台运营模式包括以下三种，第一种，作为客户的单一联系点，协调所有供应链活动；第二种，提供高度定制化的解决方案，通常涉及长期合作伙伴关系；第三种，利用先进的IT系统和数据分析能力来驱动决策制定。

（1）运营模式一，第四方物流平台作为客户的单一联系点，协调所有供应链活动。

使用运营模式一主要是为了提供更高效、透明和集成的供应链管理服务。第四方物流平台通过整合和优化供应链中的各个参与方，包括供应商、制造商、第三方物流提供商、运输公司等，实现供应链的全面协调和管理。客户选择这种合作可以获得以下五大好处。①简化管理。通过第四方物流平台，客户可以将供应链管理的复杂性外包给一个专业的第三方，减少与多个供应商和物流服务商的直接沟通和协调，简化管理流程。②提高效率。第四方物流平台拥有专业的供应链管理经验和先进的技术工具，能够更高效地协调和优化供应链活动，提高整体运营效率。③增强透明度。第四方物流平台通过集成的系统，提供实时的供应链数据和报告，增强供应链的透明度，帮助客户更好地监控和管理供应链。④降低成本。通过优化供应链流程和资源利用，第四方物流平台可以帮助客户降低物流和运营成本，提高整体经济效益。⑤提升服务质量。第四方物流平台能够提供更高质量的物流和供应链服务，提升客户满意度和市场竞争力。

第四方物流平台在以下情况比较适合成为客户的单一联系点。①复杂供应链。当企业的供应链涉及多个环节和多个参与方，管理复杂度高时，第四方物流平台可以提供全面的协调和管理服务。②全球化运营。对于跨国公司或在全球范围内运营的企业，第四方物流平台可以提供跨区域的供应链管理，确保全球供应链的高效运作。③需求波动大。

当企业面临需求波动大、季节性强的市场时，第四方物流平台可以通过灵活的资源调配和优化，确保供应链的稳定性和响应速度。④技术需求高。对于需要高度技术集成和数据管理的供应链，第四方物流平台可以提供先进的技术平台和工具，实现供应链的智能化管理。

（2）运营模式二，第四方物流平台提供高度定制化的解决方案，通常涉及长期合作伙伴关系。

这是因为第四方物流平台的核心价值在于整合和优化整个供应链的资源和流程，以满足客户的特定需求和业务目标。相比模式一，模式二更加强调长期合作伙伴关系。第四方物流平台选择这种高度定制的合作出于以下三大考虑：①供应链管理涉及多个环节和多种资源，包括运输、仓储、配送、信息管理等，每个客户的需求和业务模式都有所不同，因此需要高度定制化的解决方案来应对这些复杂性和多样性。②第四方物流平台不仅提供单一的物流服务，还负责整合和优化整个供应链的各个环节，确保资源的高效利用和流程的顺畅，这种优化需要深入了解客户的业务流程和需求，从而提供量身定制的解决方案。③第四方物流平台通常具备先进的技术和专业的服务团队，能够提供从战略规划到执行的全方位支持，这种支持需要长期的合作关系，以便不断调整和优化解决方案，确保持续的业务改进。

第四方物流平台在以下情况比较适合与客户进行高度定制化的长期合作：①复杂供应链管理。当客户的供应链管理涉及多个环节和多种资源，需要高度整合和优化时，第四方物流平台的高度定制化解决方案和长期合作伙伴关系尤为重要。②高需求定制化服务。当客户有特定的业务需求和复杂的物流要求，需要量身定制的解决方案时，第四方物流平台能够提供专业的支持和服务。③长期战略规划。当客户希望在供应链管理方面进行长期的战略规划和持续优化时，与第四方物流平台建立长期合作伙伴关系可以提供更全面和持续的支持。④多变市场环境。在市场环境多变、客户需求不断变化的情况下，第四方物流平台的灵活性和持续优化能力能够帮助客户应对各种挑战，实现业务的持续增长。

（3）运营模式三，第四方物流平台利用先进的 IT 系统和数据分析能力来驱动决策制定。

这是因为在现代供应链管理中，高效的信息处理和数据分析能力对于优化物流运作、提高服务质量和降低成本至关重要。第四方物流平台通过整合和管理多个物流服务提供商的资源，提供全面的供应链解决方案，因此需要强大的 IT 系统和数据分析能力来支持其复杂的运营和决策过程。

第四方物流平台常常采用这种模式，其原因如下：①第四方物流平台需要整合来自多个物流服务提供商、供应商和客户的数据，确保信息的实时性和准确性。先进的 IT 系统可以实现数据的集中管理和实时更新，提高信息透明度，帮助各方更好地协同工作。②通过数据分析，第四方物流平台可以优化资源分配，如运输路线、仓储空间和人力资源。数据分析工具可以识别瓶颈和低效环节，提供优化建议，提高整体运营效率。③利用大数据和机器学习技术，第四方物流平台可以进行需求预测、库存管理和风险评估。这些预测和分析可以帮助企业提前做好准备，减少库存积压和断货风险，提高供应链的灵活性和响应速度。④通过数据分析，第四方物流平台可以更好地了解客户需求和行为，提供个性化的服务和解决方案。例如，通过分析历史订单数据，可以优化配送时间和方式，提高客户满意度。⑤先进的 IT 系统和数据分析能力可以帮助第四方物流平台实现成本优化。通过自动化和智能化管理，减少人为错误和不必要的开支，提高运营效率，降低整体成本。

第四方物流平台在以下情况比较适合利用先进的 IT 系统和数据分析能力来驱动决策制定。①供应链复杂度增加。随着全球化和电子商务的发展，供应链变得越来越复杂，涉及的环节和参与者越来越多。在这种情况下，第四方物流平台需要利用先进的 IT 系统和数据分析能力来管理复杂的供应链网络。②技术进步。随着信息技术和数据分析技术的不断进步，第四方物流平台能够更好地利用这些技术来优化运营。例如，云计算、大数据、人工智能和物联网等技术的应用，为第四方物流平台提供了强大的技术支持。③客户需求多样化。现代消费者对物流服务的需求越来越多样化和个性化。第四方物流平台需要通过数据分析来更好地理解客户需求，提供定制化的解决方案。④市场竞争激烈。在竞争激烈的市场环境中，企业需要通过提高效率和降低成本来获得竞争优势。第四方物流平台利用先进的 IT 系统和数据分析能力，可以帮助企业实现这一目标。

2. 匹配平台典型业务和运营模式

1）匹配平台的定义

匹配平台是一种通过技术手段和算法，将供需双方高效连接起来的在线平台，旨在解决信息不对称和资源错配问题，提升交易效率和用户体验。这种平台广泛应用于多个领域，如电子商务、共享经济、招聘、教育、医疗等。匹配平台的核心在于利用大数据和人工智能技术，将用户的需求和供给进行精准匹配。例如，在电子商务平台中，通过用户的历史购买记录、搜索行为和偏好，推荐符合其需求的商品；在共享经济平台如网约车和短租平台，通过实时位置数据和用户评价，快速匹配司机和乘客、房东和租客；在招聘平台，通过分析求职者简历和企业需求，精准推荐合适的职位。匹配平台不仅提高了交易的效率和成功率，还通过用户评价和反馈机制，建立了信任，提高了透明度，提升了整体服务质量。此外，匹配平台还通过持续的数据分析和算法优化，不断改进匹配精度，满足用户日益多样化和个性化的需求，为企业和用户创造更大的价值。

2）匹配平台的典型业务

匹配平台的典型业务包括供需匹配、在线定价/竞价、合同与支付处理、实时追踪与通知和资源共享。

（1）供需匹配，是指将货主的需求与运输公司的服务能力进行精准对接，实现高效、透明和优化的物流服务。这种模式的核心在于利用大数据、人工智能和算法优化，全面分析货主的运输需求和运输公司的服务供给，确保双方在时间、地点、价格、运力等方面达到最佳匹配。首先，平台通过在线表单、API 接口等方式，收集货主的运输需求，包括货物类型、重量、体积、起始地、目的地、运输时间等详细信息。同时，平台还可以通过历史数据和用户行为分析，预测货主的潜在需求，提前做好准备。其次，平台对运输公司的车辆、司机、运输线路等资源进行详细登记和管理，建立全面的运力数据库。通过实时更新和监控，确保平台掌握最新的运力信息，包括车辆状态、司机位置、可用时间等。最后，平台利用大数据和人工智能技术，开发智能匹配算法，根据货主的需求和运输公司的服务能力，进行多维度的匹配计算。算法可以考虑多种因素，如运输成本、时间效率、路线优化、车辆适配度等，确保匹配结果的最优性。

拓展阅读 5.1　国内外众包物流案例

（2）在线定价/竞价，是指允许用户发布货物运输需求，并让承运人竞标。平台提供实时报价功能，货主可以快速获取多个运输公司的报价，进行比较和选择。同时，平台还可以支持竞价机制，让运输公司根据自身情况和市场行情，竞标货主的运输需求，提高竞争透明度和公平性。

（3）合同与支付处理，是指帮助双方达成协议，并提供安全的支付机制。匹配平台通过高效连接供需双方，提供一系列工具和服务，帮助双方达成协议，并确保交易的安全和透明。为了保障交易的安全，匹配平台通常会提供多种支付机制，包括但不限于第三方支付平台、托管支付和分期付款等。托管支付是在交易双方达成协议后，将资金暂时存放在平台的托管账户中，待服务或产品交付并确认无误后，再将款项释放给服务提供者，有效防止欺诈行为。分期付款则适用于大额交易，允许买家分期支付款项，减轻财务压力，同时保障卖家的利益。

（4）实时追踪与通知，是指向用户提供货物位置更新和其他重要信息。平台通常利用全球定位系统（GPS）、物联网（IoT）设备、移动通信技术以及大数据分析，实现对货物位置的精准追踪和实时更新。当用户下单后，平台会立即生成一个唯一的追踪编号，并通过多种渠道（如短信、电子邮件、App 推送通知）向用户发送订单确认信息。在货物运输过程中，平台会持续收集和更新货物的位置数据，通过地图界面直观展示货物的当前位置、预计到达时间、运输路线等信息。此外，平台还能够实时监测运输过程中的异常情况，如延误、损坏或丢失，并及时通知用户，提供解决方案和替代选项。

（5）资源共享，是指促进设备、仓储空间等资源的共享使用。平台利用先进的技术和算法，将资源提供者和需求者精准匹配，实现资源的高效利用和灵活调度。例如，在设备共享方面，平台可以连接拥有闲置设备的企业和个人，与需要临时使用这些设备的用户，通过租赁或共享模式，减少设备闲置，降低使用成本。在仓储空间共享方面，平台可以将拥有空闲仓储空间的仓库与需要临时存储货物的企业和个人进行匹配，优化仓储资源的利用，减少仓储成本。在劳动力共享方面，平台可以连接有临时用工需求的企业与自由职业者或临时工，通过灵活的用工模式，满足企业的短期需求，同时为劳动者提供更多的就业机会。此外，匹配平台还通过数据分析和智能推荐，实时监控资源供需情况，预测未来需求，优化资源配置，提高响应速度和灵活性。这种资源共享模式不仅能够降低企业的运营成本，提高资源利用效率，还能促进资源的合理分配和可持续利用，推动经济的绿色发展。通过匹配平台的资源共享，各方参与者都能从中受益，实现互利共赢。

拓展阅读 5.2　象屿"屿链通"：以数字化平台搭建可信数据桥梁，看得见、控得住！

3）匹配平台的运营模式

匹配平台的运营模式包括三种：①采用双边或多边市场模型，连接买家和卖家；②基于互联网的技术平台，支持移动应用和网站访问；③通常收取交易手续费或会员费作为收入来源。

（1）运营模式一，匹配平台采用双边或多边市场模型，连接买家和卖家，促进交易效率，增加市场流动性，创造网络效应，并提供增值服务，从而在多种情况下实现商业成功。双边市场模型连接两个主要的用户群体，通常是买家和卖家。平台通过提供一个中介服务，帮助这两个群体进行交易。例如，电商平台（如淘宝、亚马逊）连接买家和卖家，提供商品展示、搜索、支付等服务。多边市场模型连接多个用户群体，不仅仅是买家和卖家，还可能包括其他类型的参与者，如服务提供商、内容创作者、广告商等。例如，社交媒体平台（如 Facebook）不仅连接用户和广告商，还连接内容创作者和开发者。采用双边或多边市场模型具有多个好处：①通过平台的中介作用，可以减少买卖双方的搜索成本和交易成本，提高交易效率。平台通常提供搜索、推荐、支付、评价等工具，帮助用户快速找到合适的交易对象。②平台通过聚集大量的买家和卖家，增加市场的流动性，提高交易的频率和规模。更多的参与者意味着更多的交易机会，从而吸引更多用户加入。③双边或多边市场模型能够产生强大的网络效应。随着平台用户数量的增加，平台的价值也会增加，吸引更多用户加入，形成正反馈循环。例如，更多的卖家加入平台会吸引更多的买家，更多的买家又会吸引更多的卖家。④平台可以提供多种增值服务，如物流、支付、信用评估、售后服务等，提升用户体验，增加用户黏性。这些增值服务不仅提高了交易的便利性，还增加了平台的收入来源。

基于运营模式一的匹配平台常常有以下情况：①存在信息不对称。当买卖双方之间存在信息不对称时，平台可以通过提供透明的信息和评价系统，减少信息不对称，增加信任度。例如，二手车交易平台通过提供车辆检测报告和用户评价，帮助买家做出更明智的决策。②需要中介服务。当交易过程复杂或需要中介服务时，平台可以提供专业的中介服务，简化交易流程。例如，房地产交易平台提供房源信息、贷款咨询、法律服务等，帮助买卖双方顺利完成交易。③市场分散。当市场分散，买卖双方难以直接找到对方时，平台可以通过集中资源，提供一个集中的交易场所。例如，自由职业者平台（如 Upwork）将分散的自由职业者和雇主连接起来，提供项目发布、投标、支付等服务。④需要规模化效应。当市场需要规模化效应时，平台可以通过聚集大量用户，实现规模经济。例如，共享经济平台如爱彼迎（Airbnb）通过聚集大量的房东和租客，实现房源的规模化供应，提高市场效率。基于运营模式一的匹配平台的典型代表为共享平台。

（2）运营模式二，匹配平台是基于互联网的技术平台，支持移动应用和网站访问。该模式满足现代用户对多设备、多渠道访问的需求，提供灵活、便捷、一致的用户体验。

这种设计方式在移动互联网普及、云计算发展和多渠道营销需求的背景下变得尤为重要，适用于各种需要广泛用户覆盖和高效互动的业务场景，同时也强调了现代技术平台的多渠道访问能力和互联网基础架构。匹配平台选择运营模式二有许多好处：①现代用户使用多种设备，包括智能手机、平板、个人计算机等。通过支持移动应用和网站访问，平台可以覆盖更广泛的用户群体，确保用户在任何设备上都能访问和使用平台。②用户可以在不同设备之间无缝切换，保持一致的用户体验。例如，用户可以在手机上开始一个任务，然后在计算机上继续完成。③用户可以在任何时间、任何地点通过互联网访问平台，不受设备限制，提高了使用的灵活性和便利性。④通过互联网技术，平台可以实时更新内容和功能，用户无须下载新版本的应用，只需刷新网页即可获得最新信息。

运营模式二下的匹配平台的诞生有以下原因：①随着智能手机和平板的普及，移动互联网成为主流，用户越来越依赖移动设备进行日常活动，包括购物、社交、娱乐等；②云计算技术的成熟使得基于互联网的技术平台能够提供高效、稳定的服务，支持大规模用户同时访问；③企业通过多渠道（移动应用和网站）进行品牌推广，可以更有效地触达目标用户，提高品牌曝光率和用户参与度。通过移动应用和网站，企业可以与用户进行更频繁、更直接的互动，收集用户反馈，优化产品和服务。对于需要跨平台运营的业务，如电子商务、在线教育、社交媒体等，支持移动应用和网站访问是基本要求，可以满足不同用户群体的需求。基于运营模式二的匹配平台典型代表为内容平台。

（3）运营模式三，匹配平台通常收取交易手续费或会员费作为收入来源。这在许多在线平台中非常常见，主要是因为这种收费方式能够为平台提供稳定的收入来源，同时激励平台持续优化服务，确保交易的高效和安全。电子商务平台如淘宝、亚马逊等，这些平台通常会向卖家收取交易手续费，有时还会提供付费会员服务（如淘宝的天猫店铺、亚马逊的 Prime 会员），以提供更多的功能和特权。在线市场如爱彼迎、优步等，这些平台通过撮合供需双方的交易，通常会从每笔交易中抽取一定比例的手续费。专业服务市场如 58 同城、Boss 直聘、Upwork、Freelancer 等，这些平台连接自由职业者和雇主，通常会从成功完成的项目中收取交易手续费。社交和内容平台如知乎、腾讯视频、Spotify等，这些平台可能会提供免费的基础服务，但通过收取会员费为会员提供更高级的功能和无广告体验。金融交易平台如股票交易平台、外汇交易平台等，这些平台通常会从每笔交易中收取手续费，有时还会提供付费的高级分析工具和数据服务。

供应链服务平台在运营时都会充分利用现代信息技术，如云计算、大数据分析、人工智能等，以提高效率、降低成本并提升客户体验。此外，随着运作模式的发展，许多平台还会不断扩展新的服务领域，以适应市场的变化。

案例5-1

日日顺的资源共享案例

日日顺的企业平台化就是建立诚信、生态、共享平台，把整个日日顺变成开放的创业平台，变成共创、共赢、共享的平台。这个平台包括两端：一端是互联共享的客户资源，包括品牌商、渠道商，还有一些在日日顺平台上创业的中小微物流企业带来的资源；另一端是互通共创的物流资源。日日顺发布引领大件物流行业的标准，整个平台是以诚信为基础，以用户的全流程最佳体验为核心，为客户创造价值。之所以提出平台化实践，是因为物流行业正在进入资源共享的时代，企业要做的是整合用户、企业、货主、车主的不同需求和痛点，对需求进行分类整合；并借助开放平台和物流资源的共享，随着用户需求的变化不断演进来提供相应的服务，为企业发展和进化提供源源不断的支持。

在平台化方面，日日顺拥有中国大件物流行业首个全网共享的三级分布式云仓网络和中国大件物流唯一全网覆盖极速送装、到村入户的服务网络，包括多元化干线集配网、三级分布式仓储、仓配一体化网、"最后一公里"末端网和连接城村的服务网。

如日日顺在大家电物流行业开放了资本、仓储网络和"最后一公里"送装网络，与阿里巴巴形成战略合作，并与菜鸟网络实现共创共赢；在大家居行业，日日顺把对家居客户提供的送装修服务进一步开放共享，菜鸟和一些品牌商也战略投资了日日顺的家居部门。

另外在快消、零担、冷链等方面日日顺也都有资源开放和资本开放的举措，日日顺开放创业平台的实质是通过整个资源的开放和有关方的协同，将平台上创业的有关方和日日顺的优势资源结合起来，优势互补，协同发展，实现共享经济中的有关各方利益最大化。

资料来源：新物流案例：海尔日日顺物流平台生态分析[EB/OL]. (2020-01-13) [2024-12-22]. https://baijiahao.baidu.com/s?id=1655611228490189712&wfr=spider&for=pc.

5.2.2　基于创新业务模块的典型运营模式

供应链服务平台通过引入创新业务模块，可以提供更全面、更高效的服务。这些创新模块通常包括产品和服务研发（R&D）管理、供应链金融管理以及跨界业务运营管理等。

1. 创新业务

1）产品和服务研发（R&D）管理

（1）协同创新平台。服务平台建立协同创新平台，旨在构建一个开放式的创新生态系统，将供应商、制造商、客户乃至外部合作伙伴连接起来，共同参与新产品或服务的研发过程。通过这一平台，各方可以共享资源、信息和专业知识，实现高效协同和创新。供应商可以提供最新的材料和技术，制造商可以贡献生产经验和工艺优化，客户可以反馈实际需求和使用体验，外部合作伙伴可以带来新的创意和解决方案。这种多方参与的模式不仅加速了创新周期，提高了研发效率，还能确保新产品或服务更加贴近市场需求，提升市场竞争力。协同创新平台通过促进跨领域的合作和知识交流，激发更多的创新灵感，实现共赢发展，为企业和整个行业带来持续的创新动力。

拓展阅读 5.3　创新促发展 出行更便捷——滴滴持续推动交通出行智能化、共享化、低碳化

（2）数据驱动的产品设计。服务平台数据驱动的产品设计是指通过利用大数据分析来洞察市场趋势和消费者需求，从而指导产品的设计与开发。这种业务通过收集和分析用户行为数据、市场数据和反馈信息，识别用户的真实需求和偏好，发现潜在的市场机会和痛点。大数据分析可以帮助企业精准定位目标用户群体，优化产品功能和用户体验，提高产品的市场竞争力。例如，通过分析用户的搜索记录、购买历史和使用行为，企业可以发现用户对特定功能的需求，从而在产品设计中加以体现；通过监测市场趋势和竞争对手的动态，企业可以及时调整产品策略，保持创新和领先优势。数据驱动的产品设计不仅能够提升用户满意度和忠诚度，还能降低开发风险，提高产品成功率，实现可持续发展。

（3）快速原型制作与测试。服务平台的快速原型制作与测试通过采用 3D 打印、虚拟现实等先进技术，显著加速了原型的创建过程，并通过在线平台高效收集用户反馈，实现快速迭代优化。具体来说，3D 打印技术可以快速制作物理原型，缩短设计和制造周期，使设计团队能够迅速验证产品概念和功能；虚拟现实技术则提供了一个沉浸式的环境，让用户在产品实际生产前就能体验和测试，发现潜在问题并提出改进建议。通过在线平台，企业可以方便地发布原型测试任务，收集大量用户的实时反馈和使用数据，快速评估用户满意度和产品性能，从而进行精准的迭代优化。这种高效、灵活的原型制作与测试流程，不仅大大缩短了产品开发周期，还提高了最终产品的市场适应性和用户满意度。

（4）知识产权管理。服务平台的知识产权管理致力于提供全面的专利申请、版权保护等相关服务，确保创新成果得到妥善管理和保护。通过专业的知识产权顾问团队，平台帮助用户进行专利检索、申请文件准备、审查意见答复等全流程服务，确保专利申请的高效和成功。同时，平台还提供版权登记、版权监测和侵权维权等服务，保护用户的原创作品不受侵犯。此外，平台还支持商标注册和管理，帮助企业建立和维护品牌价值。通过这些综合性的知识产权管理服务，平台不仅帮助用户有效保护创新成果，还促进了技术创新和知识共享，为企业和个人的可持续发展提供坚实保障。

2）供应链金融管理

（1）融资解决方案。服务平台的融资解决方案旨在为供应链中的中小企业提供灵活多样的融资选项，以缓解资金压力和提升运营效率。这些融资选项包括应收账款融资、存货融资等。通过应收账款融资，中小企业可以将未到期的应收账款转让给平台，提前获得资金，加速现金流周转。而存货融资则允许企业以其库存商品作为抵押，获得贷款，解决因库存积压导致的资金占用问题。平台通过与金融机构合作，提供便捷的申请流程和快速的审批服务，确保中小企业能够及时获得所需资金，支持其业务发展。此外，平台还提供风险管理工具和数据分析支持，帮助中小企业优化财务结构，降低融资成本，提升整体竞争力。这种融资解决方案不仅解决了中小企业的融资难题，还促进了供应链的稳定和健康发展。

拓展阅读 5.4　银耐联第三方电子交易平台

（2）风险管理工具。服务平台的风险管理工具通过开发信用评估模型和风险预警系统，帮助金融机构更好地理解和控制信贷风险。信用评估模型利用大数据和机器学习技术，综合分析用户的信用历史、财务状况、行为数据等多维度信息，生成精准的信用评分，为金融机构提供科学的决策依据。风险预警系统则通过实时监控和分析用户的行为变化和市场动态，及时发现潜在的信用风险和异常情况，发出预警信号，使金融机构能够迅速采取措施，降低风险损失。这些工具不仅提高了金融机构的风险管理能力，还优化了信贷审批流程，提升了用户体验，实现了风险控制和业务发展的双赢。

（3）支付结算平台。服务平台的支付结算平台致力于构建安全高效的支付渠道，支持即时结算、分期付款等多种支付方式，确保用户在交易过程中的便捷性和安全性。通过集成先进的支付技术和严格的安全措施，该平台能够提供快速、可靠的支付体验，满足不同用户和商家的需求。即时结算功能确保交易款项实时到账，提升资金流转效率；分期付款选项则为用户提供灵活的支付选择，降低单次支付压力，增强购买意愿。此外，平台还支持多种支付工具，如信用卡、借记卡、第三方支付平台等，确保用户可以根据自己的偏好和需求选择最合适的支付方式。通过这些综合性的支付解决方案，服务平台不仅提升了用户体验，还增强了商家的运营效率和市场竞争力。

3）跨界业务运营管理

（1）多元化资源整合。服务平台的多元化资源整合是指通过打破传统行业界限，整合不同领域的资源和技术，实现跨行业的高效协同和创新，从而创造新的商业机会和价值。这种业务通过构建开放的平台生态系统，连接和赋能各类参与者，如供应商、合作伙伴、开发者和用户，实现资源共享和优势互补。例如，电商平台不仅整合了商品供应商和物流服务，还引入了金融服务、数据分析和营销工具，提供一站式解决方案；工业互联网平台则连接了设备制造商、软件开发商和系统集成商，实现生产过程的智能化和协同化。通过这种多元化资源整合，企业能够拓展业务范围，提升服务质量和效率，同时为用户带来更加丰富和个性化的体验，推动行业的创新发展和转型升级。

（2）跨渠道营销策略。服务平台的跨渠道营销策略是指通过整合线上线下多种渠道，实现全方位的推广和无缝购物体验。这种策略强调在不同渠道之间建立紧密的连接和协同，确保用户在任何触点都能获得一致且流畅的体验。例如，线上渠道可以通过社交媒体、电子邮件、移动应用和官方网站进行品牌宣传和产品推广，同时提供便捷的在线购物和客户服务；线下渠道则通过实体店、快闪店和体验中心，提供实物展示、试用和个性化服务，增强用户的互动和信任。通过数据共享和用户行为分析，平台可以实现跨渠道的用户识别和个性化推荐，确保用户在不同渠道之间的切换无缝衔接。例如，用户在线上浏览商品后，线下门店可以提供个性化的购物建议和优惠；反之，线下购物的用户也可以通过线上渠道享受便捷的售后服务和会员权益。这种全方位的跨渠道营销策略不仅提升了用户的购物体验，还增强了品牌忠诚度和市场竞争力。

（3）智能物流网络。服务平台的智能物流网络通过借助物联网、人工智能等先进技术，实现了物流过程的全面智能化和高效化。物联网技术通过传感器和智能设备实时采集和传输物流数据，如货物位置、温度、湿度等信息，确保全程透明和可追溯。人工智能算法则用于优化路径规划、预测需求、智能调度和异常检测，大幅提升物流效率和准确性。此外，智能物流网络还支持个性化配送服务，根据用户的具体需求和偏好，提供定制化的配送方案，如定时配送、特殊包装和优先处理等，从而提升用户体验和满意度。这种智能化的物流网络不仅降低了运营成本，提高了服务质量和响应速度，还为企业带来了更高的市场竞争力和客户忠诚度。

（4）可持续发展倡议。服务平台的可持续发展倡议旨在推动绿色供应链建设，通过采用可再生能源、减少包装浪费等措施，实现环境友好和资源高效利用。具体来说，平台可以鼓励供应商使用太阳能、风能等可再生能源，减少碳排放；优化包装设计，采用可回收或生物降解材料，减少包装浪费；实施绿色物流，提高运输效率，减少运输过程中的环境影响。此外，平台还可以通过设立绿色认证标准，激励供应商采取环保措施，并通过透明的供应链管理，向消费者展示其环保能力，提升品牌形象和用户信任。这些举措不仅有助于保护环境，还能降低运营成本，提升企业的社会责任感和市场竞争力，实现经济和环境的双重可持续发展。

2. 典型运营模式

供应链服务平台基于创新业务的典型运营模式包括以下几种。

（1）平台化运作模式。具体涉及以下内容：①开放式架构，搭建一个具有高度灵活性和扩展性的平台框架，便于集成各类第三方应用和服务；②多方协作机制，促进产业链上下游企业之间的紧密合作，形成共赢局面；③增值服务提供，除了基础的供应链功能外，还提供一系列增值服务，如咨询顾问、培训教育等。

（2）数据驱动决策模式。具体涉及以下内容：①高级数据分析，利用机器学习算法处理海量数据，挖掘潜在商机并预测未来趋势；②可视化报告，生成直观易懂的数据仪表板，帮助企业高层快速掌握关键信息；③定制化报表，根据不同用户的需求生成个性化的分析报告。

（3）智能化自动化模式。具体涉及以下内容：①机器人流程自动化（RPA），在订单处理、库存管理等领域部署 RPA，提高工作效率；②自动调度系统，根据实时交通状况等因素自动生成最优运输路线；③智能仓储方案，实施自动化仓库管理系统，提高存储密度及拣选速度。

（4）灵活的合作模式。具体涉及以下内容：①按需付费，针对不同规模的企业提供差异化的定价策略，降低小企业的进入门槛；②联合创新实验室，与科研机构或高校合作设立专门的研究中心，专注于前沿技术探索；③生态伙伴计划，吸引更多的合作伙伴加入平台生态圈，共享资源和发展机遇。

通过上述创新业务模块及其运营模式的应用，供应链服务平台能够为企业带来更高的价值，不仅提升了供应链的整体效能，也促进了商业模式的不断创新与发展。

案例5-2

阿里巴巴的跨界融合新生态

阿里巴巴以电子商务业务为基础形成的以云计算、大数据、物流体系、金融服务等为核心的商业生态系统，为阿里的创新生态系统提供了有力的支持网络，激发了创新生态系统中各层面的创新活力。

比如菜鸟主要提供核心电商以及新零售创新项目的物流基建支持；阿里巴巴为创新活动提供营销服务以及数据管理平台等支持；阿里云则为创新活动提供重要的前沿技术服务与系统基建；由支付宝衍生出的蚂蚁金服，其提供的蚂蚁小贷，主要服务小众和小微商家，余额宝业务降低了基金服务门槛，芝麻信用结合普惠金融服务扶持初创企业发展，等等。这些庞大且多元化的支持网络，共同助力阿里创新生态中各创新主体的成长和发展。

作为一家经营多元业务的互联网公司，阿里巴巴成立之初立足于为B2B交易提供相应的技术支持服务，随后建立线上购物平台淘宝，并不断进行横向和纵向业务的扩张。经过20多年的发展，以全球领先的电子商务服务平台为核心，阿里巴巴逐渐形成了以核心子公司、控股子公司为发展根基，以投资创业公司、入股创业公司为发展触角的庞大商业版图。在此基础上，阿里巴巴提出以"共生、创生、互生"为理念的企业创新生态系统，实现协同发展。

内部创新网络方面，升格建制是阿里对战略性重要业务的一贯待遇，也是阿里鼓励内部创新创业的大战略体现。从阿里巴巴的发展中我们不难发现，阿里巴巴具有内部创新的传统。例如，随着淘宝的发展衍生出天猫，在支付宝的基础上独立出蚂蚁金服，以及成为独立运营部门的钉钉，等等。与其让这些创新想法出走阿里、在外部寻求发展，倒不如让它们留在阿里内部创新创业。因此阿里十分注重内部创新，不断强化内部创新创业的孵化力度，主动打破大公司体系内求稳的状态，激励个人创新英雄的出现。

外部创新网络方面，阿里云创新中心是阿里巴巴基于互联网、云计算、大数据的科技类"双创"孵化服务平台。由阿里巴巴联合百亿资金，提供创新创业的各方面资源，包括创业资金、入驻场地、创投对接、创业指导、技术培训、阿里云服务等，以支持创新创业项目的成长。阿里云创新中心项目采取"政府主导、企业运作、合作共赢"的市场化运作模式，依托政府已有资源，充分发掘人工智能、大数据、新金融、新零售、新制造等阿里巴巴的技术优势，通过提供各维度的创新创业相关服务，搭建线下创新实体空间与线上创新服务平台深度结合的开放式创新创业生态圈，促进阿里巴巴跨界融合和资源整合。

资料来源：王勇，董伊帆. 企业创新生态系统——以阿里巴巴为例[EB/OL]. (2020-11-30) [2024-12-22]. https://t.cj.sina.com.cn/articles/view/7395349859/1b8cc156301900vf2l.（有改动）

5.3　供应链服务平台的最佳实践

本节以深圳怡亚通供应链服务平台、厦门象屿供应链服务平台、网络货运平台为例，介绍供应链服务平台的最佳实践。

案例5-3介绍了怡亚通基于"供应链+互联网"的星链平台案例。怡亚通构建的星链平台，将社区商店纳入O2O供应链商业生态圈，不仅保留了终端实体店熟悉社区消费者的优势，还能够让传统社区销售终端立即跨入O2O时代。星链平台通过聚合品牌企业、物流商、金融机构、增值服务商等各大群体，逐渐形成供应链商业生态圈，实现生态圈成员的共享共赢。基于"供应链+互联网"的星链平台，是创新驱动、科技赋能供应链发展的标杆。星链平台的建设和发展，值得同行业参考和借鉴。

案例5-3

怡亚通基于"供应链+互联网"的星链平台

深圳市怡亚通供应链股份有限公司（以下简称怡亚通）成立于1997年，是中国第一家上市供应链企业（股票代码：002183），业务领域覆盖快消、IT、通信、医疗、化工、家电、服装、安防、贵金属等行业，正在为全球100余家世界500强及2 600多家国内外知名企业提供专业供应链服务。本着"整合、共享、创新"的经营理念，怡亚通紧握供应链发展大机遇，构建380分销平台，颠覆了传统交易结构和渠道模式，破解我国流通领域散、乱、穷、小的难题；同时以消费者为核心，以物流为基础，以完善的供应链服务平台为载体，以互联网新技术为共享手段，构建服务平台，全面覆盖全国200万家终端门店，紧密聚合品牌企业、经销商/渠道商、物流商、金融机构、增值服务商等各大群体，致力于打造一个跨界融合、共享共赢的B2B2C/O2O供应链商业生态圈。

怡亚通星链平台是以"供应链+互联网"为核心，依托怡亚通上下游众多供应商和海量商品资源，关注客户需求，打造星链云商、星链云店、星链友店、星链生活等四个App互联网工具。平台整合百万终端门店，数千知名品牌，数十万SKU，提供优质商品和营销服务，为客户创造价值。其业务板块如图5-1所示。

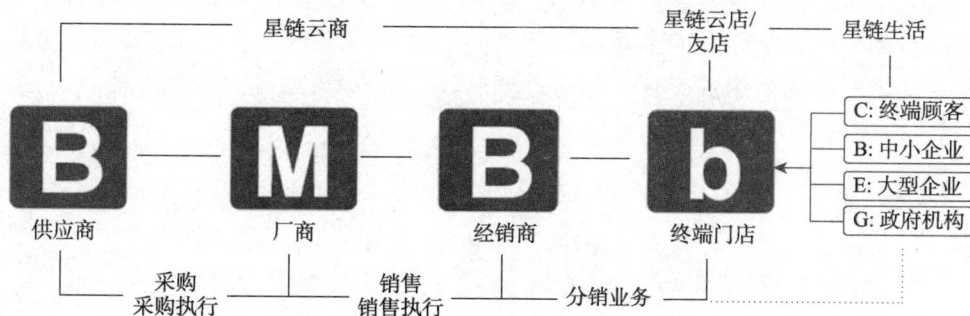

图5-1　怡亚通星链平台业务板块

1. 星链云商

星链云商是怡亚通为品牌商打造的集商品展示、线上采购、在线支付、订单管理、渠道管理、广告营销等功能于一体的 B2B 一站式交易营销服务平台；为品牌商的新品上市、订货会、促销活动、广告营销等提供精准的营销直达服务；为代理商的商品分销、门店集采、物流统配、采购规划等提供一站式商品交易服务；同时提供统计报表、订单分析、动销情况等运营大数据服务，提升品牌的影响力和商品的动销力。

2. 星链云店

星链云店是怡亚通为零售门店开发的互联网 O2O 综合服务平台。零售门店通过星链云店可以实现一站式门店商品采购、降低购物成本，共享怡亚通后台的海量正品货源，延展实体货架、扩充销售品类，同时可以将实体门店商品进行 O2O 互联网化，提供集商品展示、线上采购、在线支付、渠道管理、广告营销等功能，促进门店销售渠道拓宽，服务更多消费者，让零售门店轻松打造自定义的 O2O 综合大超市。

3. 星链友店

星链友店是怡亚通为个人用户群体打造的手机开店工具。依托怡亚通强大的供应链优势，星链友店为店主提供全球海量美妆、母婴、食品、家居等优质正品货源。店主可享受零成本快速手机开店，无须进货，一键分销海量精选高毛利商品，轻松赚钱。

4. 星链生活

星链生活是怡亚通为消费者打造的本地生活服务平台。让消费者基于位置服务（LBS）定位随时随地完成线上下单、线下享受的 O2O 全新购物体验。消费者通过手机App 既可以直接购买平台电商的商品；也可以购买附近终端店的商品；既可以由怡亚通提供物流配送也可以由店家即时送货。同时为企业、社区定制信息共享的虚拟平台，打破社交壁垒，构建圈内社群，共享企业生活、邻里生活、进店优惠。

资料来源：怡亚通：基于"供应链＋互联网"的星链平台[EB/OL].（2018-11-06）[2024-12-22]. https://www.sohu.com/a/273559850_806271.（有删改）

案例 5-4 介绍了厦门象屿"屿链通"数字供应链服务平台案例。厦门象屿业务领域涵盖大宗商品供应链、城市开发运营、综合金融服务、港口航运、创新孵化等，致力于成为具有全球竞争力、以供应链为核心的综合性投资控股集团。该企业近些年来通过持续优化客户结构、商品组合、业务结构、盈利模式，成功实现了由传统贸易商向供应链服务商的转型，并通过服务能力延伸，建立起具有厦门象屿特色的全产业链服务模式。厦门象屿向供应链综合服务商转型取得显著成效，荣获 2022 年"中国物流企业 50 强"第 2 名。

案例5-4

厦门象屿"屿链通"数字供应链服务平台

厦门象屿集团有限公司，是厦门市属国有企业，成立于 1995 年 11 月 28 日，截至

2022年，旗下拥有投资企业500余家，2022年度营收5 626亿元，员工超3.4万名。

厦门象屿供应链金融发展的基础是供应链服务体系。在构建供应链服务体系的过程中，企业将供应链服务的对象从原来的贸易商客户转向了制造业企业客户。象屿与头部银行、保险等金融机构保持紧密合作，通过整合各类金融资源，以智慧物流平台为基础，运用区块链、物联网、大数据、人工智能等技术，为客户提供灵活、便捷且又安全的供应链金融产品。

传统的存货或仓单质押之所以难以进行，是因为从商业银行的视角看，存在以下困难。①动产监管难、货权不清晰。这些财产权利的转移通常需要签订合同、交付单据等手续，导致银行在监管这些财产权利时面临很大的困难。②数据穿透难，可信度低。数据穿透难主要是指在不同数据源、不同系统、不同数据格式之间进行数据整合和传递时，面临着数据难以准确、高效地穿透的问题。可信度低则主要是指数据的真实性和可靠性存在问题，比如传感器故障、数据造假、人为错误等。③价格波动，货值管理难。价格波动可能导致企业的库存价值波动，如果市场价格下跌，企业的库存价值也会相应降低，这会给企业带来经济损失。价格波动也可能影响到企业的采购和销售策略，如果市场价格波动较大，企业可能需要更加频繁地调整采购和销售策略，以适应市场变化。④银行自身无渠道，变现周期长。银行作为金融机构，其主要业务是吸收存款、发放贷款和提供金融服务。然而，银行在变现资产方面存在一定的困难：一方面，银行缺乏有效的渠道来销售和处置资产；另一方面，银行在处理不良贷款和债权类资产时，涉及的流程和程序较为复杂，需要经过一系列的评估、拍卖、清收等环节，导致变现周期变得较长。

上述问题对于银行的运营和风险管理都带来了挑战。为了帮银行解决上述问题，厦门象屿建构了"屿链通"供应链服务平台。具体而言，该平台的主要特点如下。

第一，象屿在全球化方面做出精心布局，整合了各种物流资源，包括公路、铁路、水路和仓库等，构建了一个覆盖全球的物流网络。这个网络能实现货物的快速、安全和有效地运输，从而为象屿集团的客户提供优质的物流服务。此外，在大宗商品物管方面，企业有一套完善的物管流程和制度，能够实现对大宗商品的全程跟踪和管理。通过这种方式，可以有效地监控货物的状态和位置，确保货物安全和完整。正是这些举措，能够有效地保证"管住货"。

第二，在供应链服务方面，象屿集团不仅提供物流、仓储等基础服务，还通过与各产业领域的深度合作，提供一系列的增值服务，如市场研究、产品策划、营销推广等。这些服务能够帮助客户更好地了解市场和消费者需求，优化产品策略。同时，象屿还通过与政府部门、行业协会等机构的合作，积极参与制定行业标准和规范。通过这些方式，象屿集团能够更好地理解和把握各个产业的需求和趋势，为客户提供更精准、更专业的供应链服务，帮助客户实现更好的商业目标。这也是象屿集团能够做到"懂产业"的重要原因。

第三，象屿从战略高度打造的数智象屿是一个全面的数字化解决方案，旨在通过将物流运输、货物跟踪、金融监管等环节数字化，提高运营效率和服务质量。其中，智慧物流平台通过物联网技术和大数据分析，对货物进行实时跟踪和监控，确保货物安全和及时到达，并根据货物的实时位置和运输情况，提供智能化的调度和优化建议。网络货运平台通过互联网技术，将货主、司机、物流公司等各方连接起来，实现信息共享和协同作业，提高运输的可靠性和效率。总之，通过与银行的互联互通，数智象屿实现了货物的"能溯源"。

第四，象屿集团通过与银行的合作，在提供融资服务的同时，也协助银行进行盯市管理。这意味着象屿利用其在商品销售领域的专业知识和网络，帮助银行实时监控市场动态，确保质押货物的价值稳定。在此过程中，象屿还通过自身的强大销售渠道，为银行提供便利的货物变现途径。如果银行不得不处理质物以弥补贷款损失，象屿能够迅速而有效地将这些货物转化为现金，从而进一步降低了银行面临的潜在风险。

下一步，"屿链通"将优化运营组织架构，完善"屿链通"平台功能及客户体验，布局更多物流资源，并进行数字化改造，推进业务场景延伸、扩展客群，从存量向新增市场拓展，充分发挥平台优势，链接更多合作方，为提高社会供应链的安全性、韧性贡献力量。

资料来源：万联智慧.10大数字供应链案例之四——象屿"屿链通"：以数字化平台搭建可信数据桥梁，看得见、控得住[EB/OL]. (2024-08-13) [2024-12-22]. https://www.163.com/dy/article/J9G1K5GH0518IJ4K.html.（有删改）

案例 5-5 介绍了网络货运平台传化智联案例。传化智联通过数字化技术，以智能平台模式将一个个公路港连接成网，同步打造衔接货主企业、物流企业的信息系统，为企业提供从线下到线上定制化的"端到端"供应链解决方案和服务，助力制造企业降本增效。

案例5-5

网络货运平台：传化智联

传化智联股份有限公司（以下简称"传化智联"）是服务产业端的智能物流平台，为货主企业和物流企业提供物流供应链、智能物流园区、产业支付与金融、智能信息化等各类服务，帮助企业供应链降本增效。

1. 做法与经验

（1）布局全国智能公路港，形成全方位地面物流服务网。通过平台化运营，形成为各类企业提供集、分、储、运、配等物流供应链服务的"地网"，并补足城市物流基础设施枢纽功能，促进产城融合高质量发展。同时，通过数字园区系统，实现港内"人、车、货、场、企"等各种资源的数字化管理，以及物业、物流、安防、无感停车、无人巡检等统一管理、统一调度。

（2）打造智能物流货运平台，形成立体式线上物流服务网。通过数字化技术，将单个公路港连接成全国一张网，打造衔接上下游用户的高效信息系统，贯通物流供应链全流程。平台为企业提供运力派单、可视化运输管理、支付结算等全链条物流服务，以及车后增值、金融保险等产品服务，实现企业物流业务在线化、数字化、标准化、智能化。

（3）健全仓配运物流服务，提供端到端供应链物流解决方案。线下以"智能公路港全国网"为基础，建成覆盖33个城市的仓储网络，整合连接了自有车辆、物流公司与社会车辆等400多万辆的运力资源。线上以数字化手段连接各类企业上下游及内外部的信息系统，实现一键发货、自动派单、运力调度、全程跟踪等智能化管理。

（4）提供支付金融服务，构筑产业端信用体系。传化智联支付持有支付业务许可证，依托"智能物流服务平台"形成的端到端供应链体系，将消费端互联网支付手段应用到物流场景，实现了物流行业从发货到收货的全程支付在线化。已形成能够承载万亿级交易规模的支付平台，通过全链路的生产交易轨迹产生大量用户画像，分析运算形成产业端的信用评价体系。

2. 实施效果

据传化智联估算，已为快消、钢铁、家电、化工、能源等40多个行业的上百万家企业提供服务，为其提升 20%～30%的综合物流效能。以轮胎企业为例，预计可有效降低轮胎制造企业的仓储及运输成本，提高运营效率，加速制造企业供应链的规范化、透明化、安全化，预计供应链综合成本降低约25%，库存周转率提高约20%，装卸货工时效率提高60%以上，订单及时交付率提高80%以上。

资料来源：国家发展改革委. 典型案例：传化智联——平台模式服务制造业物流数字化转型 [EB/OL]. (2021-12-04) [2024-12-22]. https://baijiahao.baidu.com/s?id=1718197101725411455&wfr=spider&for=pc.

5.4　供应链服务平台的建设方法

5.4.1　服务型企业建设供应链服务平台的方法

从传统的服务型企业转型为供应链服务平台是一个系统性的过程，需要在战略规划、业务模式创新和技术应用等方面进行综合考虑。本小节从转型路径、转型方法和支持技术三个方面进行阐述，并以物流企业转型为第四方物流平台为例。

（1）转型路径。①市场与客户需求分析：对现有客户和潜在市场的深入研究，了解他们对于供应链服务的具体需求，识别行业趋势以及竞争对手的优势和劣势。②战略定位：明确作为第四方物流平台的核心价值主张，例如提高效率、降低成本或提供定制化解决方案。确定目标市场细分，包括行业领域和服务类型。③资源整合：评估并整合现有的物流资源，如运输能力、仓储设施等。寻找并建立与其他第三方物流供应商的合作关系。④技术投资：投资于先进的信息技术，以支持数据处理、分析及实时监控等功能。⑤开发或采购合适的软件工具来管理复杂的供应链网络。⑥组织结构调整：重新定义内部角色和职责，确保有专门的团队负责第四方物流平台的运营和发展。

（2）转型方法。①分阶段实施：将整个转型过程划分为几个可管理的阶段，每个阶段设定具体的目标和里程碑。②试点项目：选择一个或几个关键客户作为试点，通过实际操作来验证新模型的有效性。③合作伙伴网络构建：积极寻找并培养与上下游企业的合作关系，形成强大的供应链联盟。④客户服务提升：加强与客户的沟通，提供个性化的咨询和服务，增强客户黏性。⑤培训与发展：对员工进行全面培训，不仅包括新技术的应用，也涵盖新的业务流程和服务理念。

（3）支持技术。①云计算：利用云平台提供的弹性计算能力和存储空间，支持大规模的数据处理和访问。②大数据分析：通过收集和分析大量运营数据，帮助企业做出更精准的决策。③物联网：部署传感器和其他智能设备，实现对货物状态的全程跟踪。④人工智能和机器学习：将人工智能、机器学习技术应用于预测分析、自动化决策支持等领域。⑤区块链技术：增加交易透明度，简化支付流程，并减少欺诈风险。⑥移动应用开发：为客户提供便捷的移动端接入点，方便查询信息和执行任务。⑦ERP/SCM集成：确保第四方物流平台能够与企业现有的企业资源计划（ERP）系统和供应链管理系统（SCM）无缝对接。

物流企业成功转型为第四方物流平台的关键在于深刻理解市场需求、合理规划转型步骤、有效利用技术支持以及不断优化服务品质。这不仅要求企业在技术和业务层面进行革新，还需要具备良好的执行力和适应快速变化的能力。此外，保持开放的心态，愿意尝试新的合作模式和技术手段，也是推动转型成功的重要因素。

5.4.2 制造型企业建设供应链服务平台的方法

制造型企业转型为服务供应链的多边平台，意味着从传统的以产品为中心的商业模式转变为一个集成了产品、服务和解决方案的综合生态系统。这种转型可以帮助制造企业更好地响应市场需求，提高客户满意度，并通过增值服务创造新的收入来源。以下是具体的转型路径、方法和支持技术。

（1）转型路径。①市场与客户需求分析：深入了解现有客户和潜在用户的需求变化，识别行业趋势以及竞争对手的优势和劣势。②战略规划：明确转型目标，如提升客户体验、增加市场份额或拓展新业务领域；制定长期发展战略，包括合作伙伴关系建立、技术创新和服务多样化。③资源整合与合作构建：评估现有的供应链网络，优化供应商和物流伙伴的选择；建立跨行业合作关系，引入更多增值服务提供商（如维修保养、金融服务）。④技术支持与系统升级：投资于先进的IT基础设施，以支撑复杂的多边平台运营；开发或采购必要的软件工具，实现高效的数据管理和流程自动化。⑤组织结构调整：根据新业务模式调整内部结构，设立专门负责多边平台管理的部门；引入专业人才，特别是在供应链管理、数据分析和技术开发等领域。⑥试点项目与逐步推广：选择特定的产品线或服务作为试点，验证新模式的可行性和效果；根据反馈进行调整后，逐步扩大应用范围。

（2）转型方法。①分阶段实施：将整个转型过程分为几个可控制的阶段，每个阶段都有明确的目标和时间表。②敏捷开发：采用敏捷开发方法，快速迭代产品和服务，及时响应市场需求变化。③开放合作：积极寻求与其他企业的合作机会，形成互利共赢的合作生态。④用户中心设计：始终以用户为中心，通过调查问卷、用户访谈等方式收集反馈用户建议，持续优化用户体验。⑤培训与发展：对员工进行全面培训，确保他们能够理解和执行新的业务流程。

（3）支持技术。技术支持包括云计算、大数据分析、物联网技术等。此外，还包括以下技术。①人工智能和机器学习：用于预测性维护、智能排程、质量控制等方面。②区块链技术：用于增强交易安全性，简化支付流程，减少欺诈风险，并改善供应链追踪能力。③移动应用开发：为客户提供便捷的移动端接入点，方便查询信息、下单购买及跟踪订单状态。④ERP/SCM 集成：确保制造企业能够与现有的 ERP 系统和 SCM 系统无缝对接，实现信息流的一致性。⑤数字孪生：利用数字孪生技术模拟实际生产过程，优化生产线布局和操作流程。

制造企业向服务供应链多边平台的转型是一个复杂但充满机遇的过程，成功的关键在于准确把握市场需求，制定清晰的战略规划，充分利用现代信息技术的支持，并且在转型过程中保持灵活性和创新能力。同时，构建强大的合作伙伴网络也是至关重要的，它有助于企业在更广泛的范围内提供多样化和高质量的服务。此外，企业还需要培养一种文化，鼓励持续学习和适应新技术，以便在这个快速变化的商业环境中保持竞争力。

本章小结

供应链服务平台是平台经济的主流，熟知和掌握供应链服务平台的运营模式十分必要。本章介绍了供应链服务产生的现实需求、供应链服务平台的运营模式、最佳实践和建设方法。

关键概念

供应链服务平台　现实需求　运营模式　最佳实践　建设方法

思考题

1. 如何理解供应链服务平台？
2. 供应链服务平台的产生背景是什么？
3. 供应链服务平台的运营模式包括哪些？
4. 典型的供应链服务平台包括哪些？
5. 如何进行供应链服务平台的建设？

案例分析

"运去哪"供应链服务平台：推动跨境供应链更高效、更智能

2023 年 7 月，上海市政府办公厅印发了《关于促进本市生产性互联网服务平台高质量发展的若干意见》（沪府办发〔2023〕12 号）。2024 年，上海市商务委员会对上海市生产性互联网服务平台的创新案例进行系列宣传，其中，"运去哪"成为宣传中的代表性平台。

运去哪物流科技集团有限公司（以下简称"运去哪"）是全球数字化物流服务商，依托先进的物流技术，为全球出海客户提供国际物流服务解决方案，覆盖海运、空运、铁运、多式联运、拖车、报关、保险、海外仓、目的港等全链路环节。截至2023年，公司已在全球设立24家分公司，覆盖北美、拉美、东南亚、中东等地区，与中远集运、马士基航运、地中海航运等100多家头部船公司及航空公司达成合作，集聚3 500余家各类国际物流供应商资源，专业客服履约团队超过300人，构建从中国至全球、全球至全球的海运、空运网络，并推出集运头等舱、拼箱头等舱、空运头等舱等一系列创新产品，实现在线报价、在线下单、在线物流追踪等功能，让跨境供应链物流更加高效、智能。

1. 一站式服务解决行业痛点

"运去哪"平台围绕港前综合服务、跨境运输服务、目的港服务三大业务板块，构建全方位服务体系。

纵观平台整体框架，服务内容涵盖海运整箱、海运拼箱、空运、跨境电商物流、拖车、报关、仓库内装、货运保险和目的港服务，实现国际物流各环节全覆盖。港前综合服务模块，平台协助货主完成订舱、货品报关、堆场存放、拖车进港等，实现信息化智能出入库，防范货物丢失、遗漏风险。国际物流服务模块：提供包括海运整箱、海运拼箱、空运、跨境电商物流、海铁联运等服务产品，航线产品已覆盖五大洲、全球主要货运机场、中欧班列、欧洲地区中欧卡航服务。目的港服务模块："运去哪"已在美国、墨西哥等国建立分支机构，提供更完善的本地化服务，如为拉美跨境电商卖家免费提供墨西哥强制性安全标志认证、武装押运等增值服务。

横览平台业务布局，"运去哪"着力打造国际物流的优质服务体系，客户可以自主选择搭配服务内容，满足差异化业务需求，同时采用SaaS（软件运营服务）模式，在传统业务中植入信息化手段，线上管家全程跟单，提升客户企业内部运作效率。一方面，"运去哪"平台丰富舱位产品，在海运整箱、拼箱等传统优势领域，持续挖掘资源，推出特色化的海运头等舱、空运头等舱产品，并直联船司，使订舱信息直达船公司，节省出舱预配时间，避免甩柜风险。另一方面，坚持贯通物流全流程服务链条，拓展国内段拖车、报关、仓库内装的供应商资源库，并着力布局海外仓建设，响应客户到港后尾程段的仓储物流服务需求。更重要的是，平台坚持业务数字化，支持业务无纸化操作，线上配备专业物流管家，客户在线可查看每一票服务的履约流程，大大提升客户人效。

2. 技术创新推动传统物流数字化转型

着眼于把"江浙沪"包邮变成"亚非欧"包邮。近年来，"运去哪"培育了一支专攻国际物流领域的产品技术团队。针对货代行业履约流程协同问题，平台通过搭建物流智能工作台，集订单、对账单、发票、地址管理于一体，形成链条化的货代操作办公自动化流程，每个节点自主分配管理员，协同销售、单证、操作、客服等角色。针对外部客户物流信息不通的数据孤岛问题，团队钻研多年机器学习、神经网络算法，研发了船期查询、箱货查询、可视化追踪、船计划预测、单证识别等面向外部的实用工具，客户可一键获取各类物流信息，全票货信息流畅通透明。

"运去哪"已获得40多项软件著作权件、2项专利，现阶段自研系统可提供在线下单、订舱、履约、跟踪等全流程功能,实现一票业务线上化,平台注册用户突破10万家。面对快速增长的服务体量,"运去哪"不断完善官网、移动端App、服务热线等全方位在线服务通道,为客户提供多渠道的对接便利。

3. 国际物流服务解决方案助力中国品牌出海

截至2023年,"运去哪"平台的合作付费用户已突破1.7万家,覆盖纺织服饰、箱包皮具、机械设备、日用百货、家具建材、化工能源等多个行业领域,平台已与中建材、江苏阳光、住友商事、上海枫晴化工、九号机器人、台积电、复兴药业等外贸企业实现了稳定合作,助力中国品牌出海。

如"运去哪"平台帮助九号机器人(主营平衡车、代步车等品类)针对电动车报关流程严、海外端仓储费用高等难点,按货量、运输周期、目的港等因素与客户多次商讨并设计了周期性出货方案,第一时间拆解客户诉求,制订出货计划,航管第一时间分配舱位资源,履约端跟进按货逐一报关进港,海运过程中始终监控船舶位置,对可能的延期做及时预警,保证了第一批次货物如期交付,实现了企业海外首次营销顺利落地。

未来,"运去哪"将坚持横向、纵向并行的服务网络搭建,基于线下分支机构、海内外供应商等,完善服务覆盖范围,不断延伸业务触达能力,在传统海运订舱、空运、拖车的基础上,重点拓展海外仓配能力,在原先业务"港到港"或"门到港"的基础上,推动供应链服务能力向"门到门"的延伸。同时,平台将继续坚持"在线化—数据化—智能化"的技术发展路径,通过对数据应用的不断探索,提高人工业务协同效率,赋能业务稳定发展。

资料来源:上海市商务委员会. 生产性互联网服务平台案例 | 运去哪:推动跨境供应链更高效、更智能[EB/OL]. (2024-03-21) [2024-12-22]. https://sww.sh.gov.cn/swdt/20240322/2fe62c13d9e343089fc8b9ff35dc1e38.html.

案例思考题

1. 根据本章节的开篇导语,案例中的"运去哪"属于哪些类型的供应链服务平台?
2. "运去哪"平台产生的现实需求是什么?
3. "运去哪"平台的运营模式是什么?
4. 根据目前的信息和介绍,"运去哪"平台的建设方法可能属于哪种类型?

即测即练

自学自测

扫描此码

第6章

商业模式创新与发展

- 理解商业模式的基本概念
- 了解商业模式与盈利模式的区别和联系
- 了解商业模式的构建原则和设计方法
- 认识商业模式创新与转型的重要维度
- 了解商业模式创新发展的重要趋势

引导案例

实体零售的增量思维，京东 MALL 创新商业模式

中国家用电器协会数据显示，2022 年，全国家电行业主营业务收入为 1.75 万亿元，同比增长 1.1%；实现利润总额 1 418 亿元，同比增长 19.9%。家电业正由"以新增需求为主"的增量市场步入"以更新换代为主"的存量市场。

想要从存量市场中寻找增量，京东 MALL 的布局或许成为关键环节。从总的表现形式来看，京东 MALL 不仅发挥一体化供应链优势，还展示了家电市场趋势，一度被切割开来的硬装、软装、购置家电和家居等环节被统一包揽下来。一方面帮助品牌实现低库存运作，解决"坪效"难题；另一方面深化服务和场景，填补线上购物在精神、情感消费方面的空缺。

据有关资料，作为京东在线下的新潮产品展示中心、用户体验互动中心、城市级服务中心，京东 MALL 依托京东高效的数智化社会供应链，以及自身的物流、系统研发和品牌优势，积极布局线下市场，不断拓展实体店规模，打造家电家居全场景融合的零售新业态，将线上京东的优势延展到线下的多场景消费体验，形成线上线下一体化的完整闭环，为消费者打造一个集前沿科技体验、智慧生活产品、一站式品质生活解决方案的潮玩嗨购新去处。

多年来，京东集团持续推进"链网融合"，实现了货网、仓网、云网的"三网通"，不仅保障自身供应链稳定可靠，也带动产业链上下游合作伙伴数字化转型和降本增效。

京东 MALL 正是通过线上线下全渠道一体化的新模式，打造人、货、场的数字化闭环，以丰富的业态和沉浸式的体验，融合家电家居全品类，覆盖不同场景与价位的高质价比产品，让线下消费者也能享受与京东主站同品、同价、同服务的家电家居商品。

2023 年以来，京东围绕"家场景"频繁在线下实体做文章，在解决售后、安装、物流等家电服务沉疴难题的同时，助力品牌商家的全渠道增长。其中，京东选择长沙为中心，可加快湖南省及长江中游重点城市的战略布局，通过京东 MALL、城市旗舰店、家电专卖店等不同业态，可实现从一线省会城市到二至四线城市，再到县乡镇的线下门店全覆盖，构建新的家电家居消费生态。

资料来源：长沙市商务局. 实体零售的增量思维，京东 MALL 创新商业模式[EB/OL]. (2024-01-17)[2024-11-27]. http://swt.changsha.gov.cn/zfxxgk/zxzx_35631/WXZX/202401/t20240118_11350693. html. （有删改）

6.1 商业模式与盈利模式

6.1.1 商业模式的定义和内涵

商业模式可以理解为企业在商业活动中为实现特定目标而设计的商业逻辑和运营方式，它涵盖了企业如何创造价值、传递价值以及获取价值的一系列要素和关系。具体而言，商业模式可以定义为企业为实现利益相关者价值最大化，整合内外部生产要素，搭建业务体系，推动建立合作伙伴关系，从而形成的具有独特核心竞争力的运营系统。这个系统通过最优实现形式满足客户需求，进而实现企业长期可持续盈利的目标（高闯和关鑫，2006）。

从商业模式的内涵视角来看（朱明洋等，2021），一个成功的商业模式需要具备独特性和创新性、充分利用企业资源和能力、充分考虑环境因素、实现长期可持续发展等特点（汤新慧等，2023）。因此，商业模式具有以下几个特征和重要维度。

（1）要素整合。商业模式是商业活动中各个要素的有机整合，包括组织形式、战略、资源分配、价值主张、渠道选择等。这些要素相互影响、相互作用，共同构成了商业模式的整体。

（2）独特性和创新性。一个成功的商业模式必须能够充分利用企业所拥有的资源和能力，创造出独特的价值，满足特定市场的需求。这种独特性和创新性是商业模式的核心，也是企业在竞争激烈的市场中脱颖而出的关键。

（3）资源与能力结合。商业模式的设计需要充分考虑企业资源的配置效率，通过有效的资源配置，挖掘和释放企业内在的潜力，形成竞争优势。企业资源包括有形的物质资源和无形的知识、技术、管理等因素，能力则涵盖了生产、研发、营销、人力资源等各方面的技能和经验。

（4）环境因素考虑。企业的经营活动是嵌入在社会大环境中的，受到政策法规、经济环境、社会文化等多种因素的影响。因此，商业模式的设计需要充分考虑环境因素的变化，以及企业与环境之间的互动关系，灵活调整和适应环境的变化。

（5）长期可持续发展。商业模式的创新和发展必须以实现企业的长期可持续发展为目标。这不仅需要关注短期的财务指标，更需要关注企业的长期发展目标，如品牌建设、人才培养、社会责任等。同时，商业模式的创新和发展还需要考虑到企业的社会效益和环境效益，实现经济效益和社会效益的双重提升。

（6）价值创造与传递。商业模式的核心在于创造价值并有效传递，因此具有很强的价值导向。企业需要通过产品或服务满足客户需求，提供独特的价值主张，并通过合适的渠道和方式将价值传递给客户。同时，企业还需要配合有效的盈利模式，确保能够持续获取价值。

6.1.2　盈利模式的定义和内涵

盈利模式可以理解为企业在经营活动中通过运用不同的商业模式和策略，实现利润增长和持续盈利的方法和途径。具体而言，盈利模式可以定义为企业在给定业务系统中，通过整合内外部资源，形成的一种独特的商务结构。该结构决定了企业的收入来源、成本结构以及相应的目标利润。它是企业实现价值创造和利润获取的关键所在（王彩菊，2024）。作为参考，在案例 6-1 中展示了公益众筹平台的盈利模式。

案例6-1

拼多多的盈利模式

拼多多，这家以"拼团购物"为特色的电商平台，近年来在中国电商市场崭露头角，其独特的盈利模式也引起了业界的广泛关注。那么，拼多多究竟是如何盈利的呢？

首先，社交电商模式是拼多多盈利的核心。通过社交化的方式，拼多多通过消费者自发形成团购、分享等形式，实现商品的快速传播和销售。这种模式不仅降低了营销成本，还提高了用户黏性，为平台带来了大量的流量和订单。在社交电商的驱动下，拼多多能够更精准地把握用户需求，提高销售转化率，进而实现盈利。

其次，低价策略是拼多多吸引用户的重要手段。通过与厂商、供应商建立紧密合作关系，拼多多能够以更低的价格获取商品，从而为消费者提供更具竞争力的价格。这种低价策略不仅吸引了大量对价格敏感的消费者，还提高了平台的竞争力。同时，低价策略也促使商家在平台上积极销售商品，为拼多多带来更多的销售额和佣金收入。

再次，佣金模式也是拼多多盈利的重要途径。商家在拼多多平台上销售商品时，需要向平台支付一定比例的佣金。这部分佣金是拼多多的重要收入来源之一。由于拼多多的用户基数庞大，商家愿意在平台上销售商品以获取更多的曝光和销售机会，从而带动了佣金收入的增长。

最后，广告收入是拼多多盈利的重要来源。拼多多为商家提供广告投放服务，通过在平台展示商家的广告信息，获得广告收入。这种广告收入不仅为拼多多带来了额外的收益，还提高了平台的商业价值。

综上所述，拼多多通过社交电商模式、低价策略、佣金模式和广告收入等多种方式实现了盈利。这些盈利模式相互交织、相互促进，共同推动了拼多多的快速发展。

资料来源：拼多多怎么盈利[EB/OL]. (2024-07-16) [2025-03-09]. https://g.pconline.com.cn/x/1770/17702938.html.（有删改）

从盈利模式的内涵视角来看（刘国华和陈云勇，2022），盈利模式涵盖了企业的收入来源、成本结构、市场定位、核心竞争力等多个方面，并强调灵活性和适应性以及利益相关者关系的重要性。因此，盈利模式具有以下几个特征和重要维度。

（1）收入来源。盈利模式首要关注的是企业的收入来源，这包括企业销售产品或提供服务所获得的直接收入，以及通过其他方式（如广告、增值服务、平台佣金等）获得的间接收入。收入来源的多样性和稳定性是企业盈利模式的重要组成部分。

（2）成本结构。盈利模式还涉及企业的成本结构，这包括固定成本和变动成本，以及企业在运营过程中需要投入的各种资源（如人力、物力、财力等）。通过优化成本结构，企业可以降低运营成本，提高盈利能力。

（3）市场定位。盈利模式需要明确企业的市场定位，这包括目标客户群体的选择、市场需求的满足方式以及企业在市场中的竞争策略。准确的市场定位有助于企业更好地满足客户需求，提高市场份额和盈利能力。

（4）核心竞争力。盈利模式的核心在于企业的核心竞争力，这包括企业的技术创新能力、品牌影响力、渠道控制能力等方面。通过不断提升核心竞争力，企业可以在市场中保持领先地位，实现持续盈利，特别是在数字经济快速发展的当下，平台化成为企业提高核心竞争力的重要途径。

（5）灵活性和适应性。随着市场环境和技术进步的不断变化，盈利模式需要具备一定的灵活性和适应性。企业需要根据市场变化及时调整盈利模式，以适应新的市场需求和技术趋势。

（6）利益相关者关系。盈利模式还涉及企业与其利益相关者之间的关系，这包括供应商、客户、合作伙伴、员工等，企业需要与这些利益相关者建立良好的关系，共同推动企业的盈利和发展。

6.1.3 商业模式与盈利模式的区别和联系

商业模式与盈利模式在商业领域中都是至关重要的概念，它们之间既有区别又有联系（王波，2022）。

从区别来看，商业模式与盈利模式在侧重点、内容范围、目的作用等方面有着明显差异。首先，在侧重点方面，商业模式的重点是把企业运营的内外各要素整合起来，形成一个完整、高效、竞争力强的运行系统，构建满足用户需求、达成持续盈利、力争实现各方价值的整体解决方案，它强调的是怎样切入市场，怎样创造价值，涵盖了价值模

式、产品模式、关系模式、渠道模式、沟通模式、客户模式等多个方面；盈利模式的重
点是企业在经营活动中通过运用不同的商业模式和策略来实现利润增长和持续盈利，它
更强调企业如何从其产品或服务中获得利润，包括成本模式、收入模式、壁垒模式等核
心要素。其次，在内容范围方面，商业模式的内容更为广泛，它包含了企业运营的整体
框架和策略，是企业盈利的基础和前提；盈利模式则相对具体，它关注的是如何通过特
定的方式或途径实现盈利，是商业模式中关于盈利部分的具体体现。最后，在目的作用
方面，商业模式的目的是确保企业能够在市场上成功地运营和赚取利润，通过整合资源、
创造价值、满足需求等方式实现企业的长期发展目标；盈利模式的目的是确保企业的收
入大于其成本，实现盈利增长和持续盈利，它直接影响企业的利润来源和结构，是企业
实现盈利目标的重要手段。商业模式和盈利模式的区别如表 6-1 所示。

表 6-1　商业模式和盈利模式的区别

区　　别	商 业 模 式	盈 利 模 式
侧重点	整合企业运营的内外各要素，形成一个完整、高效、竞争力强的运行系统，构建满足用户需求、达成持续盈利、力争实现各方价值的整体解决方案；涵盖了价值模式、产品模式、关系模式、渠道模式、沟通模式、客户模式等多个方面	企业在经营活动中通过运用不同的商业模式和策略来实现利润增长和持续盈利。它更强调描述企业如何从其产品或服务中获得利润，包括成本模式、收入模式、壁垒模式等
内容范围	内容广泛，它包含了企业运营的整体框架和策略，是企业盈利的基础和前提	相对具体，它关注的是如何通过特定的方式或途径实现盈利，是商业模式中关于盈利部分的具体体现
目的作用	确保企业能够在市场上成功地运营和赚取利润，通过整合资源、创造价值、满足需求等方式实现企业的长期发展目标	确保企业的收入大于其成本，实现盈利增长和持续盈利，它直接影响企业的利润来源和结构，是企业实现盈利目标的重要手段

从联系来看，商业模式与盈利模式相互依存、相互影响、相互配合。首先，商业模
式和盈利模式是相互依存的。商业模式为企业提供了整体的运营框架和策略，而盈利模
式则是这一框架下的具体实现方式；没有商业模式作为基础和前提，盈利模式就无从谈
起，而没有盈利模式作为支撑和实现手段，商业模式也无法真正落地并产生效益。其次，
商业模式和盈利模式之间存在相互影响的关系。商业模式的创新和变革可能会带动盈利
模式的调整和优化；同样地，盈利模式的改进和提升也可能会推动商业模式的进一步完
善和发展。最后，无论是商业模式还是盈利模式，它们都是为了实现企业的盈利和可持
续发展，两者是相互配合的。商业模式通过整合资源、创造价值、满足需求等方式为企
业的盈利提供了可能性和基础，而盈利模式则通过具体的实现方式将这一可能性转化为
现实，确保企业能够实现盈利增长和持续盈利。

6.2　商业模式构建的核心原则

商业模式构建的核心原则主要包括立足市场原则、价值导向原则（孟昭君，2024）、

持续创新原则、风险可控原则。

6.2.1 立足市场原则

商业模式构建的立足市场原则主要围绕市场需求导向以及竞争环境分析展开，确保所构建的商业模式能够迎合市场需要，满足客户需求，并在竞争中脱颖而出。

在市场需求导向方面，深入理解市场，通过市场调研和分析，了解消费者的需求和偏好，以及市场的整体趋势和发展方向，确保商业模式能够最大程度地满足客户需求，提供具有竞争力的产品和服务。同时，根据市场反馈和变化，灵活调整商业模式，以适应市场的不断变化。

在竞争环境分析方面，识别竞争对手，明确主要的竞争对手及其优势和劣势，开展差异化竞争，通过产品、服务、营销等方面的差异化，形成独特的竞争优势（搜狐，2024）。与此同时，在竞争中寻求合作机会，与供应商、分销商、合作伙伴等建立良好的合作关系，形成共赢的局面。

6.2.2 价值导向原则

商业模式构建的价值导向原则强调价值创造、价值传递、价值获取和价值提升四个方面，为企业带来持续、稳定的价值增长。

在价值创造方面，创造真实的、有竞争力的价值，而非仅仅是逻辑上的价值。这要求企业从生态系统的角度审视价值创造，确保所创造的价值能够真正满足客户的需求和期望（陈丽娇，2023）。

在价值传递方面，注重客户体验，通过提升产品或服务的质量、便捷性、个性化等方面，增强客户对价值的感知和认同，与此同时，明确价值传递的连接点，优化价值传递的体系，确保价值能够高效、准确地传递给目标客户。

在价值获取方面，设计合理的盈利模式，综合考虑直接销售、订阅服务、广告收入、交易佣金等多种方式，确保企业能够持续、稳定地获取价值。与此同时，在价值获取的过程中，注重成本控制，通过优化生产运作流程、降低各项成本等方式，提高盈利能力和市场竞争力。

在价值提升方面，加强品牌建设，提升品牌知名度和美誉度，从而增加产品或服务的附加值。与此同时，重视客户关系管理，建立和维护良好的客户关系，通过提供优质的客户服务、建立客户忠诚度计划等方式，提高客户黏性和复购率。

6.2.3 持续创新原则

商业模式构建的持续创新原则是企业在设计和优化商业模式时不可或缺的重要指导方针。这一原则强调企业做好技术引领、模式创新和持续迭代，不断寻求新的思路、方法和手段，以适应市场变化，并保持竞争优势。以下是对商业模式构建持续创新原则的详细阐述。

在技术引领方面，明确技术创新是商业模式创新的重要驱动力，关注行业前沿技术动态，积极引进和应用新技术，推动产品和服务的升级换代。同时，加大研发投入，建立技术创新体系，培养创新型人才，推动技术成果的转化和应用。

在模式创新方面，在商业模式上不断进行大胆尝试和探索，寻找新的盈利模式和增长点。通过跨界合作、平台化运营、定制化服务等方式，打造独特的商业模式，提升市场竞争力。

在持续迭代方面，认识到创新是一个不断试错和迭代的过程。保持敏锐的市场洞察力，及时对创新成果进行评估和调整，确保创新方向的正确性和有效性。同时，建立快速响应机制，对市场和客户需求的变化迅速做出反应，加强内部沟通和协作，推动创新成果的快速落地和迭代升级。

6.2.4　风险可控原则

商业模式构建的风险可控原则是企业在进行商业模式设计和实施时，必须充分考虑并有效控制可能面临的各种风险，做好全面风险识别、风险管理策略、风险预警机制、法律合规验证，以确保企业的稳定运营和持续发展（董华，2022）。

在全面风险识别方面，应通过系统性的风险评估和识别机制，全面了解和掌握包括内部风险和外部风险等可能面临的各种风险。内部风险包括组织结构不合理、管理层能力不足、内部流程不畅等因素所带来的风险；外部风险涵盖宏观经济环境变化、竞争对手威胁、技术进步、市场需求变化、政策法律变动等因素引发的风险。

在风险管理策略方面，应对识别出的风险进行定性和定量分析，评估其发生的可能性和潜在影响。根据风险评估结果，制定相应的风险管理策略。例如，对于内部风险，可以通过改善内部流程和加强员工培训来降低风险；对于外部风险，可以采取市场调研、竞争对手分析、多元化经营、创新商业模式等手段来制定应对策略。

在风险预警机制方面，应建立一套有效的风险预警机制，利用市场数据、竞争对手动向等信息，结合企业内部数据，通过实时监测和识别风险信号，及时发现并预警潜在风险。

在法律合规验证方面，应建立健全的内部控制制度和合规管理体系，确保企业遵守相关法律法规和行业标准，降低合规风险。与此同时，在数字时代，信息安全已成为企业面临的重要风险之一。企业应采取必要措施保护客户和企业的信息安全，防止信息泄露和网络安全事件对企业造成不利影响。

6.3　商业模式的竞争战略和策略

6.3.1　典型的竞争战略和策略

竞争战略和策略是企业在市场中获取竞争优势的手段。比较典型的竞争战略为美国哈佛商学院著名的战略管理学家迈克尔·波特（Micheal E. Porter）提出的基本竞争战略，包括成本领先战略、差异化战略和集中化战略。一般而言，成本领先战略主要适用于价格敏感市场，企业依赖规模经济和成本控制；差异化战略适用于多样化需求市场，企业依赖创新、品牌和质量；集中化战略适用于特定细分市场，企业通过专注特定需求来获取优势。这些策略可以帮助企业在激烈的市场竞争中占据有利位置。下面是对这三种典型战略的定义、适用条件和典型案例的详细解析。

1. 成本领先战略（cost leadership strategy）

商业模式的成本领先战略是指企业通过提高生产效率、优化资源配置、降低运营成本等手段，在市场中以较低的价格提供产品或服务，从而获取竞争优势（郑春红，2024）。该战略的适用条件包括：市场对价格高度敏感，消费者倾向于选择价格较低的产品或服务；企业具备大规模生产的能力，并能够通过规模经济降低成本；企业可以通过技术创新、供应链管理等手段有效控制成本。宜家便是使用成本领先战略的经典案例，其他的典型案例如沃尔玛和麦当劳。①沃尔玛（Walmart）：作为全球最大的零售商之一，沃尔玛通过优化供应链、集中采购和大规模分销等方式，确保其商品价格低于竞争对手，成功实现了成本领先。②麦当劳（McDonald's）：麦当劳通过标准化的生产流程、大规模的供应链和高效的运营管理，在全球范围内提供价格低廉且质量稳定的快餐。

2. 差异化战略（differentiation strategy）

商业模式的差异化战略是指企业通过重视产品服务创新和需求创造，为消费者提供独特的产品或服务，创造品牌价值，从而使消费者愿意为这些差异支付更高的价格（邓浩宇等，2024）。该战略的适用条件包括：市场上存在多样化的需求，消费者愿意为独特的产品特性、品质、品牌形象等支付溢价；企业拥有强大的研发能力或品牌营销能力，可以持续推出与众不同的产品或服务；行业内竞争较激烈，企业需要通过差异化来脱颖而出。我们

拓展阅读 6.1　星巴克又加快了饮品创新的步伐

可以从苹果、星巴克的差异化战略的典型案例中看到其在实践中的具体表现形式：①苹果（Apple）：苹果通过创新设计、优质材料和强大的品牌营销，将其产品与竞争对手区分开来，尽管价格较高，但依然拥有庞大的忠实客户群体。②星巴克（Starbucks）：星巴克不仅提供优质的咖啡，还通过营造独特的消费体验和品牌文化，实现了差异化，使其产品相比普通咖啡店更具吸引力。

3. 集中化战略（focus strategy）

商业模式的集中化战略是指企业专注于某一特定的细分市场，通过满足该市场的特殊需求来获取竞争优势。集中化战略可以分为成本集中化和差异化集中化。该战略的适用条件包括：市场存在明确的细分群体，这些群体的需求未被充分满足或竞争较少（邓浩宇等，2024）；企业资源有限，无法在整个市场上展开竞争，但可以集中资源在特定细分市场上建立优势；该细分市场具有足够的规模和盈利潜力，能够支撑企业的长期发展。

例如，MIHOO小迷糊采用集中化战略迅速在市场中站稳了脚跟。其他典型案例如保时捷和宜家等。①保时捷（Porsche）：保时捷专注于高端跑车市场，通过提供高性能、豪华的汽车，成功确立了在这一细分市场的领导地位。②宜家（IKEA）：宜家通过聚焦年轻、中产消费者群体，提供价格合理、设计独特的家居产品，满足了特定消费群体的需求，成为全球知名的家居品牌。

6.3.2 新型的竞争战略和策略

随着科技的发展和市场环境的变化，传统的商业模式竞争战略已经不能完全满足现代企业的需求，新型竞争战略和策略如信息化、平台化、生态化、共享经济战略正在成为企业获取竞争优势的重要手段。其中，信息化战略适用于需要快速响应市场变化、优化运营效率的企业，依赖于先进的技术应用和数据分析；平台化战略适用于拥有多边市场需求、能够通过网络效应扩大影响力的企业；生态化战略适用于需要整合多方资源、实现协同发展的企业，依赖于强大的平台能力和品牌影响力；共享经济战略适用于希望通过资源共享模式提高资源利用率并满足多样化需求的企业。这些新型竞争战略能够帮助企业在数字化和互联网时代更灵活地应对市场挑战，获取持续的竞争优势。以下是对各类新型竞争战略的定义、适用条件和典型案例的详细分析。

1. 信息化战略（information strategy）

商业模式的信息化战略是指企业通过广泛应用信息技术（如大数据、人工智能、云计算、物联网等）来优化业务流程、提升运营效率、增强客户体验，从而获取竞争优势。该战略的适用条件包括：行业内竞争激烈，数字化转型成为必然趋势（刘超和华璐月，2022）；企业拥有充足的技术资源或能够获取外部技术支持，以推动信息化进程；客户需求日益个性化和多样化，信息化手段可以帮助企业更好地理解和满足客户需求；市场环境变化迅速，企业需要通过快速的信息反馈和数据分析来做出实时决策。典型案例如亚马逊和阿里巴巴。①亚马逊（Amazon）：亚马逊通过广泛应用大数据和人工智能技术，优化了供应链管理、物流配送和个性化推荐系统，大幅提升了运营效率和客户体验，使其在全球电商市场中占据领先地位。②阿里巴巴（Alibaba）：阿里巴巴通过其大数据平台和云计算技术，打造了涵盖电商、金融、物流等多个领域的信息业务系统，使其能够提高运营效率，快速响应市场变化，并为客户提供一站式服务。

2. 平台化战略（platform strategy）

商业模式的平台化战略是指企业通过构建一个开放的技术或业务平台，吸引第三方开发者、供应商或用户在平台上进行互动，从而形成一个多边市场，实现规模经济和网络效应的最大化（高清霞，2019）。该战略的适用条件包括：市场中存在多个独立的供需方，企业通过平台可以将其连接起来，创造价值；企业具备技术能力或市场地位，能够吸引足够多的供需方加入平台；网络效应强烈，平台的价值随着用户数量的增加而成倍增长；行业处于数字化转型期，平台模式可以大幅提升资源配置效率。典型案例如下。

①优步（Uber）：作为一个出行平台，优步通过连接司机和乘客，打破了传统的出租车市场模式，实现了高效的供需匹配，并通过动态定价和用户评价系统提升了整体服务质量。②爱彼迎（Airbnb）：爱彼迎通过构建一个连接房东和租客的共享住宿平台，改变了传统酒店行业的格局，形成了一个全球性的住宿市场，并借助平台的网络效应不断扩大用户群体。

3. 生态化战略（ecosystem strategy）

商业模式的生态化战略是指企业通过构建或加入一个由多个相互关联的企业和合作伙伴组成的生态系统，共享资源和能力，以共同满足客户需求，实现互利共赢的竞争优势（郭登兵，2024）。该竞争战略的适用条件包括：市场呈现出高度互联的特点，单一企业难以独立满足客户的全部需求；企业希望通过与合作伙伴协同，增强整体竞争力，扩大市场份额；行业发展迅速，技术和需求变化较快，企业通过生态系统合作可以更灵活地应对市场变化；企业具备吸引合作伙伴的核心能力或资源，如技术平台、品牌影响力和客户基础。典型案例如下。①苹果（Apple）：苹果通过其 App Store 和 iOS 生态系统，吸引了全球众多开发者和合作伙伴，共同为用户提供丰富的应用和服务，增强了用户的忠诚度和品牌价值。②腾讯（Tencent）：腾讯通过微信生态系统，打造了一个涵盖社交、支付、娱乐、生活服务等多个领域的数字化平台；微信小程序、微信支付等功能不仅增强了用户黏性，还吸引了大量企业加入这一生态系统，推动了整个产业链的发展。

4. 共享经济战略（sharing economy strategy）

商业模式的共享经济战略是指企业通过构建一个资源共享平台，将闲置资源（如车辆、房屋、技能等）提供给有需求的用户，从而实现资源的高效利用和社会效益的最大化（刘骁和冯誉耀，2024）。该战略的适用条件包括：市场中存在大量的闲置资源，而这些资源的拥有者和需求者之间的连接成本较高；企业具备将供需双方有效连接起来的技术或平台能力；消费者趋向于共享使用资源，而不是拥有资源，以实现成本节约或体验多样化；行业内存在社会或环境压力，共享经济模式可以提供可持续的解决方案。典型案例如下。①滴滴出行（DiDi）：作为中国领先的出行平台，滴滴通过整合闲置车辆资源，提供了高效的出行服务，并在此基础上推出了共享汽车、顺风车等多种共享经济模式。②众创空间（WeWork）：WeWork 通过共享办公空间的模式，满足了自由职业者、中小企业和大型企业灵活办公的需求，最大化了办公资源的利用率，并在全球范围内推广这一创新模式。

6.4 商业模式的类型与设计方法

在多样化的市场中，各种商业模式不断演化以适应消费者需求的变化和技术进步。本节将探讨几种与平台相关的典型商业模式及其设计方法，揭示每种模式的核心特征和关键服务。

6.4.1 平台模式

1. 平台模式概述

平台模式通过技术平台将不同市场参与者（如买家和卖家）连接起来，以实现高效的交易与合作（吴群等，2023）。随着互联网技术的迅猛发展，平台模式得到了广泛应用，使用户能够在同一平台上进行信息交换和交易。这一模式的核心在于技术平台的搭建和网络效应的形成，其中技术平台为用户提供了安全、稳定的交互环境，而网络效应则通过增加用户数量来提升平台的价值。例如，阿里巴巴和亚马逊等电子商务平台通过提供在线市场，帮助卖家和买家高效地进行交易，显著提升了交易效率。满帮集团是一家提供货运物流信息的互联网科技型企业，平台业务包括货源信息发布业务（车货匹配），货源经纪业务，增值业务（依托平台大数据，为司机和货主提供金融、支付、保险、ETC、新车等服务），同城业务，提供门到门、一站式的货运服务。在这些平台上，技术平台的搭建和网络效应的形成，使得它们能够汇聚大量用户，形成网络效应，吸引更多用户参与，增加交易机会。平台模式适用于需要将多个参与者汇集在一个共享环境中进行互动的业务场景，如电子商务平台、共享经济平台和社交媒体平台。在这些场景中，技术平台的搭建能够有效促进用户之间的交易与合作。

平台模式可以根据其主要服务对象和功能进行分类（Taylor，2018；Deshpande 和 Pendem，2023；Tan 和 Salo，2023），可分为以下三种模式。

（1）电子商务平台模式：电子商务平台连接消费者和商家，实现商品或服务的在线交易。这类平台整合了商品展示、订单管理、支付结算、物流配送等功能，为用户提供便捷的购物体验，同时帮助商家拓展市场覆盖范围。例如，亚马逊和阿里巴巴提供了广泛的商品选择，并通过技术平台支持全球范围内的交易。

（2）内容平台模式：内容平台是通过聚合、分发和生产内容来满足用户信息消费需求的在线平台。这类平台以内容为核心，通过算法推荐、社交互动和多样化的呈现方式，实现内容创作者与消费者之间的高效连接。内容平台通常覆盖文本、图片、视频、音频等多种形式，具有开放性强、传播范围广、用户互动性高的特点。例如，YouTube 和抖音通过视频内容吸引用户，并通过广告和其他增值服务盈利。

（3）按需服务平台模式：基于数字化技术和实时响应机制的商业模式，通过整合供需双方资源，提供精准、高效的即时服务。这类平台以需求为导向，依托移动应用、云计算和大数据分析，实现用户与服务提供者的快速匹配，满足用户在短时间内获取服务的需求。例如，滴滴出行、优步（Uber），通过实时调度司机满足用户即时出行需求。

2. 平台模式设计方法

1）平台模式的关键主体和功能

（1）平台运营者：负责平台的整体设计、技术开发和运营管理。运营者需要建立稳定、安全的技术架构，支持平台的高效运行，并通过市场营销和用户管理提升平台的吸引力和用户黏性。例如，阿里巴巴的技术团队致力于打造稳定的交易系统，同时运用大数据和人工智能技术为用户提供个性化的购物体验。

（2）用户：包括平台上的买家、卖家或服务提供者。用户通过平台进行交易或互动，平台的设计和功能，如易用性、支付便捷性和售后服务等，直接影响用户的体验和满意度。在拼多多和亚马逊等平台上，用户体验优化和服务质量提升是关键竞争力。

（3）第三方服务提供商：如支付网关、物流公司和数据分析服务商等，提供附加服务，支持平台功能的实现和用户需求的满足。例如，京东通过与物流公司合作，提供快速配送服务，极大提升了用户的购物体验。

2）平台模式形成的关键条件

（1）技术架构：构建一个可靠的技术平台，包括前端用户界面和后端系统架构。平台需要具备高可用性和可扩展性，支持大量用户的同时访问和操作。例如，亚马逊云服务的高可扩展性支持了全球范围内数以百万计的交易。

（2）用户管理：设计和实施用户注册、认证和反馈机制。通过有效的用户管理系统，确保用户安全和平台的正常运营。例如，支付宝的多重认证机制增强了用户的信任感。

（3）市场营销：制定和执行平台的市场推广策略，包括用户获取、品牌建设和促销活动。通过有效的市场营销提升平台的知名度和用户基数。在我国，拼多多通过社交裂变营销迅速扩大了用户群体。

（4）信任机制：建立用户评价、信用评级和争议解决机制，增强用户之间的信任和平台的公信力。这些机制能够提升用户的使用体验和平台的可靠性。例如，淘宝通过卖家评分和用户评价系统，有效地维持了买卖双方的信任关系。

6.4.2　电子商务平台模式

1. 电子商务平台模式概述

电子商务平台模式通过互联网平台实现商品和服务的交易。随着数字化技术的飞速发展，电子商务成为一种主流商业模式，涵盖了 B2B（企业对企业）、B2C（企业对消费者）、C2B（消费者对企业）和 C2C（消费者对消费者）等多个交易形式（刘洋，2024）。突破地域限制和全球销售与采购是电子商务平台模式的核心特征。例如，拼多多和淘宝等电子商务平台通过提供便利的在线购物，使消费者能够随时随地进行购物。拼多多的娱乐式购物交互设计，使拼多多不仅赢得了用户的忠诚度，也让购物变得更有趣、更有意义，如案例 6-2 所示。电子商务平台模式的优势在于能够突破地域限制，实现全球范围内的销售和采购，降低交易成本并提高交易效率。电子商务平台模式适用于能够通过互联网平台进行商品和服务交易的业务环境。例如，零售、批发和服务行业等。此模式能够扩展市场覆盖面，满足消费者的在线购物需求。

案例6-2

拼多多：有趣互动购物体验的"新电子商务"

拼多多隶属于上海寻梦信息技术有限公司，创立于 2015 年。拼多多将自身定位为一家致力于为最广大用户提供物有所值的商品和有趣互动购物体验的"新电子商务"平台，追求为消费者提供"极致性价比"的商品。其商业模式主要是通过用户主动发起的，和朋友、家人、邻居等熟人之间的拼团购物模式。在供给层面，拼多多的使命是通过创新的商业模式和技术应用，对现有商品流通环节进行重构，持续降低社会资源的损耗，为用户创造价值的同时，有效推动农业和制造业的发展。

拼多多开始受到业界关注是在2017年11月，那时候其日均订单量超过了京东。一个29.9元28包的抽纸，不到一年时间，拼多多平台卖出了168万件。在极大地满足了消费者"低价"需求的同时，拼多多获得了惊人的增长速度。在2017年底，拼多多的全年交易金额就达到了千亿元人民币。而达到这一成绩京东用了10年时间，唯品会用了8年，淘宝用了5年，拼多多只用了2年零3个月。拼多多2024年第一季度实现营收868.1亿元，同比增长130.66%；实现净利润280亿元，同比增长约246%；2024年8月，首次登陆《财富》世界500强排行榜，位列第442位；2025年2月发布的《2024胡润中国500强》中，拼多多以企业估值11 400亿元位列第6位。在竞争激烈的电商市场，拼多多开始成为一个快速崛起的业界"明星"。

拼多多自创立以来，基于分布式人工智能技术，创造了一种新电商模式。这个模式，具有普惠、以人为先和开放的特点。在农产品领域，拼多多创造了一个"天网"，以及与之相连的"地网"高效匹配供需；在工业品领域，基于这个模式，拼多多推出C2M（从消费者到生产者）的实践，为消费者提供更具性价比的定制化产品，推动大量中国品牌的诞生。

拼多多一直强调分布式人工智能，与集中式人工智能相比，分布式人工智能系统里的数据、知识、控制逻辑等信息都是分布存在的，系统中的节点和路径能并行求解，各个子系统不是孤立存在的，可以彼此协作，相互联系。分布式人工智能更有利于演化出下一代的互联网架构，有效实现社会沉淀更丰富数据资源的同时，让公共数据和私有数据的边界更加清晰。通过分布式人工智能，拼多多希望能更尊重消费者的个体权利，而又不影响对供需两端的高效智能匹配。

在需求端运营上，拼多多采用了"游戏＋社交分享＋低价＋爆款"策略，如图6-1所示。这种模式以消费者利益为导向，通过更低的价格，用拼团和游戏的方式来凝聚人

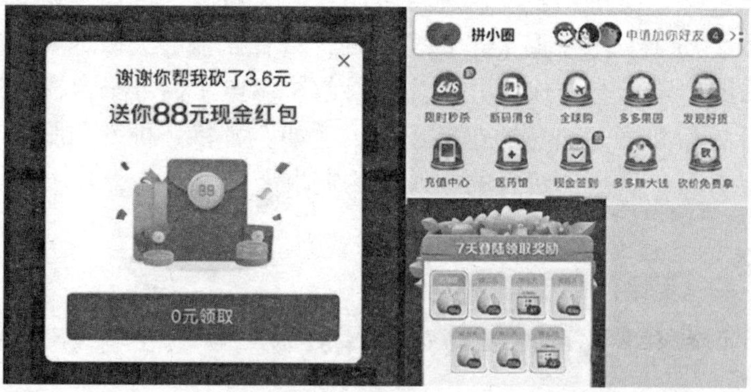

图6-1　拼多多"游戏＋社交分享＋低价＋爆款"策略示意图

气，使用户体会更多的实惠和购物乐趣，让"多实惠，多乐趣"成为消费主流。这种平台需求端的战略运营模式很大程度上降低了拼多多的获客成本，契合了三、四线及以下城市用户的需求。

具体而言，"游戏"是为了实现拼多多"多乐趣"的定位。在拼多多的平台上，推出了多款娱乐购物产品。平台上最火的一款游戏是多多果园，它是一款互动性的游戏，也是一款带有游戏机制的创新产品。它的模式是用户在里面浇水种树，开花结果。然后14天后会得到一盒真正的水果。除此之外，拼多多还通过这种玩游戏或者得红包的方式引导用户进行微信好友分享，而好友替朋友免单需要下载拼多多的App或打开微信小程序才能实现。这种社交分享策略使得拼多多的获客成本较传统电商大幅降低。实际上，相比起一、二线城市，三、四线城市更类似于一个"熟人社会"，熟人之间的社交分享行为也加快了拼多多的用户渗透率。"低价"是拼多多吸引用户的一个关键的策略。拼多多用户通过限时秒杀，搜索选出低价产品，然后通过拼单的方式才能获得这个价格。在拼多多上，单购的价格优势相比淘宝并不明显，而拼单价格会更低。低价所产生的效应往往是形成"爆款"。为吸引人气，实现极致性价比，拼多多还将大量用户流量倾斜到爆款产品的生产上。拼多多将这种减少的成本让利于消费者，实现"多实惠"的定位。

资料来源：芍香书室. 电商案例分享：拼多多（上）[EB/OL]. (2024-01-23) [2024-12-11]. http://www.360doc.com/content/24/0123/11/17780506_1111993258.shtml. （有改动）

2. 电子商务平台模式设计方法

1）电子商务平台模式的关键主体和功能

（1）电子商务平台运营者：负责平台的建设和维护，包括网站设计、技术开发和运营管理。运营者需确保平台的稳定性和安全性，并提供优质的用户体验。

（2）商家：在平台上展示和销售商品或服务。商家需通过平台的功能进行商品管理、订单处理和客户服务。

（3）消费者：通过平台购买商品或服务。消费者的购物体验、支付方式和配送服务等直接影响其满意度和复购率。

2）电子商务平台模式形成的关键条件

（1）平台建设：设计和开发电子商务平台，包括前端用户界面和后端数据库系统。平台需具备良好的用户体验和高效的交易处理能力。

（2）商品管理：建立商品展示、搜索和分类系统，支持商家进行商品上传、库存管理和价格设置。有效的商品管理系统能够提升销售效率和用户满意度。

（3）支付和物流：集成安全的支付系统和高效的物流解决方案，确保交易的顺利完成。支付系统需支持多种支付方式，而物流系统则需提供准确的配送服务。

（4）客户服务：提供在线客服和售后服务，处理客户咨询和投诉。优质的客户服务能够提升消费者的购物体验和平台的信誉度。

3）电子商务平台模式的主要经营策略

电子商务平台模式的经营企业可以选择多种经营模式，包括广告模式、零售模式、中介模式、服务模式等（李莉和张华，2024；冯中伟，2024）。

（1）广告模式：提供网页空间用于广告投放，以收取广告费。这种模式通过平台展示广告内容，吸引广告主支付费用。典型例子包括谷歌和百度的搜索引擎广告。

（2）零售模式：在网络上开设虚拟店面，直接向消费者销售商品。这种模式类似于传统零售，但通过互联网进行。京东和淘宝就是这种模式的典型代表。

（3）中介模式：撮合买卖双方完成交易，并从中收取佣金。这种模式通过连接买家和卖家，促成交易，并从中获得服务费用。阿里巴巴和 eBay 是这类模式的代表。

（4）服务模式：提供在线服务，如咨询、订阅或软件使用，并收取服务费。这种模式通过平台提供各种在线服务，如云计算、数据分析等。京东金融、AWS（亚马逊网络服务）和 Netflix 等都是服务模式的应用实例。

6.4.3 内容平台的订阅模式

1. 内容平台订阅模式概述

内容平台的订阅模式允许用户通过支付订阅费用获取平台上内容的访问权限（江玉庆等，2024）。这种模式在在线媒体、数字出版和流媒体服务领域得到了广泛应用。其核心特征在于内容的持续更新和稳定的订阅收入。例如，Netflix 和 Spotify 等平台通过提供高质量的视频和音乐内容，吸引用户订阅并维持用户黏性。Substack 通过简洁的创作工具和去中心化的互动平台，帮助创作者直接面对用户，实现内容的真正价值，成功突破了数字内容广告化的困境，年增长率超过 136%，并突破 200 万付费用户。通过扩大内容形式支持，包括文字、音频和视频，Substack 逐步发展为一个多元化的数字出版平台，成为创作者经济收入的重要组成部分。订阅模式的优势在于能够稳定获取收入并预测现金流，但也面临内容更新和用户增长的挑战。订阅模式适用于需要提供持续内容更新和访问的业务环境，例如数字媒体、在线教育和娱乐行业。此模式能够通过订阅收入实现收入的稳定性和长期增长。

拓展阅读 6.2 Substack 重塑去中心化内容创作平台实现 136%付费用户增长

2. 内容平台订阅模式的设计方法

1）内容平台订阅模式的关键主体和功能

（1）内容提供者：负责创作和维护内容，包括文章、视频、音乐等。内容的质量和更新频率直接影响用户的订阅意愿和平台的竞争力。

（2）平台运营者：负责平台的建设、内容管理和用户体验优化。运营者需确保平台的稳定性、支付系统的安全性以及内容的合法性。

（3）用户：通过订阅平台访问内容。用户的需求和反馈影响平台的内容策略和服务改进。

2）内容平台订阅模式形成的关键条件

内容平台的订阅模式在实施过程中需要注重内容策划、订阅管理、用户体验和营销策略方面，其对于客户使用平台的评价至关重要，是内容平台订阅模式的核心。

（1）内容策划：制定内容战略，包括内容的种类、更新频率和质量标准。确保内容能够满足用户需求并吸引潜在订阅者。

（2）订阅管理：设计和实施订阅计划，包括定价策略、用户注册和付费流程。提供灵活的订阅选项和便捷的支付方式，以吸引更多用户。

（3）用户体验：优化平台界面和功能，提升用户的访问体验。确保平台易于导航、内容加载迅速，并提供个性化推荐和订阅管理工具。

（4）营销策略：制定和执行市场推广活动，提升平台知名度和用户基数。通过促销活动、广告宣传和合作伙伴关系增加订阅者数量。

3）内容平台订阅模式的主要经营策略

内容平台的订阅模式主要包括以下几种经营模式（MsQ星球，2024）：

（1）广告支持模式：将订阅和广告结合。用户支付较低的订阅费用，或者免费使用平台，但需要观看广告。例如，Spotify提供免费但含广告的订阅选项，用户可以选择付费升级以去除广告。

（2）高级订阅模式：用户支付较高的订阅费用，以获得无广告的优质体验、独家内容或其他增值服务。此模式通常针对希望享受更好用户体验或获取特定内容的用户。例如，Netflix的高级订阅服务提供无广告播放和高清晰度的视频内容。

（3）层级订阅模式：提供多个订阅层级，每个层级具有不同的价格和服务内容。用户可以根据自身需求选择不同的层级。例如，Disney+在线流媒体平台提供标准和高级订阅选项，其中高级选项包括额外的内容和功能。

（4）按需订阅模式：用户只为所需的特定内容付费，而不是支付固定的订阅费用。这种模式适用于大型赛事或单次事件。用户可以选择观看特定的电影、剧集或赛事，按需付费。例如，一些体育流媒体服务提供按需订阅以观看特定比赛。

（5）捆绑订阅模式：通过将多个服务捆绑在一起提供订阅服务，增加用户的订阅价值。用户支付一个统一的订阅费用，获得多个平台或服务的访问权限。例如，Amazon Prime包含了视频流媒体服务、音乐流媒体服务和其他增值服务。

（6）增值服务模式：基本内容免费提供，用户可以通过支付额外费用解锁高级功能或内容。例如，很多在线学习平台提供免费课程，而通过收费的高级课程或证书服务盈利。

6.4.4 按需服务平台模式——付费软件的 SaaS

1. 付费软件的 SaaS 概述

按需服务平台将对等待时间敏感的客户与独立的服务提供者连接起来，当客户希望得到立即服务时，即可通过应用程序发布需求，平台则利用信息技术和智能算法，快速将供给和需求进行匹配，使消费者的需求得到即时满足（张玲等，2024）。按需服务平台通常依赖 SaaS（软件即服务，Software as a Service）技术作为其核心支持系统，通过互联网提供软件服务，用户无须购买和安装软件，只需通过订阅支付使用费用。灵活的订阅计划和实时的软件更新是 SaaS 模式的核心特征。例如，科大讯飞、Salesforce 和微软的 Office 365 等平台通过提供云端软件服务，简化了企业和个人的 IT 管理。如案例 6-3 所示，科大讯飞通过"软件+硬件+服务"的策略，成功将 SaaS 业务与自身语音技术优势相结合，推出了以讯飞听见为代表的高品质付费产品，并迅速验证了市场需求。目前，其智慧办公 SaaS 生态用户已超 2 亿人，借助硬件协同效应，形成了"1+1>2"的竞争格局，成为中国先进的按需服务平台。此外，在更多细分领域中，SaaS 模式有更多的应用企业，如协同办公领域的钉钉和企业微信，文档协作领域的 WPS、腾讯文档和有道云笔记，云视频会议领域的腾讯会议等。SaaS 模式的主要优势在于能够提供持续的软件更新和支持，降低用户的 IT 管理成本。SaaS 模式适用于需要提供软件服务和技术支持的业务环境，如企业管理软件、在线办公工具和客户关系管理系统。此模式能够通过订阅收入实现持续的收入流和技术升级。

2. 付费软件的 SaaS 模式设计方法

1）付费软件 SaaS 模式的关键主体和功能

（1）SaaS 提供商：负责软件的开发、维护和云端部署。提供商需确保软件的稳定性、安全性和高可用性，并不断进行技术更新和功能增强。

（2）用户：通过订阅方式使用软件服务。用户的需求和反馈对软件的功能改进和服务优化至关重要。

（3）服务支持团队：提供技术支持和客户服务，处理用户的技术问题和服务请求，确保用户能够顺利使用软件并解决遇到的问题。

2）付费软件 SaaS 模式形成的关键条件

（1）软件开发：设计和开发功能全面、易于使用的 SaaS 应用，确保软件功能符合用户需求，且具备高稳定性和安全性。

（2）订阅管理：制订和管理订阅计划，包括定价策略、用户注册和支付流程。提供灵活的订阅选项和增值服务，以满足不同用户的需求。

（3）技术支持：提供及时的技术支持和客户服务，解决用户在使用过程中遇到的问题，建立完善的支持体系，包括在线帮助文档、客服热线和技术支持团队。

（4）数据安全：确保用户数据的安全性和隐私保护。实施数据加密、访问控制和备份措施，防止数据泄露和丢失。

案例6-3

科大讯飞从 0 到 7 500 万，SaaS 的机遇与挑战

作为中国最早把语音技术商业化、积极研发人工智能的公司，科大讯飞也在 2015 年开始探索 SaaS 业务。其认为，SaaS 能够迅速验证技术和产品是否符合客户需求，哪种商业模式最适合公司的发展需求。靠着"软件+硬件+服务"的策略，科大讯飞的 SaaS

业务迅速发展。截至 2024 年 8 月，集成讯飞听见、讯飞同传、讯飞写作、讯飞会议等产品的智慧办公 SaaS 平台生态用户破 2 亿，覆盖用户突破 7 500 万，成为中国 SaaS 行业的重要玩家。

2015 年 5 月，讯飞听见转写网站正式上线。这是科大讯飞最早的 SaaS 产品，提供语音转写服务。同年 12 月 21 日，科大讯飞在国家会议中心对外发布正式版讯飞听见产品家族，这也是讯飞智慧办公 SaaS 平台的前身。受 Salesforce 等公司推动，2015 年的 SaaS 行业已经成熟。大多数公司推广新产品时会选择"免费增值"模式，让客户免费试用产品，或者免费提供部分功能，吸引客户付费。科大讯飞却选择了高难度模式：只有付费才能用产品。"我们对技术有信心，付费才能筛选出真正有需求的客户，为他们提供高品质服务。"科大讯飞的人士说，另外，科大讯飞投入大量资源研发技术，技术收费的模式，也有助于建立良好的业务发展模式，让产品迭代能够持续下去。科大讯飞的"冒险"举动得到了市场认可。讯飞听见转写网站上线半年，就获得 100 万用户。

科大讯飞的 SaaS 模式不只是凭借单独的软件对外提供服务，还有硬件的强力支撑，形成 1+1＞2 的格局。软件服务可以带动硬件业务，给硬件提供差异化竞争优势；反过来，硬件也能强化用户与软件服务的联系，也是销售软件服务的渠道。此后科大讯飞推出的翻译机、墨水屏办公本等硬件，都是将自己的各式服务由虚拟世界延伸至现实的手段。

资料来源：科大讯飞的 0 到 7 500 万，SaaS 的机遇与挑战[EB/OL]. (2024-8-26) [2024-10-27]. https://www.163.com/dy/article/JAHNML7E0531M1CO.html.（有删改）

6.5　商业模式的创新与平台化实践情况

6.5.1　基于市场驱动的创新与平台化实践情况

1. 以平台为核心的价值链重构模式

随着数字经济的快速发展，平台化成为企业重构价值链的关键方式之一。平台价值链重构模式以其独有的特征和深刻的内涵，在市场驱动的创新环境中展现出巨大潜力。S2B2C 平台是一种集 S 端供应链整合、B 端服务赋能和 C 端用户体验优化于一体的商业模式。它通过连接供应商（S）、商家（B）和消费者（C），实现资源的高效配置和服务的精准对接。通过数据与技术的深度融合，以平台为核心的价值链重构模式正在重新定义企业与市场的互动方式，同时也为未来的发展指明了方向。

拓展阅读 6.3　多方共赢：S2B2C 平台在汽车服务行业的价值链重构

1）以平台为核心的价值链重构模式的关键特征

平台价值链重构模式具有三个显著特征。

（1）数据驱动。平台通过整合生产、供应、销售等各环节的数据，形成实时的分析和决策机制。这种数据驱动的模式不仅提升了企业对市场需求的响应速度，还使得资源

配置更加精准，减少了浪费和冗余。企业能够通过数据分析洞察市场趋势，提前做出生产和库存决策，从而提高运营效率和服务水平。

（2）多向协作。传统的价值链通常是线性的，每个环节按顺序进行，而在平台模式下，价值链的各节点通过数字平台实现多向互动和协同作业。供应商、制造商、分销商和客户等不同主体通过平台实现无缝连接，信息得以实时共享。这种协同不仅提高了供应链的透明度，还增强了企业之间的合作能力，使整个价值链更加灵活和高效。

（3）资源共享与灵活配置。平台将资源集中化，使多个企业或个人能够共享供应链资源，包括物流、生产设施和市场渠道。通过平台的技术支持，企业能够根据市场需求动态调整资源配置，从而实现最优的生产和服务效率。特别是在应对市场变化时，平台化的结构让企业能够快速反应并适应变化。

2）以平台为核心的价值链重构模式的内涵

平台价值链重构的核心在于打破了传统企业与市场之间的界限。企业不再局限于自身的资源和能力，而是通过平台生态系统，整合外部资源，形成开放的、共享的商业环境。平台不仅是一个技术工具，更多的是一种商业模式的变革，它促使企业从"生产者"向"资源整合者"转变。企业在这一模式中，更多地承担起协调、连接和整合市场主体的角色，而不是单纯依赖传统的生产和销售方式。

此外，平台模式的内涵还体现在其对市场需求的灵活响应能力上。通过数字化手段，平台能够实时追踪市场变化，快速调整生产和供应链流程，满足个性化和多样化的客户需求。这一模式还推动了产业链上下游的深度合作，使得各个环节之间的依存关系更加紧密，从而增强了整个生态系统的竞争力。

3）以平台为核心的价值链重构模式的未来发展方向

未来，平台价值链重构模式的发展方向主要体现在三个方面。

（1）平台的智能化升级将成为未来趋势。随着人工智能和大数据技术的进一步成熟，平台能够更精准地分析市场趋势和消费者行为，提升预测的准确性，并推动全自动化的资源配置和生产过程。

（2）跨行业的整合将是平台发展的重要方向。未来的价值链平台不局限于某个行业，而是打破行业界限，实现跨领域的资源整合和协作。例如，制造业与服务业、零售与物流相结合，通过平台实现更高效的协同效应，提升整个供应链的竞争力。

（3）生态系统的进一步开放与共享将是价值链重构的关键。在平台模式下，企业的竞争优势不再是单纯的产品或服务，而是如何通过平台与更多的合作伙伴共同创造价值。未来的平台生态将更加开放，允许更多中小企业、个人以及创新者参与进来，推动价值链各环节的协同创新，从而构建更加复杂、互联互通的商业网络。

2. 以平台为核心的共享经济模式

作为共享经济的一种重要表现形式，平台共享经济模式通过数字平台促进资源的共享与协作，将闲置资源转化为可利用的市场资产，推动经济高效运转并创造新的商业机会。平台共享经济模式不仅改变了传统商业的运作方式，如组织方式、运营模式、管理决策等（代昀昊等，2024），也为企业与消费者带来了全新的价值主张。如滴滴依托大数据和人工智能技术，构建了网约车、共享单车、自动驾驶等多元化出行服务矩阵，同时推动新能源汽车普及和拼车业务优化，助力智慧出行的低碳转型。截至 2023 年底，滴滴平台注册新能源汽车超过 400 万辆，并通过合乘出行减少了约 119 万吨 CO_2 排放。

1）平台共享经济模式的特征

（1）资源的共享与整合。平台共享经济模式的核心特征是资源的共享，通过数字平台，闲置或未被充分利用的资源（如交通工具、居住空间、技能、时间等）得以高效整合。平台将个人或企业的闲置资源与有需求的用户连接起来，实现资源利用的最大化。这种模式不仅提升了资源的使用效率，还为参与方提供了新的收入来源。

（2）去中介化与去中心化。传统商业模式往往依赖于中介和中心化的供应链，而平台共享经济模式通过数字化手段，减少了中间环节。平台在供需双方之间搭建直接联系，用户和资源提供者可以通过平台进行互动，降低了交易成本和信息不对称。这种去中心化的模式提升了市场的透明度和公平性。

（3）用户参与度高。共享经济平台的运作依赖于用户的积极参与，平台用户既可以是服务或资源的提供者，也可以是消费者。用户的双重身份推动了平台的活跃度，构建了一个开放的、多元的商业生态。平台通过用户的评价体系、信用评分等机制，增强了信任度，确保了交易的安全和可靠性。

（4）按需服务和即时响应。共享经济中的资源通常是按需提供的，用户根据实际需求在平台上寻找合适的服务或资源，享受即时响应的便利。通过平台的调度和匹配算法，供需双方能够高效对接，满足个性化需求，减少了传统供给模式中的时间和空间限制。

2）平台共享经济模式的内涵

平台共享经济模式不只是资源的重新分配，它还代表着一种新的商业逻辑和社会经济关系。其内涵体现在以下几个方面。

（1）共享价值的创造。平台不仅是提供服务的交易场所，更是通过技术赋能实现了价值的再创造。通过共享平台，资源的拥有者能够通过参与市场获得收益，而消费者也能够以较低成本获得所需资源。这种双向的价值创造模式打破了传统商业中"所有权至上"的思维，将"使用权"放在了更加重要的位置。

（2）社会资本的积累。平台共享经济依赖于用户之间的信任和合作，因此社会资本在其中扮演着至关重要的角色。通过用户评价体系、信用评分等机制，平台帮助用户积累信誉和信任。这种社会资本的积累不仅有助于交易的顺利进行，也有助于平台生态的健康发展，从而形成良性的用户互动和市场秩序。

（3）技术的赋能与平台化管理。平台共享经济依赖于先进的数字技术，包括大数据、人工智能、区块链等，这些技术的应用使得平台能够高效匹配供需、优化资源调度，并通过智能合约和数据加密技术保障交易的安全。平台通过技术赋能，实现了资源的高效利用和市场的透明化管理。

（4）可持续性与环保效益。共享经济通过提高资源的利用效率，减少了浪费和环境压力。共享经济模式的内涵不仅在于经济利益的实现，还在于其对可持续发展的贡献。通过减少资源的闲置和过度生产，平台共享经济有助于降低整体经济活动对环境的负面影响，推动绿色经济的发展。

3）平台共享经济模式的发展方向

未来，平台共享经济模式的发展将呈现更加多元化和智能化的趋势。其发展方向主要集中在以下几个方面。

（1）智能化与个性化服务。随着人工智能和大数据技术的不断进步，平台将能够为用户提供更加精准、个性化的服务。通过对用户行为的数据分析，平台可以预测用户需求，提供定制化的资源匹配方案。此外，智能化的算法和自动化流程将进一步优化共享经济的运作效率，使得供需双方的对接更加快速、准确。

（2）跨领域的共享与资源整合。共享经济的模式将不再局限于单一领域，未来的共享平台将实现跨行业、跨领域的资源整合。例如，交通、住宿等领域的共享平台将逐步整合为更大规模的资源共享生态系统。这种跨领域的整合有助于资源的更高效利用，并为用户提供更加便捷的一站式服务。

（3）区块链技术的应用与去中心化发展。区块链技术将在共享经济中发挥越来越重要的作用。区块链技术能够增强平台的透明度和安全性，特别是在数据隐私保护和交易记录方面，具有独特的优势。去中心化的共享经济模式可能逐渐兴起，通过智能合约和分布式账本技术，用户将能够更加自主地管理和分享资源，不再完全依赖于中心化的平台管理。

（4）共享经济的全球化与本地化结合。随着共享经济的全球化发展，平台将进入更多国家和地区，并推动跨境资源共享的实现。然而，平台也需要根据不同地区的文化、法律和市场需求进行本地化调整，以确保共享经济模式的顺利落地。其未来的发展方向将在全球化扩展与本地化适应之间找到平衡。

（5）政策与监管框架的完善。共享经济模式的快速发展也带来了诸多监管和法律挑战。如何保护用户权益、确保市场公平、规范平台运营将成为未来发展的重点。政府和行业需要共同制定合理的监管框架，为平台共享经济的健康发展提供支持和保障。

3. 以平台为核心的数字经济模式

在全球数字化转型的背景下，平台经济模式已经成为数字经济的核心驱动力之一。平台通过整合技术、数据和多方资源，重新定义了市场的运行方式，深刻影响了各行业的商业生态。以平台为核心的数字经济模式，不仅推动了企业和消费者之间的互动，还促进了多边市场的形成与发展，重塑了传统的价值创造路径。通过打破行业边界，平台在提升运营效率和市场响应速度的同时，也为创新和增长开辟了新的空间，成为全球经济中不可或缺的创新引擎。如象屿与金融机构紧密合作，依托智慧物流平台和"屿链通"数字供应链服务平台，运用区块链、物联网等技术，为客户提供灵活、安全的供应链金融产品。通过打造"数智象屿"，象屿数字化覆盖物流、金融监管等环节，依托智慧物流和网络货运平台实现货物实时监控、智能调度及信息共享，全面提升物流运输效率和服务质量。

1）以平台为核心的数字经济模式的特征

（1）数据的中心化与驱动决策。平台型数字经济模式的基础是数据，通过大量的用户、交易和运营数据，平台可以实现深度的市场分析和精准的决策支持。数据成为驱动业务发展的核心资源，企业通过对数据的采集、分析和应用，优化资源配置，提升运营效率，甚至预测市场需求。这种依赖数据的运作模式能够快速响应市场变化，增强企业竞争力。

（2）网络效应和规模经济。平台型数字经济模式具有显著的网络效应。随着平台参与者的增加，平台的价值和效益会呈现指数级增长。这种网络效应推动了用户和服务提供商的互相吸引，形成了一个不断扩大的生态系统。平台通过整合多方资源，促使市场供需双方快速对接，极大提高了市场交易的效率。随着用户数量的增加，平台还能够通过规模经济降低边际成本，提高运营效益。

（3）多边市场与生态系统。传统的企业商业模式往往是单边市场，而平台模式则是一种多边市场结构，连接了多个不同的用户群体。这种多边市场结构促使供需双方以及其他利益相关方在平台上进行互动。

（4）技术的开放性与共享性。数字平台依托于开放的技术架构和共享机制，允许更多的第三方开发者、服务提供商和企业参与其中，共同推动平台的创新与扩展。API（应用程序接口）等技术手段允许外部合作伙伴接入平台，进行开发和服务。这种开放性技术架构提高了平台的可扩展性和创新能力。

2）以平台为核心的数字经济模式的内涵

以平台为核心的数字经济模式的内涵在于其深刻的资源整合和市场重塑能力。通过数字平台的技术支持，企业可以打破原有的行业边界，推动产业间的融合与协同。

（1）平台化模式强调去中介化与信息透明化。在传统商业模式中，信息不对称和中介环节的存在导致了交易效率的降低。而通过平台的数字化运营，信息在平台上更加透明，供需双方可以直接对接，极大降低了交易成本，提升了市场效率。

（2）平台模式打破了企业与用户之间的单向关系，转变为双向或多向互动。用户参与成为平台价值的重要组成部分。用户不仅是服务的消费者，同时也可以成为内容生产者和资源提供者。例如，电商平台中的用户不仅可以购买商品，还能够通过评价系统为其他消费者提供参考，甚至成为平台的卖家。这种多角色的身份转变，促使用户在平台生态中的参与度更高，提升了平台的活跃度和价值创造能力。

（3）平台生态的建设是该模式的重要内涵。平台不仅提供技术支持，还通过开放的生态系统聚集了大量的合作伙伴、开发者和企业，形成了庞大的协作网络。平台通过不断扩展边界，吸引不同领域的企业和用户参与到平台生态中，形成互利共赢的合作机制。这种生态系统不仅提升了平台自身的市场竞争力，也促进了整个产业链的协同发展与创新。

3）以平台为核心的数字经济模式的发展方向

未来，以平台为核心的数字经济模式将在以下几个方向继续发展。

（1）智能化与自动化。随着人工智能、物联网、区块链等前沿技术的快速发展，数字平台将进一步向智能化方向演进。通过人工智能技术，平台能够更精准地识别用户需求，提供个性化的服务与产品推荐。同时，智能算法将优化平台资源的调度和配置，提升整体运营效率。自动化技术也将逐步渗透到供应链、物流、生产等环节，实现无人化运营，从而降低成本，提高效率。

（2）跨产业融合与平台多元化。平台经济未来的一个重要趋势是跨产业融合。以平台为核心的数字经济模式将不再局限于单一行业，而是通过技术、数据和资源整合，推动多个产业的协同发展。比如，制造业、零售业、金融服务等领域将通过平台实现更紧密的合作，形成跨行业的生态系统。这种跨产业的融合不仅有助于推动产业升级，也将创造出新的商业机会和市场空间。

（3）平台监管与数据安全。随着平台规模的不断扩大，平台企业在市场中的主导地位逐渐增强，如何平衡平台的经济利益与社会责任成为未来发展的关键问题。平台在推动数字经济的同时，也面临着数据隐私、安全问题和市场垄断等挑战。未来，平台企业需要在遵守法律法规的前提下，建立更加健全的数据管理体系，确保用户数据的安全与隐私，维护平台的公信力。同时，政府和监管机构将逐步完善对平台经济的监管框架，以防止市场失序和平台滥用权力等现象。

（4）平台的社会责任与可持续发展。数字平台不仅是经济的引擎，还在社会可持续发展中扮演重要角色。未来，平台企业将更加关注环境保护、社会公平等问题，通过推动绿色经济和社会创新，实现经济效益与社会责任的双赢。平台可以通过其强大的数据和技术能力，推动可持续发展的解决方案，如绿色供应链管理、碳排放监测等，助力实现全球气候目标和社会可持续发展。

拓展阅读 6.4 合规管理：数据利益与数据合规的冲突选择

6.5.2 基于政策导向的创新与平台化实践情况

在全球经济数字化转型的浪潮中，平台经济作为推动经济增长的重要引擎，受到了各国政策的强力支持和引导。政府通过出台一系列政策措施，推动平台企业在技术创新、行业规范和可持续发展等方面进行优化和升级。平台基于政策导向的创新，不仅是顺应数字化发展的要求，也是在政策支持下，平台经济快速发展的必然趋势。例如，近年来，国家不断加强对网络安全、数据安全、个人信息的保护力度，先后颁布了《网络安全法》和《数据安全法》等法律法规。网信部门依法加大网络安全、数据安全、个人信息保护等领域的执法力度，通过执法约谈、责令改正、警告、通报批评、罚款等处置处罚措施，促进平台健康有序发展。2022 年 7 月 21 日，滴滴公司因数据合规问题被国家互联网信息办公室罚款 80.26 亿元。滴滴从上市到退市仅历时不到一年，16 项违法事实重创了该公司在移动出行行业的领先地位，由此提醒所有企业，尤其是平台企业，必须重视创新发展与合规管理的冲突选择。因此，本节将探讨在政策引导背景下，平台经济如何通过创新应对挑战，以及在未来实践中的发展方向。

1. 政策导向下的平台创新特征

近年来，我国不断颁布与平台相关的政策，保证平台健康有序发展。未来，平台主要向数据安全与隐私保护、合规性与规范化，以及绿色经济与可持续发展等方向创新发展。

1）数据安全与隐私保护的技术创新

随着数字平台对社会经济渗透的加深，政府对数据安全与隐私保护的监管日趋严格。例如，2019 年国务院办公厅发布《关于促进平台经济规范健康发展的指导意见》，强调"依托国家'互联网+监管'等系统，推动监管平台与企业平台联通，加强交易、支付、物流、出行等第三方数据分析比对，开展信息监测、在线证据保全、在线识别、源头追溯，增强对行业风险和违法违规线索的发现识别能力，实现以网管网、线上线下一体化监管"。2024 年国务院发布《网络数据安全管理条例》，指出网络平台服务提供者应当通过平台规则或者合同等明确接入其平台的第三方产品和服务提供者的网络数据安全保护义务，督促第三方产品和服务提供者加强网络数据安全管理。可见，政策对数据治理提出了更高的要求，平台企业不得不通过技术创新，提升数据管理和保护的能力。加密技术、去中心化的数据存储方案，以及更严格的数据使用透明度机制，都成为平台企业在政策驱动下创新的重点领域。平台通过自主研发和引入先进的安全技术，确保用户隐私保护合规，并提升公众信任。

2）合规性与规范化的运营创新

政府出台的相关法律法规，尤其是在劳动保障、反垄断、税务管理等方面，促使平台企业调整其商业模式以符合政策要求。例如，2019 年国务院发布《关于促进平台经济规范健康发展的指导意见》，强调要合理设置行业准入规定和许可。放宽融合性产品和服务准入限制，只要不违反法律法规，均应允许相关市场主体进入。对仅提供信息中介和交易撮合服务的平台，除直接涉及人身健康、公共安全、社会稳定和国家政策另有规定的金融、新闻等领域外，原则上不要求比照平台内经营者办理相关业务许可。2021 年国务院发布《关于平台经济领域的反垄断指南》，针对平台经济中的市场垄断问题，明确要求严厉打击滥用市场支配地位、价格操控等行为，防止和制止、排除、限制竞争等行为抑制平台经济创新发展和经济活力。同时，要求平台企业不得通过技术手段或者数据优势进行不正当竞争，确保市场公平竞争环境。此外，该指南强调平台企业不得滥用平台规则对中小企业和消费者进行不公平对待，尤其是在佣金收取、流量分配等方面，需透明、公平地进行操作。在政策的驱动下，平台企业需要通过创新运营流程，规范合作伙伴和员工管理，以及规范市场经营行为，确保合规性。例如，针对共享经济平台的灵活用工政策，平台公司通过与政府合作，引入社保缴纳等服务，保障灵活员工的权益。平台在运营模式上更加透明和规范，成为政策引导下的重要创新方向。

3）绿色经济与可持续发展的创新驱动

在全球气候变化压力下，各国政府纷纷出台绿色政策，引导平台企业在运营中融入可持续发展理念。特别是针对运输、电商，以及生产相关平台，政府对平台的绿色经济与可持续发展有着更高要求。例如，2021年，国务院发布《关于加快建立健全绿色低碳循环发展经济体系的指导意见》，指出支持物流企业构建数字化运营平台，鼓励发展智慧仓储、智慧运输，推动建立标准化托盘循环共用制度，推动电商平台设立绿色产品销售专区。不仅如此，政府也在加强绿色产品和服务认证管理，完善认证机构信用监管机制。《"十四五"循环经济发展规划》强调，加强新能源汽车动力电池溯源管理平台建设，推动新能源汽车生产企业和废旧动力电池梯次利用企业通过自建、共建、授权等方式，建设规范化回收网点。因此，政策推动平台在供应链、物流、能源消耗等环节进行绿色创新。电商平台在引入绿色供应链管理时，通过政策激励推动供应商使用环保材料，减少碳排放。绿色技术的应用不仅帮助平台实现可持续发展目标，还增强了其在环保领域的竞争优势。

2. 平台基于政策导向的发展方向

在政策的引导下，未来平台的发展方向将更加注重平台生态的深化与行业融合、公共服务平台的兴起、国际化与全球布局的政策激励和平台监管与公平竞争机制等方面。

1）平台生态的深化与行业融合

政策的扶持使得平台经济逐步渗透到更多传统行业，并推动跨行业融合。通过政策导向，平台经济与制造业、金融、医疗等领域的深度融合成为趋势。政府的产业政策和创新基金支持，鼓励平台企业与传统行业协同发展，共同打造智慧供应链、智能制造和健康管理等新业态。未来，平台将成为更多行业数字化转型的重要基础设施，进一步扩大生态系统的影响力。

2）公共服务平台的兴起

在政策的引导下，平台不再局限于商业领域，还将发挥更大的社会服务功能。政策鼓励的平台发展方向之一是构建公共服务平台，涵盖教育、医疗、交通、环保等领域。通过数字技术整合公共资源，平台企业能够为社会提供更高效的公共服务。例如，智慧城市项目中的交通管理平台、在线医疗平台等，将在政策支持下进一步发展，以提升社会治理能力和公共服务质量。

3）国际化与全球布局的政策激励

随着全球贸易自由化政策的推动，平台企业面临更多的国际化机遇。政府通过政策支持，鼓励平台企业进行全球化布局，拓展海外市场。自由贸易协定、跨境电商政策以及税收优惠等措施，推动了平台经济在全球范围内加速扩展。未来，平台企业将通过政策激励，优化跨境运营模式，提升国际竞争力，建立全球供应链网络，实现跨境数字贸易的高效协同。

4）平台监管与公平竞争机制

在政府的政策引导下，未来的平台经济将更加注重公平竞争与市场健康发展。各国逐渐加强对平台垄断、数据滥用等行为的监管，通过反垄断政策、平台责任法规等手段，确保市场竞争的公平性。平台企业在这一背景下需要进行业务模式和运营策略的调整，以适应更为规范的市场环境。这种政策导向下的创新不仅推动了平台经济的健康发展，也为中小企业和新兴创业者提供了更多机会，促进了市场活力的提升。

6.6　商业模式的创新发展趋势

6.6.1　基于市场驱动的创新发展趋势

在全球化与数字经济迅猛发展的背景下，企业面临着前所未有的市场竞争与机遇。价值链的重塑与数字化转型不仅是企业生存的必要手段，更是实现可持续发展的关键。企业通过创新商业模式，能够更有效地满足消费者不断变化的需求，从而提升市场竞争力和盈利能力。

拓展阅读 6.5　宜家的独特商业模式：没有中间商赚差价

（1）价值链的重塑。在当今竞争激烈的市场环境中，企业的价值链重塑是实现商业模式创新的重要途径。企业需评估其价值链的每个环节，寻找优化机会。通过引入新技术，企业可以提升生产效率，降低成本，并提高产品质量。例如，制造企业可以通过智能制造技术，利用物联网和大数据分析，实时监测生产线，及时调整生产计划，减少浪费。这样的转型不仅提高了生产效率，还增强了市场响应能力，使企业能够快速适应消费者需求的变化。如宜家通过对零售终端的直接控制实现了对价值链的优化。

（2）数字化转型。数字化是推动企业创新的重要驱动力。通过数字化，企业能够更好地了解客户需求，并据此调整产品和服务。企业利用数据分析工具，能够洞察消费者行为，优化营销策略，提升客户满意度。比如，电商平台通过算法推荐，提供个性化购物体验，吸引消费者。同时，数字化还促进了供应链的透明化，企业能够实时跟踪物流信息，优化库存管理，降低运营风险。

此外，数字化还助力了新的商业模式的形成，如订阅服务和按需服务。许多企业通过提供灵活的订阅模式，满足不同客户群体的需求，实现了收入的多元化。这种基于数字平台的创新，不仅提升了客户忠诚度，还创造了新的收入来源。在案例 6-4 中，展示了保时捷 2030 年战略中对于数字化转型的要求。

案例6-4

专注数字化转型　保时捷发布 2030 年战略

保时捷品牌首席执行官奥博穆（现为保时捷汽车公司董事会主席）在 2021 年度全球新闻发布会中提到，公司进行的数字化转型将聚焦于更出色的产品与服务流程，核心是为保时捷的客户提供更好的体验。自 2015 年以来蝉联保时捷全球最大单一市场的中国为保时捷的数字化转型提供了很大的灵感，相较欧美市场，中国的客户平均年龄年轻 15 岁（2020 年保时捷在中国的客户平均年龄为 35 岁）这使中国客户对数字化体验有更高的要求与期待。从某种层面上说，保时捷中国的客户引领了欧美在数字化体验上的趋势。在下一个十年中，保时捷计划每年投资 10 亿欧元在数字化转向方面，其中将有 8 亿欧元会被直接运用在数字化项目上。此外，保时捷的董事会每年还会批准 1.5 亿欧元的资金用于对初创公司与风投基金的投资，并在以色列，美国，欧洲诸国和中国入股了 21 家颇具前景的初创企业，此外还在全球投资了 8 支风险投资基金。

资料来源：丁伯骏. 专注数字化转型 保时捷发布 2030 年战略 [EB/OL]. (2021-03-19) [2021-08-21]. https://www.autohome.com.cn/news/202103/1127890.html. （有删改）

6.6.2　基于政策导向的创新发展趋势

在国家政策不断调整与优化的大背景下，政策导向成为推动商业模式创新的重要力量。"双循环"发展战略、"一带一路"倡议和乡村振兴战略不仅为企业提供了发展新机遇，也引导其在全球经济中重新定位。企业需要灵活应对政策变化，把握政策红利，创新商业模式，以实现更高质量的发展。

1."双循环"发展战略的驱动

"双循环"发展战略作为中国经济发展的重要方针，强调国内、国际双循环相互促进。该战略鼓励企业在国内市场上挖掘潜力，同时拓展国际市场。这一政策导向促使企业重新审视其商业模式，寻求在国内市场中建立更强的竞争优势。例如，企业可以通过提升产品质量和服务水平，增强国内消费者的购买信心。同时，企业也需关注国际市场的变化，调整其市场策略，以适应不同国家和地区的需求。

"双循环"发展战略下，"内循环"关注的是在消费需求日益多样化、定制化的趋势下，如何充分利用国内的供应资源来满足国内消费者的需求。当前中国的产业体系较为完整，很多区位的产业集群具有一定的竞争力，但仍存在一系列的问题，例如"微笑曲线"两端的研发能力和品牌/服务能力相对落后，一些核心零部件被海外国家"卡脖子"，中间生产环节也缺少柔性生产能力等。"外循环"有两条脉络。一是中国的企业如何应对好海外的需求变化。过去很多企业做的是简单的代工生产或贸易业务，既没有自己的设计和品牌，也没有直接接触海外的消费者。随着跨境电商的兴起，中国企业有了直接了解海外消费者需求的渠道，即通过供给侧结构性改革与企业转型升级，让更多中国品牌出海占领海外市场。二是在满足国内消费者需求的过程中，中国企业如何更好地利用海外生产资源。这些海外生产资源可能是别国的，也可能是"走出去"的中国企业通过海外建厂或海外并购获得的。在内外循环的基础上，"双循环"是中国企业管理全球供应链的更高阶段。第一，深入了解国内国外不同客户的需求，当需求发生变化，有定制化要求的时候，要有能力比别人更快更准地洞察到这些需求；第二，要有能力在全球范围内整合设计、生产、渠道、物流、服务等资源，对于不同区位市场中的需求，最适合用哪些资源去满足，就去整合与优化相应的资源，最终实现通过全球供应链资源的整合与优化来满足全球的需求（CEIBS，2021）。

在"双循环"发展战略的背景下，政策鼓励企业加大研发投入，推动技术进步和产业升级，企业也需加强自身的创新能力。通过创新，企业可以在国内外市场中抢占先机，实现可持续发展。

2."一带一路"倡议的机遇

"一带一路"倡议为企业提供了广泛的国际合作机会，推动了资源和市场的整合。参与该倡议的企业可以通过跨国合作，拓展国际市场，提高竞争力。许多企业在"一带一路"共建国家进行投资，建立生产基地和销售网络，在促进当地经济发展的同时，提升了自身的市场份额。当下，越来越多的企业参与到"一带一路"建设的实践中，"丝路"概念成为商业模式创新的一个热点方向。

以电商行业为例，截至 2023 年 9 月，中国已与 30 个国家签署了双边电子商务合作备忘录，"丝路电商"成为国际经贸合作的新渠道和新亮点，合作伙伴国遍及全球五大洲。近年来，中国数字化水平和能力不断提升，电子商务市场持续繁荣，越来越多的海外商品走进中国市场，"丝路电商"成为各方共享中国超大规模市场红利的全新机遇和路径，展现中国全面开放、互利共赢的决心信心。"丝路电商"推动共建国家特色优质产品和企业触网上线，直接带动相关产品扩大对我国出口规模。每年，由商务部主办的"双品网购节"都会设立专门的促销环节，帮助一些国家的适销农产品迅速打开中国市场。通过国内多家龙头电商平台在线展示、交易、结算，带动海关、运输和物流综合服务等进一步优化完善，提升我国与伙伴国贸易自由化、便利化水平。历届中国国际进口博览会（简称进博会）上，"丝路电商"伙伴国以进博会为窗口，专门设立国家馆，展示自身最具特色和高科技含量的产品，迅速上线跨境电商平台，获得了巨额的中国订单。2022 年，作为进博会常年展示中心的虹桥品汇建成上海国际友城港和直播电商基地两个重要子平台，吸引 36 个共建国家近 5 000 种商品入驻。2023 年上半年，引进共建"一带一路"国家供应商 42 家。虹桥品汇直播基地发挥载体和运营优势，扩大"丝路电商"覆盖半径，直播基地常态化服务于"一带一路"进博展商，形成洋主播带货特色，助力海外企业走通"数字丝路"。虹桥品汇还着力丰富保税展示功能，拓展跨境电商模式，开设"丝路电商"线上国家馆，为"丝路电商"伙伴国优质企业与商品进入中国市场创造便利（光明日报，2023）。

在这种机遇下，企业在参与"一带一路"建设时，需关注当地市场的特点，调整商业模式以适应不同的文化和消费习惯。同时，通过技术转移和知识分享，企业能够与当地伙伴建立长期合作关系，实现共赢。

3. 乡村振兴战略的推动

乡村振兴战略为农村经济发展注入了新的活力，促进了新商业模式的探索。企业可以通过发展农村电商，推动农产品的销售，提升农民的收入水平。借助互联网和数字化技术，企业能够将优质农产品与城市消费者直接连接，实现资源的高效配置。

以电商行业为例，2024 年 3 月，商务部等 9 部委发布了《关于推动农村电商高质量发展的实施意见》，提出发展农村电商，是创新商业模式、建设农村现代流通体系的重要举措。该意见为农村电商未来五年的高质量发展指明了方向，旨在促进其数字化转型与升级。与此同时，2024 年中央一号文件也强调要"实施农村电商高质量发展工程"，特别指出要加强县域电商直播基地的建设，推动乡村特色产品的网络销售。农村电商，作为信息技术与农村经济深度融合的产物，正成为乡村振兴的新引擎。

近年，农村电商领域又出现了一些新探索、新业态，为从中归纳提炼新模式提供了实践依据。

（1）从田头到餐桌的 O2O 全供给链电商：电商平台在这个领域做出了许多探索，比如，在产地端有京东的"京喜农场"、阿里的"盒马村"、拼多多的"多多农园"，在消费端有美团等的农产品社区团购。

（2）规模化农产品的产业电商创新：其中较成熟的是广东徐闻菠萝的"12221 模式"。它产生于一县一品的农业大县，针对的是产销对接和滞销问题。徐闻县采用政府搭台、平台运作、数据驱动、农商互联、产地与销地市场配合联动等多种方式，大力开展徐闻菠萝的品牌营销，取得明显效果。

（3）"消费扶贫＋农产品保供促销"新做法：在"十三五"后期消费扶贫的政策引导下，一些贫困地区为方便本地农产品对接外部消费扶贫购买力，探索将已建成的农村电商体系作为载体，组建本地化 O2O 农产品供给平台。在疫情突发、长期反复干扰正常经济运行的挑战之下，这类平台又增加了面向本地市场的农产品保供促销功能，有的还与本地消费端的社区团购结合。

（4）农文旅电商新模式：休闲农业与乡村旅游等农业新业态正在各地农村蓬勃兴起，许多地方正积极探索将农文旅与电商结合起来，一些新媒体平台也在积极与地方开展合作。其中，比较突出的做法如抖音的"山里 DOU 是好风光"等。此外，在农产品批发渠道数字化、农业龙头企业电商化转型，以及"龙头＋农户"的组织化创新、电商助力农业农村品牌化等方面，近年也出现了一些优秀案例，正在成为农村电商新的典型模式（张静，2024）。

在乡村振兴战略的推动下，乡村振兴还鼓励企业探索可持续的农业模式，例如智能农业和生态农业。这些新模式不仅提高了农业生产效率，还促进了环境保护，实现了经济与生态的双赢。例如，京东通过自身具有的电商渠道、平台技术和物流资源优势，赋能乡村产业链供应链，助力乡村振兴，得到了显著的经济效益和社会效益，案例 6-5 对比进行具体展示。

案例6-5

京东的乡村振兴"奔富计划"全景图

自 2020 年 10 月乡村振兴京东"奔富计划"启动以来，京东已对接超过 1 000 个农特产地及产业带，覆盖大量乡村"源头好物"，截至 2021 年底已带动农村实现 3 200 亿元产值，帮助近百万农户大幅增收。

围绕更好服务落实国家乡村振兴战略，京东不断深化拓展自身的供应链优势，通过持续向农村下沉和共享扎实的基础设施、创新的技术服务，蹚出了一条以供应链健全产业链、提升价值链的乡村振兴"全链条"路径。京东零售"乡村振兴·京东千县名品"项目，通过聚合京东全面的品牌化营销优势，塑造有影响力的IP，助力优质农产品品牌打造。2021年京东生鲜携手全国21省地标协会，助力各农特产地和产业带建立生产标准、扩大市场销路，推动当地地标产品取得销量和品牌声量双赢。江苏宿迁霸王蟹、福建宁德大黄鱼、贵州修文猕猴桃、新疆伽师西梅和库尔勒香梨、宁夏盐池滩羊等众多地方特色农产品实现规模化、优质化、品牌化发展。例如，宁德大黄鱼、盐池滩羊在入驻京东后，市场份额分别提升了500%、200%。

京东科技打造"一基三化五流动"乡村数智化服务体系，即在乡村新基建与产业数智化、治理现代化、生活智慧化的"一基三化"基础上，激活并带动信息流、商流、物流、资金流、人才流"五流动"，全面助力乡村振兴可持续发展。目前，京东科技已帮助陕西白水苹果和铜川中草药、四川眉山柑橘、广西梧州蜂蜜等实现乡村产业链数智化升级。

京东旗下生活消费商城京喜推出的"京喜农场"，不仅让农村"菜园子"直通消费者"菜篮子"，其"强村计划"还带动江苏、山东、河南等8省上万名农户降本增收，在平均亩产提高10%～20%的同时，每年每亩可节省50～100元。

资料来源：人民网. 以实助实 京东发布乡村振兴"奔富计划"全景图[EB/OL]. (2022-02-24) [2024-12-30]. http://finance.people.com.cn/n1/2022/0224/c1004-32358963.html. （有删改）

本章小结

商业模式是企业在商业活动中为实现特定目标而设计的商业逻辑和运营方式，它涵盖了企业如何创造价值、传递价值以及获取价值的一系列要素和关系。盈利模式是企业在经营活动中通过运用不同的商业模式和策略，实现利润增长和持续盈利的方法和途径。正确理解商业模式和盈利模式之间的区别和联系，掌握商业模式的构建原则和设计方法，认识当前商业模式创新的重要维度和发展趋势，对于现代企业管理实践具有重要意义。

关键概念

商业模式 盈利模式 构建原则 设计方法 创新转型

思考题

1. 如何理解商业模式的概念？
2. 什么是盈利模式？
3. 商业模式的构建原则有哪些？
4. 如何更好地构建商业模式？
5. 商业模式创新发展有哪些重要的发展趋势？

案例分析

会员制电商崛起：1号会员店开启新商业模式浪潮！

在当今零售行业的激烈竞争中，商业模式的创新不再仅仅关乎价格和产品，而是深刻地影响着消费者的购物体验和商家的运营策略。作为全球唯一的付费制会员电商，1号会员店正通过巧妙的模式转型，开启了一条前所未有的新道路。根据数据显示，1号会员店目前已经拥有近300万付费会员，这一数字将在未来继续上升。在日益成熟的电商环境中，1号会员店如何以强大的运营能力和精准的市场定位，快速积累近300万付费会员，值得深思。近年来，随着消费者购物习惯和偏好的变化，会员制店铺逐渐进入大众视野。一方面，诸如山姆会员店和Costco等线下代表，以其精致的服务和高品质的产品吸引了大批忠实消费者；另一方面，1号会员店则在电商领域通过付费制会员模式，探索出了一种全新的业务发展策略。

1号会员店成立于2020年，最初的目标是将电商的线上优势与传统的会员制模式相互融合。它的理念非常明确：为中高收入家庭，尤其是宝妈群体提供优质和安全的商品。宝妈们作为家庭消费的主要决策者，她们对商品的安全性和健康属性有着严格的要求。通过聚焦于高频消费的食品类目，1号会员店逐渐形成了自己的核心竞争力。根据市场调研数据，1号会员店的年费为198元，而会员用户每月则可领取价值超过年费的权益。这意味着会员在享受购物的同时，几乎每个月都能感受到实实在在的利益。这样的销售策略在如今消费理念趋于谨慎的市场中显得尤为重要。面对经济增速放缓的现实，消费者更加注重商品的性价比，追求高质量的同时亦追求价格合理。不仅如此，1号会员店的快速发展也得益于其精细化的选品策略。为了提升产品的差异化，1号会员店在商品的选择上，组建了一支经验丰富的买手团队，确保所有商品在上市前均经过严格审核。这一过程常常涉及多个环节，如原材料的检验、生产过程的监控等，确保每一件商品的品质达到标准。比如，One'sMember自有品牌的牛腱肉因其超高的性价比而广受消费者好评，销售额在2022年同比增长超过410%。

在这个竞争日益激烈的市场中，如何维持和扩大会员基础成了1号会员店的一大挑战。为此，其在会员运营策略上下足了功夫，从开卡的那一刻起就开始兑现权益，消除了传统会员店可能存在的"入场券"式的体验。通过不断优化和完善售后服务，1号会员店的用户满意度也随之提升，进而提升了用户的回购率和忠诚度。数据显示，1号会员店的用户平均消费频次达到了40次，30天内的回访率高达97%。这种高频的消费行为证明了其在市场中的有效定位。与此同时，数字化的运营能力也为1号会员店的快速增长提供了支撑。在电商环境下，用户反馈积累的速度较快，1号会员店借助这一优势，能够及时调整商品组合，以适应市场变化。更为重要的是，1号会员店的持续创新能力体现在其自有品牌One'sMember的扩展上，目前已推出600多款独家定制商品，进一步丰富了用户的选择空间。走过4年的探索之路，1号会员店不仅成功开辟了一条独具特色的电商模式，更为未来的商业发展指明了方向。随着会员规模的不断扩大，预计在不久的将来，1号会员店有望会员突破500万，进一步巩固其在市场中的地位。这一过程中，会员制电商的潜力逐渐显露，或将带动整个零售行业朝着更加多元化的方向发展。

总的来说，1 号会员店作为全球唯一的付费制会员电商，其成功不仅是模式创新的结果，更是对消费者需求深刻理解的体现。在零售行业日渐面临的挑战与变革中，新的商业模式必将引发更多反思和探索。身处这一历史性转变的时代，消费者、商家与市场之间的关系将如何重新定义，这是每一位关心零售发展的观察者亟待思辨的问题。

资料来源：搜狐网. 会员制电商崛起：1 号会员店开启新商业模式浪潮！[EB/OL]. (2024-09-16) [2024-11-11]. https://www.sohu.com/a/809315638_121885028. （有删改）

案例思考题

1. 请查阅其他课外资料，结合本章所学内容，讨论一下 1 号会员店的商业模式。

2. 1 号会员店的商业模式与其他传统电商平台企业的异同点？

3. 案例中 1 号会员店的会员基础在未来如何拓展？

即测即练

自学自测　　　　　　扫描此码

第 7 章

供应链服务平台的商业模式创新

本章学习目的

- 理解供应链服务平台的商业模式的基本概念
- 了解供应链服务平台的商业模式的特点
- 认识供应链服务平台的商业模式的方法与趋势变化
- 理解供应链服务平台的商业模式的重要意义和挑战

引导案例

怡亚通：供应链龙头商业模式的转型之路

怡亚通成立于 1997 年 11 月，公司主要股东为：深圳市投资控股有限公司、深圳市怡亚通投资控股有限公司、深圳市投控资本有限公司等。目前怡亚通参控股比例占 10% 以上的有 35 家，较顶峰时的 500 余家大幅下降，其中在供应链金融板块的主要有深圳市宇商小额贷款公司、赣州市宇商网络小额贷款公司以及跟各地市分销商的合资公司。

1. 供应链 1.0 时代——广度供应链服务

在 1997 年，怡亚通依靠为全国各地的电脑商采购、配货起家，之后发展为提供国际物流、保税物流、进出口通关、供应商库存管理等一系列服务的一站式供应链管理商。其业务模式可以简单描述为：为下游采购商提供垫资采购、物流配送服务。

由于电子产品价格变化快，怡亚通于 2005 年尝试将业务从 IT 领域拓展到医疗器械、化工、纺织品、快消品等领域，并于 2007 年在深圳证券交易所中小板上市，业务量突破 200 亿元。但之后由于广度供应链是一种粗放型的供应链服务模式，容易被复制，行业替代性强，无明显"护城河"，因此在怡亚通之后，深圳类似的供应链公司大量产生。由于大批模仿者进入，怡亚通的业务量在突破 200 亿元后增长放缓，迫使怡亚通开始研究转型。

2. 供应链 2.0 时代——深度供应链服务

2008 年，由于原有的广度供应链市场已呈红海竞争态势，业务发展遭遇瓶颈，于是，

2009 年怡亚通开始将业务重点转向"深度供应链服务"，即为品牌商提供一站式分销服务，将产品直供终端，减少品牌商和终端门店之间的分销层级和渠道成本，最终实现渠道的扁平化。具体而言，怡亚通从供应商采购货物后，将货物按终端客户的需求，配送到卖场、超市、门店等，公司为终端客户提供一站式的供应链服务，包括采购、深度物流、销售、收款的全方服务。

怡亚通的具体行动措施是启动"380 计划"：一是自建渠道，实现直达零售终端（后因与原分销商产生竞争、资金投入大而终止）；二是自建渠道不成功后退而求其次整合分销商，与当地原有经销商成立控股合资公司方式合作（怡亚通持股 60%～70%，对战略及财务进行管控）；三是与地方政府成立商业综合平台（自 2018 年底启动，主要内容为与当地政府、国资企业成立相关合资公司以聚焦产业，2019 年已签订战略协议 30 余个，落地项目 10 余个）；四是与当地原有终端网点成立联盟终端（即后台与怡亚通系统相连），或成立连锁加盟，打通数据流通环节，实现品牌形象等统一化管理。

通过快速整合平台，实现扁平化、网络化管理，促进怡亚通的深度供应链分销平台能覆盖 1～6 级城镇，以较小的投入快速进入当地市场。同时，有效降低了厂商的库存压力和铺货成本，提升了渠道商的资金效率和抗风险能力，大幅提高了整个分销渠道的效率。截至 2017 年，公司在 320 多个城市建立了地区分销平台，服务了近 200 万家终端零售店，与超过 2 600 个各行业知名品牌商保持战略合作关系，形成了全国性线下网络。该阶段公司营业、利润放量增长，2013—2017 年营收复合年均增长率（CAGR）为 42.60%，利润复合年均增长率为 29.50%。

3. 供应链 3.0 时代——构建大消费供应链平台生态模式

由于怡亚通在 2008—2018 年"380 计划"的快速扩张，负债高企，濒临破产，2018 年深圳市投资控股有限公司入局，成为第一大股东，解决了怡亚通的财务危机。自此怡亚通重新梳理业务，转变思维，将过去供应链 2.0 的业务模式统一归类为"深度分销＋营销"板块，同时将公司过往积累的供应链资源、终端载体形成的营销能力衍生"品牌运营"业务，通过采购、消费数据反向驱动，实现筛选、孵化、培育品牌，进而成为怡亚通新的利润增长点。

其具体措施是构建起供货、零售、金融服务、媒体和增值服务五大服务平台，分别包括：一是 B2B/O2O 分销服务平台，以采购/销售执行、380 深度分销、宇商网、全球采购等为核心；二是 B2B2C＋O2O 零售服务平台，以星链微店、和乐网、和乐生活连锁超市、终端联盟、EA·LEAD 美妆生活馆等为核心；三是 O2O 金融服务平台，以 B2C 消费贷、O2O 金融服务等为核心；四是 O2O 终端营销平台，以终端互动传媒、云传媒等为核心；五是 O2O 增值服务平台，以智慧生活服务等增值服务为核心。

资料来源：老范说评. 怡亚通：供应链龙头的转型之路[EB/OL].（2021-09-02）[2024-10-30]. https://zhuanlan.zhihu.com/p/406197902.

7.1 供应链服务平台的商业模式概述

7.1.1 供应链服务平台商业模式的内容

供应链服务平台的商业模式是一个复杂而多维的体系，它涵盖了从资源整合、服务提供到盈利模式等多个方面。

首先是资源整合。供应链服务平台通过整合和优化供应链资源，实现企业与供应商、客户之间的无缝对接（周栗任，2024）。这包括从原材料采购、生产制造、物流配送到销售服务等整个供应链过程的全面覆盖。运营商通过构建一个开放、共享的供应链管理平台，吸引更多的供应商、客户等参与方加入，形成生态化的商业模式。在这个生态系统中，各方可以相互协作、共享资源、共同创造价值，从而实现整个供应链的共赢发展。

其次是服务提供。供应链服务平台提供的服务多种多样，以满足不同企业和行业的个性化需求。这些服务主要包括以下几方面：一是定制化服务，针对不同企业的实际需求，提供定制化的供应链解决方案，这有助于企业更好地应对市场变化和客户需求，提高运营效率；二是平台化运营，通过构建一个开放、共享的平台，提供包括信息匹配、交易服务、物流跟踪等在内的全方位服务，平台的核心竞争力在于其高效的信息处理能力和资源整合能力；三是数据驱动，利用大数据、人工智能等技术手段，对供应链数据进行深入挖掘和分析，为企业提供精准的市场分析和预测服务，这有助于企业更好地把握市场趋势和机遇，制定科学的决策；四是增值服务，提供一系列增值服务，如供应链管理咨询、培训、金融服务等，这些服务有助于企业提升供应链管理能力和水平，降低运营成本，提高盈利能力。

最后是盈利模式。盈利模式实际上是指供应链服务企业如何通过其提供的服务来实现盈利。这些盈利模式通常基于供应链服务的各个环节和特性，主要包括以下模式。

（1）软件许可费。向企业收取软件许可费用，作为系统开发和维护的主要收入来源。

（2）服务费。为企业提供系统安装、调试、培训、维护等服务，并收取相应的服务费用。

（3）增值服务费。提供供应链管理咨询、培训等增值服务，并收取相应的咨询费、培训费等。

拓展阅读 7.1 禧云千链：万亿级团餐供应链平台的数字化融合创新

（4）数据服务费。利用大数据、人工智能等技术手段为企业提供数据分析和决策支持服务，并收取相应的数据服务费。

例如，禧云千链餐饮供应链平台在数字化转型中，应用了上述盈利模式。

7.1.2 供应链服务平台商业模式的现状和发展历程

1. 供应链服务平台商业模式现状

随着数字化时代到来，供应链服务平台的商业模式现如今主要表现出以下四个特点：资源整合与共享（陈夫华和赵先德，2018）、服务多样化与定制（姜明等，2020）、数字化与智能化（刘助忠和龚荷英，2020）、跨界合作与生态构建（周园等，2023）。

（1）资源整合与共享。供应链服务平台通过整合供应链上下游的资源，实现信息共享和协同作业。这包括供应商、制造商、分销商、零售商及最终用户等各个环节的紧密连接，形成复杂的网络体系。平台利用物联网、大数据、云计算等先进技术，提高供应链的透明度和协同性，降低运营成本，提升整体竞争力。

（2）服务多样化与定制。供应链服务平台提供的服务越来越多样化，以满足不同企业和行业的个性化需求。这些服务包括但不限于供应链规划、物流管理、库存管理、风险管理、金融融资等。平台通过定制化服务，为企业提供量身打造的供应链解决方案，帮助企业优化运营流程，提高效率和灵活性。

（3）数字化与智能化。数字化转型已成为供应链服务平台的重要趋势，平台利用大数据、人工智能等技术手段，对供应链数据进行深入挖掘和分析，提供精准的市场分析和预测服务。智能化技术的应用，如自动化仓库、智能物流系统等，进一步提高了供应链的自动化水平和响应速度。

（4）跨界合作与生态构建。供应链服务平台注重与产业链上下游企业的合作，共同构建供应链生态圈。通过跨界合作，平台能够整合更多资源，提供更加全面的服务。生态圈的构建有助于降低企业的运营成本，提高供应链的灵活性和可替代性，增强整体抗风险能力。

2. 供应链服务平台商业模式的发展历程

事实上，任何商业模式都不是一成不变的，供应链服务平台的商业模式已经经历了大的变革，大致可以分为传统供应链服务平台、现代供应链服务平台、数字化供应链服务平台和智能供应链服务平台。

（1）传统的供应链服务平台的商业模式：主要依赖于传统的物流、采购和生产计划等模式。提供的服务往往是较为基础的运输业务，且信息共享程度不足，服务能力较弱，主要表现如下。①整合性与集成化方面：将供应链中的各环节节点企业整合到一起，但整合程度和协同性相对较低，信息孤岛现象较为明显。②客户需求导向方面：以客户需求为基础，但响应速度和个性化服务能力有限。③库存管理与成本控制方面：主要通过传统的库存管理方式控制成本，库存转移速度较慢，成本控制效果有限。④信息透明度与协同性方面：信息透明度较低，协同性较弱，信息传递主要通过人工方式，速度和准确性有待提高。⑤盈利模式方面：主要通过服务费用（如运输、仓储等）和商品价差赚取利润，盈利模式相对单一。

（2）现代供应链服务平台的商业模式：相较于传统商业模式强调信息共享和协同合作，现代供应链服务平台将供应链上的各个节点企业紧密联系在一起，形成网状结构。现代供应链服务模式能够更好地适应市场变化和客户需求，提高供应链的效率和灵活性，主要表现如下。①信息化提升：开始运用信息技术（如 ERP、CRM 等）提高信息透明度和管理效率，但仍处于初级阶段。②协同性增强：各节点企业之间的协同性有所增强，但仍未完全打破"信息孤岛"。③库存与成本优化：库存管理更加精细，成本控制能力有所提升，但仍未实现全链条的优化。④服务模式多样化：除了基础物流服务外，开始提供供应链管理咨询、融资等增值服务。

（3）数字化供应链服务平台的商业模式：是指利用大数据、人工智能等技术手段，实现对供应链全过程的实时监控和数据分析。这种模式提高了供应链的透明度和智能化水平，为企业提供了更加精准、高效的服务，主要表现如下。①全面数字化：基于互联网、大数据、云计算等技术，实现供应链的全面数字化管理，信息实时共享，透明度高。②智能协同：通过智能算法和预测模型，实现供应链各环节的智能化协同，提高响应速度和效率。③精细化库存管理：基于大数据分析，实现库存的精细化管理和快速转移，有效降低库存成本。④个性化服务：根据客户需求提供高度个性化的供应链解决方案，提升客户满意度。⑤盈利模式创新：除了传统服务费用外，还通过数据分析、供应链金融等创新模式获取利润。

（4）智能供应链服务平台的商业模式：是指通过机器学习和深度学习等技术手段，实现自动化决策和智能调度。这种模式能够更好地适应复杂多变的市场需求和环境变化，为企业创造更大的价值，这也是未来的发展趋势，主要表现出如下。①高度智能化：利用人工智能、机器学习等先进技术，实现供应链的全面智能化管理，自动化程度更高。②生态化构建：构建供应链生态圈，整合供应链上下游资源，形成紧密的合作关系，共同提升供应链整体竞争力。③持续优化与创新：通过实时监控和数据分析，不断优化供应链流程，提升服务质量和效率，同时积极探索新的商业模式和服务模式。④多元化服务：提供包括供应链金融、供应链管理咨询、物流仓储、定制化服务等在内的多元化服务，满足客户多样化需求。

传统供应链服务平台、现代供应链服务平台、数字化供应链服务平台和智能供应链服务平台的区别如表 7-1 所示。

表 7-1　四种供应链服务平台特点的区别

平台类型	技术水平	服务能力	盈利能力
传统供应链服务平台	以人工为主	以运输、仓储传统业务为主	盈利能力较单一，人力资源耗费较大
现代供应链服务平台	开始运用信息技术（如 ERP、CRM 等）	开始提供供应链管理咨询、融资等增值服务	盈利能力提升，但存在"信息孤岛"现象
数字化供应链服务平台	基于互联网、大数据、云计算等技术	开始探索数据分析、供应链金融等创新模式	当下主流的供应链服务平台模式，盈利能力较强
智能供应链服务平台	利用人工智能、机器学习等先进技术	提供包括供应链金融、供应链管理咨询、物流仓储、定制化服务等在内的多元化服务	未来发展方向，盈利能力进一步加强

例如，百洋医药展现了数字化供应链服务平台转型的主要过程以及具体操作（拓展阅读 7.2）。

拓展阅读 7.2　百洋医药数字化转型

7.2　供应链服务平台的商业模式创新方法

供应链服务平台作为连接供应链上下游企业的桥梁，其商业模式创新对于提升供应链效率、降低成本、增强市场竞争力具有重要意义。以下是几种主要的供应链服务平台商业模式创新方法。

7.2.1　基于物流供应链服务的商业模式创新方法

1. 基础分段物流服务与全程整合链式物流服务结合的路径

物流是供应链的"腿"，支撑着整个供应链的顺畅运作。在物流供应链服务模式中，基础分段物流服务与全程整合链式物流服务的结合是一种重要的创新方式。基础分段物流服务主要包括仓储、报关、运输、货代等单点服务。这些服务是物流供应链的基础，但各自独立运作时，往往存在效率低下、信息不透明等问题。为了提升整体效率，供应链服务平台开始将单点服务进行串联，形成全程整合链式物流服务。全程整合链式物流服务通过科技手段，如物联网、大数据、人工智能等，将仓储、报关、运输、货代等单点服务进行高效协同，形成一张智能物流网络。这张网络不仅提高了物流效率，还降低了运营成本。例如，通过大数据分析，平台可以预测货物的流动情况，提前进行仓储和运输调度，减少等待时间和空驶率。同时，全程整合链式物流服务还注重信息的透明化和可视化。平台通过实时监控和追踪货物的流动情况，为客户提供实时的物流信息，增强了客户的信任感和满意度。此外，平台还可以根据客户的需求，提供定制化的物流解决方案，如"24 小时全国达""72 小时全球达"等。

2. 物流智能云网络构建的路径

物流智能云网络是物流供应链服务模式的另一种创新方式。这种网络通过科技手段，将物流节点进行高效协同，形成一张智能化的物流网络。物流智能云网络的构建需要借助物联网、大数据、人工智能等先进技术。通过物联网技术，平台可以实时采集和更新物流节点的信息，如库存情况、运输状态等；通过大数据技术，平台可以对这些信息进行深度挖掘和分析，预测物流趋势和波动情况；通过人工智能技术，平台可以自动进行物流调度和决策，提高物流效率。物流智能云网络的优势在于其智能化和协同性：通过智能化手段，平台可以实现对物流节点的实时监控和追踪，提高物流信息的透明度和可追溯性；通过协同性手段，平台可以实现物流节点的信息共享和协同作业，提高整体效率。例如，某供应链服务平台通过构建物流智能云网络，实现了对全国范围内物流节点的实时监控和追踪。客户可以通过平台实时查看货物的流动情况，了解物流进度。同时，平台还可以根据客户的需求，提供定制化的物流解决方案，如多式联运、仓配一体等。

案例 7-1 介绍了物易云通智慧物流管理平台。该平台通过物流智能云网络构建的路径来进行商业模式创新。

案例7-1

物易云通智慧物流管理平台的物流智能云网络构建

物易云通智慧物流管理平台是武汉物易云通网络科技有限公司（简称物易云通）独立研发并拥有自主知识产权的大宗物流智能调运管理系统。该平台旨在解决生产制造型企业车辆调度和运力组织两大核心难题，实现物流调度、运力管理、运营监控的信息化和智能化。

物易云通智慧物流管理平台是架设在云端的管理平台，通过为司机、企业及企业分配的角色给予不同的管理权限，将生产企业在进、销、存物流环节中的各个角色串联起来。企业在平台上实现发运计划的全流程管理，厂内和厂外的管理从线下转移到线上。通过配套的全球定位系统（GPS）或北斗硬件，将地理信息系统（GIS）应用于物流运输环节，管理平台能够实现对车辆实时全程监控，为企业提供科学的配送线路、实时在途监控、轨迹复查、异常预警等服务。这有助于司机降低运输成本，提高配送效率，同时使企业能够掌握货物在途信息，预测自定义时间段内的进出场车辆数量，为排版、仓储安排等提供数据指导。管理平台实现整体业务流程数据线上留痕，串联业务部门、门房、司机等多个环节，即时同步车辆进出厂进度。通过数据化、信息化的技术手段，标记指定范围的云端电子围栏建立"云端停车区"，智能指挥司机有序排队，减少拥堵风险。管理平台以硬件采集数据为基础，自动同步数据，以管理平台生成的二维码为载体，真正做到一码通全场。通过智能门禁、无人值守磅房管理，自动生成可视化数据报表。数字化监控降低了人工在数据统计上的占比，减少了不必要的单据制作和留存，用智能化替代人工，提升了业务流转效率，降低了人工成本。

物易云通智慧物流管理平台的主要功能包括预约排队、车队竞价、无人值守、智能监管、供应商管理、车辆管理、轨迹监控、一站式打印等八大功能。这些功能共同构成了平台的核心竞争力，为用户提供全方位的物流服务。作为司机操作端的重要接口，司机通过司机宝App接入管理平台，并通过司机宝App实现接单、签到、装卸、进出厂打卡、运费结算和核对等一系列动作。司机宝已积累的运力池是智慧物流管理平台运力补充、运单发布的重要渠道。通过软件和硬件的集成，打通各打印、扫码环节的端口，司机在接单时即生成二维码，一码通全场。以扫码、查询的方式完成票据的自助式、集中式打印，减少了企业人工成本，整合优化了场内各票据打印环节，提升了场内流转效率。

通过智能路径优化和业务流程数据化，物易云通智慧物流管理平台显著提高了物流效率，降低了运输成本。平台通过整合内外部资源，实现了资源的优化配置和共享，提高了资源的利用效率。平台提供一站式客户服务，包括在线客服、电话客服等多种咨询渠道，方便用户随时解决物流过程中遇到的问题。同时，平台还提供在线支付、发票申请等便捷服务，进一步提升了用户体验。物易云通智慧物流管理平台已广泛应用于生产制造型企业，取得了显著的市场成效。同时，通过平台的智能化管理，企业实现了物流业务的可视化、可控化和智能化，提高了市场竞争力。

资料来源：中物联物流信息服务平台分会. 物易云通：智慧物流管理平台案例[EB/OL].（2024-03-13）[2024-10-10]. http://www.chinawuliu.com.cn/xsyj/202403/13/627843.shtml.

7.2.2 基于供应链整合服务的商业模式创新方法

1. 整合外部服务端资源为客户提供一站式整合服务的路径

供应链整合服务模式是一种通过整合外部服务端资源，为客户提供一站式整合服务的创新方式。这种模式的核心在于整合和优化供应链上下游的资源，提高整体效率。在供应链整合服务模式中，平台需要整合的服务资源包括物流、融资、信用担保、采购与分销等。通过整合这些资源，平台可以为客户提供从原材料采购到产品销售的全链条服务。这种服务不仅降低了客户的运营成本和时间成本，还提高了供应链的协同效率和风险管理能力。例如，某供应链服务平台通过整合物流、融资和信用担保等资源，为客户提供了一站式整合服务，客户可以通过平台实现原材料的采购、运输、仓储和销售等全链条操作；同时，平台还可以为客户提供融资支持和信用担保等服务，解决了客户的资金问题；此外，平台还可以根据客户的需求，提供定制化的供应链解决方案，如供应链金融、供应链优化等。

在案例 7-2 中，介绍了沃丰科技 Udesk 云呼叫中心系统。该系统通过整合外部服务端资源为客户提供一站式整合服务的路径来进行商业模式创新。

案例7-2

沃丰科技 Udesk 云呼叫中心

沃丰科技 Udesk 云呼叫中心系统是一个典型的整合外部服务端资源的平台。该平台能够整合包括在线客服、呼叫中心、电子邮件、短信等不同渠道的客户信息到一个平台上，使企业可以更方便地管理客户信息，更好地了解客户需求，从而提供更加精准、个性化的服务。通过 Udesk，企业可以更加高效地跟进客户线索，提高销售转化效率，同时也可以提高客户满意度和忠诚度。具体而言，沃丰科技 Udesk 不仅整合了客户信息，还实现了对公司人力资源和业务流程的整合。在人力资源方面，它帮助企业实现员工信息、绩效、薪资等数据的统一管理，并通过智能排班、自动提醒等功能提高员工的工作效率。在业务流程方面，沃丰科技 Udesk 支持多种渠道的整合，使得企业可以通过一个平台来统一管理多种渠道的客户沟通，从而提高客户服务效率和质量。

资料来源：沃丰科技. 全球云呼叫中心：Udesk 引领行业新风尚[EB/OL].（2024-07-22）[2024-10-10]. https://zhuanlan.zhihu.com/p/710275319.

2. 数字化平台建设与业务场景固化的路径

数字化平台的建设与业务场景的固化是供应链整合服务模式的另一种创新方式。通过构建数字化平台，平台可以将供应链上下游的业务场景进行固化和优化，以提高整体效率。数字化平台的建设需要借助大数据、人工智能等先进技术。通过大数据技术，平台可以对供应链上下游的数据进行深度挖掘和分析，发现潜在问题和改进机会；通过人工智能技术，平台可以自动进行行业

拓展阅读 7.3　汇鸿集团智慧供应链云平台

务场景的识别和判断，提高业务处理的效率和准确性。数字化平台的建设不仅提高了业务处理的效率，还降低了运营成本。通过数字化手段，平台可以实现业务流程的自动化和智能化，减少人工干预和错误率。同时，平台还可以通过数据分析，为客户提供更加精准和个性化的服务。例如，某供应链服务平台通过构建数字化平台，实现了对供应链上下游业务场景的固化和优化；客户可以通过平台实现订单的自动处理、库存的自动监控和销售数据的自动分析等功能；此外，平台还可以根据客户的需求，提供定制化的供应链解决方案，如供应链金融、供应链优化等。

7.2.3　基于产业供应链服务的商业模式创新方法

1. 垂直产业链细分领域供应链服务的路径

产业供应链服务模式是一种专注于垂直产业链细分领域的供应链服务创新方式。这种模式通过深入了解特定产业的供应链特点和需求，为客户提供更加专业和精准的服务。在产业供应链服务模式中，平台需要深入了解特定产业的供应链特点和需求，包括原材料采购、生产加工、仓储运输、销售分销等各个环节。通过深入了解这些环节，平台可以为客户提供更加专业和精准的服务，如定制化采购方案、优化生产加工流程、智能化仓储运输等。例如，某供应链服务平台专注于钢铁产业的供应链服务，通过深入了解钢铁产业的供应链特点和需求，为客户提供了定制化采购方案和优化生产加工流程等服务；同时，平台还通过智能化仓储运输手段，提高了钢铁产品的运输效率和安全性。

2. 产业金融平台搭建与"四流"闭环形成的路径

产业金融平台的搭建与"四流"闭环的形成是产业供应链服务模式的另一种创新方式。通过搭建产业金融平台，平台可以实现供应链上下游的资金流、信息流、物流和价值流（"四流"）的闭环管理，提高整体效率。产业金融平台的搭建需要借助金融科技手段，如区块链、大数据、人工智能等。通过区块链技术，平台可以实现供应链上下游的资金流和信息流的透明化和可追溯性；通过大数据技术和

拓展阅读 7.4　四川商投供应链集团有限公司的商云链平台

人工智能技术，平台可以对供应链上下游的物流和价值流进行深度挖掘和分析，发现潜在问题和改进机会。产业金融平台的搭建不仅提高了资金流和信息流的透明度和可追溯性，还降低了运营

成本和风险。通过金融科技手段，平台可以实现对供应链上下游的实时监控和预警，及时发现和解决潜在问题。平台还可以通过数据分析，为客户提供更加精准和个性化的金融服务。例如，某供应链服务平台通过搭建产业金融平台，实现了对供应链上下游资金流、信息流、物流和价值流的闭环管理；客户可以通过平台实现订单的融资支持、信用担保和风险管理等服务；此外，平台还可以根据客户的需求，提供定制化的金融服务方案，如供应链金融、保理融资等。

7.2.4　基于高阶产业供应链发展的商业模式创新方法

1. 横向综合服务平台化与纵向垂直产业一体化结合的路径

高阶产业供应链发展模式是一种将横向综合服务平台化与纵向垂直产业一体化相结合的创新方式。这种模式旨在通过整合和优化供应链上下游的资源，提高整体效率和市场竞争力。在高阶产业供应链发展模式中，平台需要同时关注横向的综合服务平台化和纵向的垂直产业一体化。通过横向的综合服务平台化，平台可以实现对供应链上下游资源的整合和优化，提高整体效率。通过纵向的垂直产业一体化，平台可以深入了解特定产业的供应链特点和需求，为客户提供更加专业和精准的服务。例如，某供应链服务平台通过整合和优化供应链上下游的资源，形成了横向的综合服务平台；同时，平台还深入了解了特定产业的供应链特点和需求，形成了纵向的垂直产业一体化；通过这种模式，平台为客户提供了从原材料采购到产品销售的全链条服务，并实现了对供应链上下游的实时监控和预警。

在案例 7-3 中，介绍了菜鸟网络。该平台企业通过横向综合服务平台化与纵向垂直产业一体化结合的路径来进行商业模式创新。

案例7-3

菜 鸟 网 络

菜鸟网络科技有限公司（简称菜鸟网络）是阿里巴巴集团旗下的物流科技公司，成立于 2013 年。其成立的初衷是为了解决中国电子商务领域的物流瓶颈，提升物流效率和服务质量。通过多年的发展，菜鸟网络已经从最初的物流平台逐步成长为涵盖物流、仓储、供应链、金融等多个领域的综合性服务平台。在这个过程中，菜鸟网络不仅实现了横向综合服务平台化，还深入垂直产业，推动了纵向垂直产业一体化的发展。

菜鸟网络通过以下三个方面进行横向综合服务平台化。一是物流资源整合：菜鸟网络通过搭建物流平台，整合了国内外众多物流企业的资源，形成了庞大的物流网络。这一网络不仅覆盖了国内主要城市和地区，还延伸至海外多个国家和地区，实现了全球范围内的物流互联互通。通过资源整合，菜鸟网络降低了物流成本，提高了物流效率，为消费者提供了更加便捷、高效的物流服务。二是数字化、智能化升级：菜鸟网络注重数字化、智能化技术的应用，通过大数据、云计算、物联网等技术手段，实现了物流信息的实时追踪、智能调度和预测分析。这些技术的应用不仅提升了物流服务的透明度，还帮助物流企业优化运营策略，提高服务质量和客户满意度。三是开放合作生态：菜鸟网络坚持开放合作的理念，与众多电商、快递公司、仓储企业等建立了紧密的合作关系。通过开放 API 接口、数据共享等方式，菜鸟网络为合作伙伴提供了丰富的物流服务和解决方案，共同推动了中国电商物流行业的发展。

菜鸟网络通过以下三个方面进行纵向垂直产业一体化。一是供应链优化：在纵向垂直产业一体化方面，菜鸟网络深入供应链领域，通过数据分析、智能预测等技术手段，为商家提供了精准的库存管理、订单处理、物流配送等供应链服务。这些服务不仅帮助商家降低了库存成本、提高了订单处理效率，还提升了商家的市场竞争力。二是仓储服务升级：菜鸟网络在仓储领域也进行了深入的布局和升级。通过建设智能化的仓储中心，引入自动化、智能化的仓储设备和技术，菜鸟网络实现了仓储作业的自动化、智能化和高效化。同时，菜鸟网络还提供了仓储管理系统、库存管理系统等数字化工具，帮助商家实现仓储管理的精细化、智能化。三是产业金融服务：菜鸟网络通过整合金融资源，为商家提供了供应链金融、物流金融等金融服务。这些服务不仅帮助商家解决了资金周转问题，还降低了商家的融资成本，提升了商家的盈利能力。

资料来源：仓储前沿观察. 物流平台案例连载（一）：菜鸟网络[EB/OL].（2020-02-15）[2024-10-10]. https://zhuanlan.zhihu.com/p/107127809.

2. 超大型平台构建与特色产业供应链垂直纵深服务的路径

超大型平台的构建与特色产业供应链的垂直纵深服务是高阶产业供应链发展模式的另一种创新方式。通过构建超大型平台，平台可以实现对供应链上下游资源的整合和优化，形成规模效应和协同效应。同时，通过特色产业供应链的垂直纵深服务，平台可以深入了解特定产业的供应链特点和需求，为客户提供更加专业和精准的服务。超大型平台的构建需要借助先进的技术手段和管理模式。通过大数据技术、人工智能技术、区块链技术等先进技术手段的应用，平台可以实现对供应链上下游资源的实时监控和预警，提高整体效率。通过先进的管理模式的应用，平台可以实现对供应链上下游资源的整合和优化，形成规模效应和协同效应。例如，某供应链服务平台通过构建超大型平台，实现了对供应链上下游资源的整合和优化；平台还深入了解了特定产业的供应链特点和需求，为客户提供特色产业供应链的垂直纵深服务；通过这种模式，平台为客户提供从原材料采购到产品销售的全链条服务，实现了对供应链上下游的实时监控和预警；此外，平台还通过数据分析为客户提供了更加精准和个性化的服务方案。

在案例 7-4 中，介绍了阿里巴巴 1688 平台。该平台通过超大型平台构建与特色产业供应链垂直纵深服务的路径来进行商业模式创新。

案例7-4

阿里巴巴 1688 平台

阿里巴巴 1688 平台，作为阿里巴巴集团旗下的 B2B 电子商务平台，自 1999 年成立以来，便致力于打造一个超大型的、连接全球买家与卖家的在线交易平台。随着电商行业的蓬勃发展，该平台不仅提供了商品交易的基础服务，还逐渐深入到特色产业的供应链中，提供垂直纵深的服务，帮助特色产业实现数字化转型和产业升级。

阿里巴巴 1688 平台汇聚了海量的商品和服务，涵盖了从原材料、工业品、消费品到服务等多个领域。这种多元化的商品和服务体系，使得平台能够满足不同行业、不同规模企业的采购需求，成为它们寻找优质供应商、拓展销售渠道的首选平台。平台依托阿里巴巴集团强大的技术实力，不断引入先进的技术手段，如大数据分析、人工智能、云计算等，提升平台的运营效率和用户体验。通过技术手段，平台能够为用户提供更加精准的商品推荐、智能的客服服务、高效的物流配送等，进一步提升平台的竞争力。为了保障交易双方的权益，平台建立了完善的信用体系。通过对卖家进行信用评级、引入第三方认证机构等方式，平台能够确保平台上商品的质量和服务水平。同时，平台还提供了丰富的交易保障服务，如在线支付、担保交易等，为买家提供更加安全、可靠的交易环境。平台不仅服务于国内市场，还积极拓展海外市场。通过与全球各地的合作伙伴建立合作关系，平台能够将国内的优质商品和服务推向国际市场，同时也能够引进海外的优质商品和服务，满足国内企业的采购需求。

在特色产业供应链垂直纵深服务方面，阿里巴巴 1688 平台通过深入了解不同特色产业的需求，为它们提供定制化的供应链服务。例如，对于服装产业，平台提供了面料采购、设计打样、生产加工、物流配送等一站式服务；对于农产品产业，平台则提供了农产品种植、养殖、加工、销售等全产业链服务。基于对不同特色产业需求的深入了解，平台搭建了一系列特色产业供应链平台。这些平台不仅汇聚了产业内的优质供应商和采购商，还提供了丰富的供应链服务，如采购咨询、质量控制、物流配送等。通过这些平台，特色产业能够实现供应链的整合和优化，提高生产效率和市场竞争力。为了进一步提升特色产业供应链的服务水平，平台还引入了金融和技术服务。在金融方面，平台与多家金融机构合作，为特色产业提供供应链金融解决方案，如应收账款融资、库存融资等，帮助解决资金问题；在技术方面，平台则通过引入大数据、云计算等技术手段，为特色产业提供智能化、数字化的供应链服务，如智能库存管理、智能物流配送等。平台还积极推动特色产业的数字化转型。通过提供数字化工具和服务，如电商平台入驻、数据分析、智能客服等，平台帮助特色产业实现线上线下的融合，提升它们的数字化运营能力。同时，平台还通过举办培训、交流会等活动，提升特色产业对数字化转型的认知和理解。

以服装产业为例，该平台在供应链垂直纵深服务方面取得了显著的成效。服装产业对面料的需求非常多样化，而平台则汇聚了海量的面料供应商，为服装企业提供了丰富的面料选择。同时，平台还提供了设计打样服务，帮助服装企业实现从设计到生产的无缝对接。在服装生产加工环节，平台与多家服装加工厂建立了合作关系，为服装企业提供了高效、优质的生产加工服务。同时，平台还提供了物流配送服务，确保服装产品能够及时、准确地送达客户手中。针对服装产业资金流转紧张的问题，平台与多家金融机构合作，提供了应收账款融资、库存融资等供应链金融解决方案。平台还通过数据分析技术，为服装企业提供了销售预测、库存管理等方面的数据支持，帮助它们制定更加精准的经营决策。平台还积极推动服装产业的数字化转型和品牌建设。通过提供电商平台入驻、数据分析、智能客服等数字化工具和服务，平台帮助服装企业提升线上线下的融合能力，拓展销售渠道。同时，平台还通过举办时尚发布会、品牌交流会等活动，提升服装企业的品牌知名度和影响力。

资料来源：

王晓天，王欢. 互联网平台企业并购提高核心竞争力——以阿里巴巴并购网易考拉为例[J]. 现代企业，2024(5)：73-75.

潘彤，刘斌，顾聪. 跨境电商平台与企业出口产品质量升级——基于阿里巴巴国际站大数据平台的分析[J]. 世界经济与政治论坛，2024(3)：138-156.

国旭，贺俊，陶思宇. 多平台企业协同效应的来源及作用机理——阿里巴巴多平台体系的案例研究[J]. 经济管理，2022，44(10)：92-110.

7.3　面向价值共创的供应链服务平台商业模式创新趋势

7.3.1　基于用户参与和大规模个性化定制的创新趋势

随着社会的发展，消费者的需求日益多样化和个性化，他们不再满足于市场上千篇一律的产品，而是希望拥有能够体现自己独特个性的商品（肖人彬，2023）。这种需求的变化促使企业不得不寻求新的生产方式和服务模式，以满足消费者的个性化需求。越来越多的消费者愿意为个性化定制支付更高的费用，因为他们认为这些产品更具价值，能够体现自己的独特性。这种支付意愿的提升为企业开展个性化定制业务提供了良好的市场环境。在这一背景下，用户参与的大规模个性化定制成为消费市场的潮流，供应链服务平台也开始向为用户服务的方向转型。大数据、云计算、物联网、人工智能等技术的飞速发展，为个性化定制提供了强大的技术支持。企业可以通过数据分析了解消费者的偏好和行为，进而提供更加精准的个性化定制服务。同时，智能制造和柔性生产线的应用，使得大规模个性化定制成为可能，降低了生产成本，提高了生产效率；自动化和智能化设备的应用，如协作机器人、智能包装等，进一步提升了供应链的灵活性和响应速度，使得企业能够更快地满足消费者的个性化需求。

在激烈的市场竞争中，企业需要寻找新的增长点来提升自己的竞争力。个性化定制作为一种创新的营销方式，能够帮助企业从同质化竞争中脱颖而出，吸引更多消费者关注和购买。通过提供个性化定制服务，企业可以建立起与消费者之间的紧密联系，增强品牌忠诚度。这种紧密的联系有助于企业在市场中树立良好的品牌形象，提升品牌价值。另外，随着全球对环境保护和社会责任的重视，企业需要在供应链管理中考虑环保因素。绿色供应链和循环供应链的理念逐渐得到推广，促使企业在产品设计、生产、包装、物流等环节采取环保措施，实现可持续发展。个性化定制有助于减少库存积压和浪费，提高资源利用效率。通过按需生产和定制化服务，企业可以更准确地预测市场需求，减少过剩生产和库存积压带来的资源浪费。

这一创新趋势也呈现出几个特点，具体如下。①高度数字化与智能化。利用大数据、云计算、物联网、人工智能等先进技术，实现供应链各环节的数字化和智能化；通过算法和机器学习，平台能够自动分析用户需求、市场趋势和供应链数据，为企业提供智能决策支持。②用户深度参与。用户可以通过平台直接参与产品设计、材料选择、生产过程等环节，实现真正的个性化定制。平台提供用户互动功能，收集用户反馈并快速响应，不断优化产品和服务。③弹性生产。通过智能制造和柔性生产线，实现快速切换生产模式，满足大规模个性化定制的需求。加强供应链各环节之间的协同合作，确保个性化定制产品的高效生产和及时交付。④绿色与可持续发展。平台注重绿色供应链管理，推动企业在产品设计、生产、包装、物流等环节采取环保措施；鼓励企业采用循环经济模式，推动资源循环利用和节能减排。如海尔卡奥斯COSMOPlat 通过构建大规模定制化服务的供应链平台满足消费者需求。

拓展阅读 7.5　海尔COSMOPlat——以用户为中心的大规模定制供应链平台

7.3.2　基于资源集成的供应链信息化发展的创新趋势

随着时代的发展，供应链服务平台需求也不断发生改变，基于资源集成的供应链信息化发展成为目前的发展趋势（王静，2021），其原因如下。一是符合提高供应链透明度的需要。供应链服务平台通过实时数据采集和分析，提供全面的供应链可见性，使企业能够实时了解库存状态、订单进度、物流情况等信息，从而提高供应链的透明度。这有助于企业更好地掌握供应链的运作情况，及时发现问题并采取相应的措施。二是通过资源集成可以优化资源配置。供应链服务平台可以整合企业内部和外部的资源，实现资源的优化配置。通过协同化管理和智能化决策，企业可以更加高效地利用资源，减少浪费和冗余，提高整体运营效率。三是供应链信息化的发展可以增强供应链韧性。面对市场的不确定性和风险，供应链服务平台可以通过数据分析和预测，帮助企业提前识别潜在的风险和问题，并制定相应的应对策略。这有助于增强供应链的韧性，使企业能够更好地应对各种挑战和变化。

除此之外，消费市场的变化以及技术的进步也在推动供应链向信息化方向发展。一方面，随着市场竞争的加剧和消费者偏好的不断变化，传统的标准化产品已难以满足市场需求。消费者越来越倾向于个性化、定制化的产品和服务，这要求供应链能够快速响应并满足这些多样化的需求。企业为了在激烈的市场竞争中脱颖而出，需要寻求新的增长点。通过资源集成和供应链信息化，企业可以优化资源配置，提高运营效率，降低成本，从而提升市场竞争力。另一方面，大数据、云计算、物联网、人工智能等先进技术的不断成熟和应用，为供应链信息化提供了强有力的技术支持。这些技术使得数据的采集、处理、分析和应用变得更加高效和便捷，为供应链服务平台的发展奠定了坚实的基础。此外，随着技术的不断融合和创新，供应链服务平台能够整合更多的资源和功能，提供更加全面、高效、智能的供应链服务。例如，区块链技术的应用可以提高数据的真实性和不可篡改性，增强供应链的信任度；人工智能技术的应用则可以实现供应链的智能化决策和自动化管理。

在案例 7-5 中，介绍了沃尔沃汽车基于资源集成的供应链信息化发展的创新趋势。该企业通过集成数据，提升了供应链仓储与配送效率。

案例7-5

沃尔沃汽车的供应链一体化

2021 年 8 月沃尔沃和京东签订战略合作协议，该项目将成为行业内首个由豪华汽车品牌和新物流业态共同打造的一体化供应链项目，在为沃尔沃用户带来更高效、更便捷、更透明的售后服务体验的同时，也树立了行业新标杆，并助力沃尔沃与京东物流实现互利共赢的高质量发展。

沃尔沃汽车与京东物流全国仓储项目始于 2021 年 6 月双方的初步接触，现已共建完成以 "3＋4＋1" 的汽车售后配件供应仓网布局与大数据智能运算补货模型为标志的售后供应链一体化项目，不仅实现了售后零部件供应链的精益化提升，也达到了降本、增效、优化客户体验的目标。沃尔沃汽车全新仓储项目的一大亮点来自仓网结构的变化。相较于传统按大区配置的仓网结构，全新仓储项目不仅将原有的 4 个仓库升级成 8 个仓库，更重要的是进行了仓储职责上的重新区分。双方基于大数据分析，依据不同配件的特性及销售频次设定了不同仓库，如快流仓与慢流仓，基于不同补货逻辑下的三类仓库在新体系中各司其职，使沃尔沃能够根据用户需求灵活安排就近仓库发货，经销商配件到货更加高效及时，带动整体供应链效率的大幅提升，在出货效率提高的同时实现结构性降本。据测算，全新仓网结构将促成 30% 以上的经销商配送周期得以提升。

此外，全新的大数据智能运算补货模型取代了传统的被动订货模式，也进一步提升了沃尔沃汽车售后供应链的精细化管理。沃尔沃与京东物流基于汽车零配件的特性，通过模拟仿真对 SKU（基本库存单元）的分布、库存结构与库存参数等进行了设定，实现了更高效的数据化管理；此外，根据沃尔沃过往的历史数据，利用大数据构建的智能运算补货模型，可以计算供应链各个节点的需求、供应、补货和均衡计划，提升运营管理效率，降低库存周期和成本。根据试点仓库测算，新模型下的仓库订单满足率提升至95%以上，库存周转大幅提升，全国推广后将实现更显著的管理和经济效益。

在时效方面，有 70%～80% 的用户紧急订单可以实现"次日达"。在这一过程中，京东物流的大数据平台将提供配送全链路的追溯、更新与分享，让沃尔沃汽车的经销商可以通过多种查询方式（如网页，小程序，客服团队对接）实现便利化的物流追踪查询。这一服务提升将不受过去周日闭仓的限制，可以实现 365 天不间断保障。

资料来源：易车原创. 沃尔沃与京东物流售后供应链一体化项目上线[EB/OL]. （2022-01-04）[2024-10-10]. https://new.qq.com/rain/a/20220104A054BV00.

7.3.3　基于跨界融合的供应链生态化发展的创新趋势

随着信息经济、数字经济、智能经济的蓬勃发展，全球经济一体化进程加速，市场竞争日益激烈。消费者对产品的需求日益多样化、个性化，对物流服务的速度和效率也提出了更高要求。这种变化促使企业不得不重新审视和优化其供应链体系，以适应市场需求的变化。跨界融合成为企业提升供应链效率和响应速度的重要手段之一。互联网、物联网、大数据、人工智能等技术的快速发展，为供应链的跨界融合提供了强大的技术支持。这些技术使得企业能够更高效地整合和管理供应链资源，实现信息的实时共享和协同作业。同时，这些技术也推动了供应链服务平台向智能化、自动化方向发展，提高了供应链的效率和准确性。

因此，在资源有限的情况下，供应链服务平台需要通过跨界融合来优化资源配置，提高资源利用效率。通过整合不同行业、不同领域的资源，供应链服务平台可以优势互补，降低运营成本，提高整体竞争力。同时，跨界融合还有助于供应链服务平台拓展新的业务领域和市场空间，实现多元化发展。此外，政府对于跨界融合和供应链生态化发展的支持力度不断加大。通过出台相关政策、提供资金支持和税收优惠等措施，政府鼓励企业加强合作与创新，推动供应链的跨界融合和生态化发展。这种政策环境为企业提供了良好的发展机遇和条件。

基于跨界融合的供应链服务平台生态化发展的创新趋势，主要呈现出以下几个特点。①深度跨界融合。供应链服务平台不再局限于传统制造业或物流业内部，而是向更多行业、更多领域进行跨界融合。例如，互联网、物联网、大数据、人工智能等技术被广泛应用于供应链管理中，推动了供应链的智能化、自动化发展。同时，供应链也向金融、销售、服务等环节延伸，形成了更加完整的产业生态链。这种深度跨界融合使得供应链体系更加复杂、多元，但也更加高效、协同。②生态化发展。供应链生态化发展强调供应链各环节的共生共赢，注重资源的循环利用和环境的可持续发展。企业开始关注供应链的绿色化、低碳化，通过采用环保材料、优化包装设计、提高能源利用效率等措施，降低供应链对环境的影响。同时，企业也更加注重与供应商、客户等合作伙伴的协同合作，共同推动供应链的可持续发展。③供应链服务平台智能化提升。随着大数据、云计算、物联网等技术的不断发展，供应链体系正在向智慧化方向发展。企业通过建立智能供应链管理系统，实现供应链的实时监控、预警和优化。这种智慧化提升不仅提高了供应链的效率和准确性，还为企业提供了更加精准的市场分析和决策支持。④供应链服务平台网络化布局。供应链体系正在形成更加完善的网络化布局。企业通过建立多个仓储中心、配送中心等节点，形成覆盖广泛、高效协同的物流网络。同时，企业也注重与供应商、客户等合作伙伴的信息共享和协同作业，形成了更加紧密、高效的供应链网络。这种网络化布局使得供应链体系更加灵活、快速地响应市场需求的变化。

本章小结

供应链服务平台的商业模式创新极其重要，它是为了满足用户需求，针对性地推出各项服务，以提升自身盈利能力和服务水平。通过商业模式创新，供应链服务平台可以迸发出更多活力，以便更好地满足市场需求。供应链服务平台的商业模式创新就是合理利用最新的技术、设备和相关行业最新的发展方向，从而走在商业发展的前端，以获得更高的效益。

关键概念

供应链服务平台　商业模式　创新方法　创新趋势

思考题

1. 如何理解供应链服务平台商业模式的概念？
2. 什么是供应链服务平台？
3. 相较于传统供应链模式，供应链服务平台有哪些特点？
4. 构建供应链服务平台有何作用？
5. 供应链服务平台商业模式创新的变革与挑战体现在哪些方面？

案例分析

供应链变革之路：聚合供应链的数字化管理模式与实际应用

随着技术发展，产业界逐渐进入工业 4.0 时代，大数据、云计算、人工智能等先进技术不断赋能传统行业。对供应链来说，数字化已经成为发展的新趋势，也让数字化供应链管理模式应运而生。它利用数字技术对供应链进行优化和管理，提高供应链的效率及透明度，已经成为许多企业提高效益、降低风险的有效举措。而随着供应链数字化和智能化的不断发展，又出现了一个新的概念——聚合供应链。

聚合供应链是数字化供应链管理的一种重要模式。企业可以通过整合供应商和客户信息、统一标准化数据格式，构建一个从原材料到最终客户的完整供应链网络。这就如同一个庞大的生态圈，不同主体可以在此交换信息、共享数据。聚合供应链通过整合多个供应商的资源和能力，能够为企业提供更优质、更高效的供应链服务。

聚合供应链采用数字化管理模式，强调各方的协作与协同。企业间数据交换、技术标准统一，采用分布式管理架构及共享平台构建一个聚合的网络，让采购、生产、运输等环节更为高效。这里从理论和实际应用案例来分析"聚合供应链的数字化管理模式"这个趋势，看看这种新模式是如何改变供应链管理的，进而探讨数字化带来的供应链管理大变革。

聚合供应链的数字化管理模式是一种运用先进的信息技术手段，通过整合企业内外部资源，优化供应链过程，提高供应链效率和效果的管理模式。这种模式的核心是"聚合"，即将分散的供应链资源、信息和流程聚合起来，形成一个统一、高效、灵活的供应链系统。

数字化管理模式为聚合供应链带来了一系列的优势。首先，实时监控能力大幅提升，生产、运输等各个环节的信息尽在掌握；其次，准确的预测分析有助于合理规划生产和库存，降低了成本；再次，数据驱动的决策使得管理者能够更快速地做出应对市场变化的调整；最后，数字化还使得供应链各环节之间的协同更加紧密，加速了整个流程。

聚合供应链数字化管理模式的优势具体来说有以下方面。

- 无缝整合：聚合供应链的数字化管理模式能够将各个环节有机地连接起来，实现供应链的无缝整合，从而提高运营效率。
- 数据驱动：聚合供应链依托数字化技术，能够实时收集、分析和利用大数据，从而更好地预测市场需求、优化库存管理和物流配送。
- 可视化高：通过数字化管理模式，企业可以实时监控整个供应链的运作情况，及时发现问题并采取相应措施，提高供应链的可视化程度。
- 可追溯性：数字化管理可以随时追踪产品的生产、运输和销售等全过程，提高质量管理和风险控制能力，增强消费者对产品、服务的信任度。
- 灵活应对：聚合供应链的数字化管理使企业能够更加灵活地应对市场变化和需求波动，以便及时调整生产和供应计划，提高供应链的整体反应速度。
- 成本控制：聚合供应链的数字化管理模式，能够通过优化物流和仓储等环节，减少失误，降低企业的运营成本、库存成本、运输成本等，提高利润空间。
- 客户体验：数字化的管理模式为企业提供了更多的机会来了解客户需求，并实现个性化定制，提升客户体验，增强客户满意度。
- 合作协同：通过数字化管理模式，企业能够与供应链伙伴实现更紧密的协同合作，共同推动供应链效能的提升。
- 创新驱动：聚合供应链的数字化管理模式鼓励企业不断创新，探索新的商业模式和技术应用，提升竞争力。
- 环境友好：数字化管理模式可以优化资源利用和能源消耗，减少对环境的影响，实现可持续发展。

资料来源：小象 SRM. 供应链变革之路：聚合供应链的数字化管理模式与实际应用案例分析[EB/OL].（2023-08-11）[2024-10-30]. https://baijiahao.baidu.com/s?id=1773918917988391831.

案例思考题

1. 聚合供应链的特点是什么？

2. 聚合供应链的理念与哪些供应链服务平台创新的理念契合？属于供应链服务平台的商业模式创新吗？

3. 请查阅其他课外资料，结合本章所学内容，讨论一下聚合供应链的运作模式与传统供应链的异同点。

即测即练

第 8 章

供应链平台建设与创新的前沿方向

◆ **本章学习目的**

- 了解供应链平台的前沿创新方向
- 理解韧性供应链平台、智慧供应链平台、绿色供应链平台与生态供应链平台的内涵
- 认识韧性供应链平台、智慧供应链平台、绿色供应链平台与生态供应链平台的发展趋势
- 认识韧性供应链平台、智慧供应链平台、绿色供应链平台与生态供应链平台的建设与创新

◆ **引导案例**

由于全球地缘政治博弈加剧，全球产业链供应链持续重构，其重点由成本、效率、科技转向安全、稳定和政治，引发了韧性供应链平台、智慧供应链平台、绿色供应链平台与生态供应链的创新发展。现代企业和供应链利用平台技术构建供应链多维能力。如华为灵鲲"数智云脑"已帮助华为全球供应链构建韧性、智慧、绿色与生态能力。

华为：供应链发展多维能力

华为于 2015 年启动了供应链数字化转型的 ISC+（integrated supply chain，集成供应链）变革，聚焦于提升客户体验和创造价值，并以 ISC+愿景为牵引，打造数字化、主动型的供应链。

在数据底座、流程/IT 服务化改造和算法建设的基础上，华为供应链进行了业务重构，形成了两层智能业务体系，即基于"灵鲲"数智云脑的供应链智能决策和基于"灵蜂"智能引擎的敏捷作业。其中，"灵鲲"数智云脑是供应链的业务型大脑，在两层智能业务体系中负责全局性的数据分析、模拟仿真、预案生成和决策指挥；"灵蜂"智能引擎则是面向作业现场和业务履行的智能作业单元，可以实现敏捷高效、即插即用和蜂群式的现场作业。

1. "灵鲲"数智云脑赋能供应链运营智能化

智能运营中心（IOC）是供应链"灵鲲"数智云脑的重要组成部分，其从三个维度推进供应链运营的智能化，助力多维能力发展。

在业务运营层面，面向关键业务点，IOC 设置了 300＋个探针，自动识别业务活动或指标异常，实现了从"人找异常"到"异常找人"，从"全量管理"到"变量管理"的转变。

在流程运营层面，首先，通过流程内嵌算法，自动实现流程运作过程中的管理目标，减少管理动作；其次，在正向流程设计中考虑逆向业务产生的原因，减少逆向业务的发生；最后，通过流程挖掘技术，识别流程的瓶颈和断点，再不断优化和合并同类项，实现流程简化。

在网络运营层面，通过接入供应链网络数据，IOC 可以快速感知和分析风险事件的影响，并基于预案驱动供应链网络的资源和能力，快速进行调配和部署，实现风险和需求实时感知、资源和能力实时可视、过程和结果实时可控，打造敏捷和韧性的供应链网络。

IOC 打破了功能的"墙"和流程间的"堤"，实现关键业务场景下跨功能、跨流程和跨节点的合成运营，以及异常发现与问题解决之间的快速闭环。以华为深圳供应中心订单履行异常管理为例：在变革前，订单履行异常管理是一项高能耗业务，需要 100 多名订单履行经理分别与统筹、计划、采购等角色沟通，再进行分析和处理；构建 IOC 后，系统可以自动发现异常、定位、分析原因并提供方案建议，从之前的人工操作变成了系统自动处理加人工辅助确认，作业效率提升了 31%。

订单履行异常管理的变化情况如图 8-1 所示。

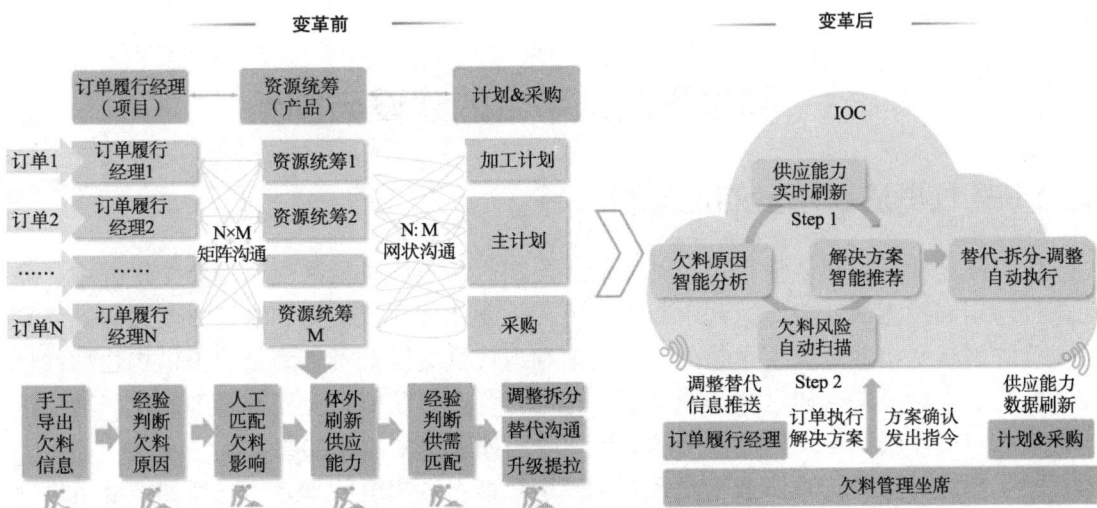

图 8-1　订单履行异常管理的变化情况

2. "灵蜂"智能引擎赋能供应节点内高效作业、节点间无缝衔接

"灵蜂"智能物流中心是"灵蜂"智能引擎的典型应用场景。通过"灵蜂"智能物流中心的智能化运作，可以更好地理解"灵蜂"智能引擎是如何实现敏捷高效现场作业的。"灵蜂"智能物流中心位于华为物流园区，占地 24 000 m²，是华为全球供应链网络的订单履行节点之一。

在节点内，"灵蜂"智能物流中心构建了库存分布、波次组建、智能搬运车（AGV）调度等 12 个算法模型，应用了智能搬运车、密集存储、自动测量、射频识别（RFID）等 9 种自动化装备，实现了来料自动分流入库、存拣分离智能移库、智能调度、波次均衡排产、成品下线自动测量、自动扫描出库的高效作业，将现场作业模式从"人找料"转变为"料找人"。

在节点之间，当订单生成后，司机可以通过数字化平台预约提货时间，系统会自动完成提货路径规划和时间预估。同时，作业现场应用货量预估和装箱模拟等工具，自动确定拣料顺序和装车方案，根据司机到达的时间倒排理货时间，在车辆到达垛口的同时完成理货，实现下线即发。

应用数字化引擎建设的"灵蜂"智能物流中心使人、车、货、场、单等资源达到最优配置，使收、存、拣、理、发的作业实现集成调度。在业务量翻倍的情况下，保持人员和场地面积不变，持续提升客户体验和服务水平。

资料来源：熊乐宁. 数字时代，华为如何重塑供应链？[EB/OL]. [2024-10-27]. https://www.huawei.com/cn/huaweitech/publication/202203/huawei-reshape-supply-chain-digital-era.

本书第 7 章介绍了供应链服务平台的商业模式创新，因为供应链服务平台具有开放共享的特性，市场中存在大量商业化的实践经验。然而，对于供应链管理平台，其运营较为封闭，在商业化方面较为局限，故本章不单独阐述供应链管理平台的商业模式创新，而是将其融入未来的前沿创新方向中。本章的内容既适用于供应链管理平台，也适用于供应链服务平台。

8.1 韧性供应链平台的建设与创新

8.1.1 韧性供应链平台的定义和内涵

供应链韧性是指在从物料寻源到物流，再到产品与服务最终交付的整个过程中，企业通过计划和预测快速响应运营中断的能力，主要体现在抵抗力和恢复力两方面。而韧性供应链平台是指通过应用卓越的流程技术和现代供应链技术，为企业提供构建韧性供应链能力的平台。平台通过全产业链数字化运营，牵引赋能企业提升管理效率，增加产业链供应链运营层韧性。韧性供应链平台的内涵如下（朱丽，2022）。

（1）平台通过全产业链数字化运营，牵引赋能企业提升管理效率，增加产业链供应链运营层韧性。彼得·德鲁克在《管理未来》（*Managing for the Future*）中曾明确指出，企业必须以生产率和创新这两座灯塔为指标。日本曾进行过一项对 400 家制造业的调查研究，并发布了《2004 年度制造业白皮书》。该报告提出了在"研究""制造—组装""销售""售后服务"等多业务阶段上，"哪一个业务阶段的利润率最高"的问题，而最终得到的结果是：认为"制造—组装"利润率最高的企业非常多。进而该报告又提出了"武藏曲线"，该曲线指出利润最丰厚的业务阶段在于制造上。近年来跨国企业呈现把业务撤离中国的趋势，如搬回本国或者转移到东南亚、非洲等，这更加迫切需要依托平台增强中国供应链的韧性。

（2）平台通过数字生态构建来保障关键技术领域创新，以向价值链高端迈进的方式，提升产业链供应链生态层韧性。中国政府的中央经济工作会议把"增强产业链供应链自主可控能力"作为 2021 年的主要工作任务之一，要求"统筹推进补齐短板和锻造长板，针对产业薄弱环节，实施好关键核心技术攻关工程，尽快解决一批'卡脖子'问题，在产业优势领域精耕细作，搞出更多独门绝技"。数字时代的竞争绝不是单个企业的角逐，而是体系化、标准化、多样化和包容性的数字生态的竞争，数字时代关键领域创新亦是如此。尤其是对处于瓶颈中的关键数字核心技术，企业更是要构建以中国技术应用为核心的、兼容并包的、自主可控的数字生态体系，从长远发展视角增强产业链供应链韧性和安全稳定。

（3）平台通过线下产业链与线上产业生态融合聚集，牵引赋能数字化产业带，提升产业链供应链区域层韧性。数字化产业带是以数字技术服务为依托，以互联网为载体，以企业转型为路径，线下产业链与线上产业生态融合聚集的新型产业集群。根据 2022 年 8 月阿里研究院发布的《数字化产业带：增强产业韧性与活力》的相关报告，截至 2021 年，数字化产业已经在 163 个城市呈现 3 000 多个数字化产业带。全国数字化产业带前 100 名，贡献了数字化产业带近 40%的供应商数量和约 2/3 的交易规模。2021 年数字化产业带交易额同比增速超过 15%，超过全国 GDP 增速。根据中国信息通信研究院于 2024 年 8 月发布的《中国数字经济发展研究报告（2024 年）》，2023 年我国数字经济规模达到 53.9 万亿元，较上年增长 3.7 万亿元，数字经济占 GDP 比重达到 42.8%，较上年提升 1.3 个百分点，呈现稳中向好的趋势。

为了使得韧性供应链平台的上述三个内涵充分发挥作用，韧性供应链平台通常需要具有以下功能。

（1）制订供应链计划，优化生产。制订战略性供应链计划有助于企业同步供应链的各个环节并提高可视性和敏捷性，这是打造韧性供应链的重要步骤。通过制定供应链计划，企业可以更清晰地了解供需要求，协调生产。这种方法具有互联性和前瞻性，能够帮助企业更好地预测问题，尽可能地降低供应链中断的影响，改善整体运营。

（2）充分了解和利用数据。企业如果能利用数字化系统分析和了解大数据，就可以显著提高供应链的韧性。借助人工智能加持的系统，企业能够管理来自企业内部和全球的不同数据集；对新闻、竞争对手活动、销售报表甚至客户反馈进行统一分析，从中发现趋势和机遇；持续监控系统内的互联设备，实时洞察以了解需要自动化和优化的工作流，以及具体的处理方式。人工智能、机器学习和现代数据库等数字化供应链技术不仅能够获取和管理大数据，还能以近乎无限的组合方式对大数据进行分析和学习。这有助于整个供应链网络实现智能化自动化，并为供应链管理人员提供所需的实时洞察，帮助他们快速响应供应中断和意外事件。

（3）实现供应商和制造合作伙伴多元化。过去，为了降低运营和物流的复杂性，供应链管理人员会尽可能地减少供应网络中的合作伙伴和供应商数量。但这种策略的成功有赖于社会、环境和政治的稳定。如果某个地区出现意外的供应中断，整个供应链网络的运营都会受阻甚至中断。IT 研究与顾问咨询公司高德纳（Gartner）在 2020 年 6 月的供应链韧性策略评估中指出："过去几年，供应链中断频发。这意味着，保留多个供应点并非低效之举，而是企业运营所必需。"借助区块链、传感器和高级分析等韧性供应链技术，供应链管理人员能够监管复杂的合作伙伴关系和供应商合同，甚至供应商网络中最偏远的地区也能顾及。

（4）建立产能和库存缓冲。长期以来，供应链的盈利都依赖于精简库存和避免库存过剩。建立产能和库存缓冲成本高昂，因此为了降低成本，供应链管理人员经常要冒着供应链中断的风险。《金融时报》（*Financial Times*）发表的一篇文章指出，企业在重构供应链和制造运营时，应从"准时制"（just-in-time）转为"预先生产制"（just-in-case），并重点投资有助于打造韧性供应链的解决方案。利用数字化供应链技术，供应链可以实现按需制造、虚拟库存和需求预测，即使出现意外中断，也能保持韧性。

真正有韧性的供应链和企业不仅能够度过艰难时期，还能利用种种挑战开展创新，巩固业务。产业链供应链安全稳定是构建后疫情时代新发展格局的基础，中央经济工作会议把"增强产业链供应链自主可控能力"作为 2021 年的主要工作任务之一；"十四五"规划提出要形成具有更强创新力、更高附加值、更安全可靠的产业链供应链；工信部在 2022 年明确提出要"不断增强产业链供应链韧性"。新冠疫情虽然给全球供应链带来了极大的压力，但也给行业发展和创新带来了机遇。随着后疫情时代全球产业链、供应链、价值链"三链条"重构，全球供应链本土化趋势的深度调整已经开始，各国已经将供应链、产业链列为国家级的战略。2024 年 7 月，党的二十届三中全会审议通过的《中共中央关于进一步全面深化改革、推进中国式现代化的决定》强调"健全提升产业链供应链韧性和安全水平制度"，并做出了全面部署。

企业使用韧性供应链平台的益处通常包含以下三点。

（1）提高运营效率。通常情况下，提高供应链韧性能够帮助企业尽可能降低风险，提升创新和业务增长方面的投资能力。贝恩（Bain）公司在 2020 年发布的全球业务分析报告中称，优先投资韧性供应链的企业的产品开发周期缩短了 60%，产能提高了 25%。

（2）提高生产力。韧性供应链技术能够整体提高系统的生产力。在麦肯锡 2020 年开展的一项调查中，全球各地的供应链领导者表示，韧性供应链系统能够提高生产力，93%的受访企业计划将韧性供应链战略作为未来一年的首要投资对象。

拓展阅读 8.1 一个平台：构筑更有韧性的数字化供应链

（3）降低风险。许多企业经常在供应链运营领域面临最大风险、遭受最大损失。供应链本质上是全球分散且功能复杂的，因此特别容易遭遇风险。韧性供应链技术能够帮助企业掌握整个供应网络内的所有运营情况，实时优化和调整流程和物流，从而降低风险。

8.1.2 韧性供应链平台的发展历程、现状和趋势

1. 韧性供应链平台的现状

目前只有少数平台以供应链韧性为目标，大多数以管理策略、数据分析、信息共享等方式来实现对韧性的需求，但仍难以满足韧性供应链的要求。

（1）部分平台仍然以传统策略管理库存。麦肯锡 2022 年的调查报告显示，80%的受访者在 2021 年增加了库存；在对近 300 家上市公司进行单独分析后发现，2018—2021 年，库存平均增加了 11%，其中高科技和大宗商品行业的涨幅最大（Mckinsey，2022）。

（2）韧性平台的数据基础仍然薄弱。麦肯锡 2022 年的调查报告显示，目前只有 53% 的公司拥有足够或高质量的数据。

（3）供应链可见性弱。麦肯锡 2022 年的调查报告显示，45%的受访者表示，他们要么对上游供应链一无所知，要么只能看到一级供应商。在 2021 年的调查中，只有 2%的受访者表示，他们对三级或更高级别的供应链有很好的了解。

（4）相关学术研究初步兴起。目前供应链韧性研究主要聚焦于供应链韧性提升方法（刘露等，2024）、韧性内生性决策（Perraudat 等，2022）以及特定情境下的韧性优化（刘伟华等，2024）三大方面。

2. 韧性供应链平台的发展历程及趋势

韧性供应链平台也经历了可视性、柔性、协同与整合能力的逐步构建过程，其发展历程及趋势如图 8-2 所示。

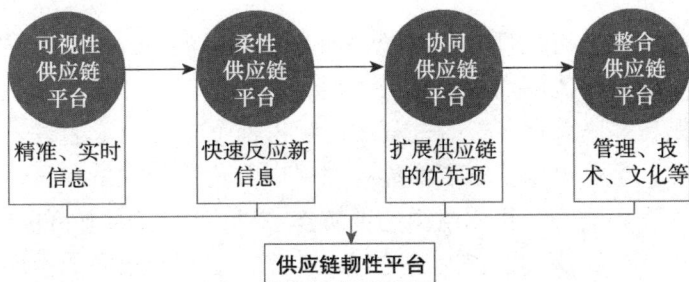

图 8-2 供应链韧性平台的发展历程及趋势

（1）可视性供应链平台：平台着力建立供应链可见性，在结构可视性与动态可视性方面有所发展。一方面，结构化可视能力是企业了解自身供应链状况的重要手段。通过结构化可视能力，企业可以清晰地看到供应商的位置、生产制造地点、物流路线等关键信息。目前，许多企业正借助数字孪生技术在虚拟网络环境中平行构建供应链能力，借此获得更高的结构化可视能力。这种能力可以帮助企业更好地评估和优化供应链性能，并对潜在风险和短板进行压力测试。另一方面，动态可视能力使企业能够实时监控和响应供应链中的事件。通过动态可视能力，企业可以实时掌握产品在整个供应链中的位置、工厂和仓库的运行情况、中断的发生和影响等信息。目前，一些企业已经通过供应链控

制塔等手段培育了动态可视能力。随着技术的不断进步和应用的深入，动态可视能力将越来越成熟，为企业提供更全面、更实时的供应链监控和响应能力。

（2）柔性供应链平台：以捕捉需求和智能预测为主的库存管理策略。麦肯锡 2022年的调查报告显示，分别有 74%和 69%的管理者提到需求和供应规划是未来的主要目标，其中 58%的受访者优先考虑库存优化。这些预测分析可以识别围绕销售需求、汇率和其他重要供应链指标的可能的未来趋势。

（3）协作供应链平台：平台通过构建安全通道来促进供应链连通和数据共享。近乎实时的数据有助于传感和响应系统的有效反馈和高效作业。利用这些数据可以帮助衡量需求并审查对各种中断（例如台风、地震或洪水）的响应。然后，企业可以将这些数据用于情景规划，提高可持续性。它还有助于快速标记任何问题和中断，以便企业可以快速评估受影响的环节以及下一步要采取的步骤。供应链分析可以提供更准确的预测并帮助综合数据。

（4）整合供应链平台：技术被广泛应用于供应链的需求预测、生产计划、库存管理、物流运输等环节，实现了供应链的智能化和自动化。平台通过集成各个模块，实现了供应链上下游之间的信息共享和协同作业，提高了供应链的透明度和效率。

8.1.3　韧性供应链平台的建设与创新内容、案例

数字化转型和现代供应链技术能够为企业提供所需的韧性和竞争优势，帮助企业快速响应供应中断并把握机遇。基于以上技术，韧性供应链平台建设主要包含以下方面（Hofman，2022）。

（1）通过提高供应链可见性来建立统一商务。网络范围的库存可见性对于实现统一商务至关重要。借助网络范围内的库存可见性，企业可以避免缺货和积压等情况，从而降低持有成本并提高客户满意度。通过利用射频识别（RFID）、物联网传感器和数据分析等高级跟踪技术，企业可以实时了解库存水平以及货物的位置和移动情况，从而做出更好的数据驱动决策。此外，相比组织内部协作，供应链在组织外部与客户、供应商和合作伙伴进行协作更为必要。平台通过适当的工具，如基于权限的专用网络等，提供安全、简单和可信的环境来共享供应链数据。

（2）在销售和运营规划上进行协作。成功的销售和运营规划需要来自财务、销售、营销、生产和履行等诸多职能部门的领导参与。现代协作平台通过提供单一事实数据源、直观的建模和性能仪表板促进销售和运营部门的协作，使企业能够预测未来需求并主动响应市场变化。这种方法还有助于风险管理和应急计划，使企业能够减少因供应链中断或经济波动带来的影响。

（3）实施 SaaS 系统。SaaS 意为软件即服务，它彻底改变了全球企业和个人交付、访问和使用软件的方式，对全球技术实施产生了深远影响。对于供应链高管来说，SaaS允许每个阶段（例如原材料、生产、加工、仓储和分销）共享信息、操作和洞察，从而扩大了服务的覆盖范围和可见性。

（4）创建灵活、开放的云架构。日益增加的复杂性和不断的重组要求供应链技术能够轻松集成和快速调整，这意味着可组合架构特别适合现代供应链。与乐高套装一样，可组合架构允许通过组合较小的模块化组件来构建复杂的系统，这些组件可以轻松组装、互联和重复使用。管理员可以向池中添加新的硬件资源，并且可组合的基础设施可以自动将这些资源合并到可用池中。运动品牌 New Balance 就是一个很好的实例。这家运动服装公司创建了一个单一的内容库，为其所有系统（可穿戴设备、移动设备、自助服务终端等）提供数据。与其为每个系统从头开始重建 New Balance 商务体验，不如使用适合每种情况的通用可组合架构，反而效果要好得多。

（5）利用人工智能和机器学习支持供应链管理。人工智能和机器学习的出现引发了供应链管理的变革。据麦肯锡称，在库存控制中有效使用人工智能可以将库存持有成本降低多达 20%，并将缺货减少 50%。通过利用先进的算法和数据分析，人工智能和机器学习技术提高了需求预测的准确性，使企业能够以前所未有的精度预测市场趋势、波动和客户偏好。这种预测功能有助于高效库存管理，减少过剩库存，最大限度地减少缺货，从而优化营运资金。此外，人工智能和机器学习驱动的算法可优化物流，简化运输网络并降低成本。

（6）建立更高的供应链可见性。传统上，整个供应链的"可见性"较低，管理人员通常只能"看到"他们的一级供应商和直接客户在做什么。故而，在多级供应链中，运营商不会感受到三四层级发生中断的影响，但到想要调整时却为时已晚。平台使贸易伙伴能够聚集在一个安全、基于许可的交易场所中，在那里他们可以共享信息，从而提高交易的可见性并在整个供应链中建立弹性。具体来说，供应链可视性可从结构可视性和动态可视性着手（Crosnier，2024）。结构可视性可以获得其在某个时间点或特定时间段内的运营快照，包括风险评估（潜在的供应链风险和弱点），网络构建（供应商位置、生产位置），供应链网络评估（网络关系）以及建模功能（物流路线）。动态可视性是指实时监控和响应事件，包括监管、预测、指示并最终自主行动，从而帮助供应链看到产品流向、工厂和仓库的运行方式、中断的时间和地点以及中断的影响。供应链可视性构建的过程如图 8-3 所示。

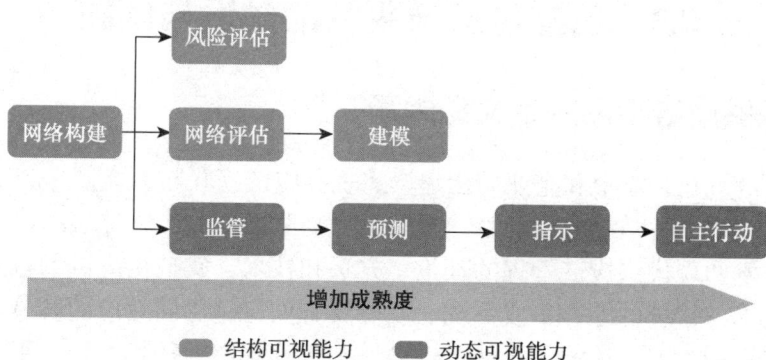

图 8-3　供应链可视性构建的过程

![案例8-1 图标] **案例8-1**

埃森哲（Accenture）的可持续采购中心平台提升供应链韧性

埃森哲（Accenture）的可持续采购中心使用区块链技术来确保"负责任的采购"并促进供应商 ESG（环境、社会和治理）绩效的持续改进。它是一个促进更好的数据共享并帮助更有效地管理供应商关系的平台。该平台能够评估和跟踪供应商在环境可持续性、人权、供应商包容性和多样性、道德和合规方面的表现。当然，埃森哲还实施了运营模式和变更管理计划来支持其可持续采购中心（The Hub）。

"负责任的采购"使埃森哲能够在平台生态系统内工作，以更高的敏捷性识别、发展和与更小、更多样化的供应商合作。埃森哲还要求选定的供应商提供有关如何提高业务绩效以减少对环境影响的信息和数据，这反过来又有助于埃森哲提高绩效。2023 财年，埃森哲的供应商包容性和多元化计划已包括 22 个国家。埃森哲继续通过数字化工作来发展该计划，利用埃森哲的可持续采购中心（The Hub）等技术工具来简化供应商环境、社会和治理评估等活动。通过将多元化业务整合到供应链中，埃森哲可以为客户提供创新性的、响应迅速且具有成本竞争力的解决方案。

与此同时，这家专业服务巨头已与微软和 Bira 91 等大公司合作，通过数字创新实现供应链转型。其管理者称：在与微软的合作中，埃森哲为 Microsoft-Azure 的供应链开发了控制塔解决方案，显著提高了跨越 30 多个国家/地区的线上库存管理和运营效率，从而提高了运营弹性和财务效益。同样，在与 Bira 91 的合作中，帮助整合了各种技术平台，提高了该公司的数据可见性和业务流程效率，这对于扩展运营和管理市场波动至关重要。

资料来源：Accenture. Developing A Responsible Supply Chain[EB/OL]. [2024-08-29]. https://www.accenture.com/us-en/about/company/accenture-supplier-inclusion-sustainability.

智慧供应链是以物流互联网和物流大数据为依托，以增强客户价值为导向，通过协同共享、创新模式和人工智能等先进技术，实现产品设计、采购、生产、销售、服务等全过程高效协同的组织形态，其"智慧"的特征突出表现在基于现代智能技术和供应链技术的应用，供应链全程运作可以实现可视化、可感知和可调节等功能。

8.2 智慧供应链平台的建设与创新

8.2.1 智慧供应链平台的定义和内涵

智慧供应链旨在企业中和企业间构建，实现供应链互联与智能。

而智慧供应链平台是结合云计算、大数据、物联网、人工智能、移动互联网以及区块链等先进技术和现代供应链管理的理论、方法和技术，实现供应链的智能化、网络化和自动化的技术与管理的综合集成系统。发展具有供应链协同效应的智慧供应链平台，支持上下游用户的生产、采购、仓储、运输、销售等管理系统相对接，平台与平台之间相对接，实现相关方单元化的信息数据正向可追踪、逆向可溯源、横向可对比，发挥智慧供应链在需求预测、优化生产、精准销售、品质控制、决策支持等方面的作用和价值。

智慧供应链的核心功能与内涵主要体现在数据集成与管理、实时监控与可视化、智能预测与分析、自动化流程与协同合作方面（英诺森，2024）。

（1）数据集成与管理。

智慧供应链平台通过整合不同来源的数据，实现数据的集中管理和共享。具体措施如下。①多系统集成：将 ERP（企业资源计划）、WMS（仓库管理系统）、TMS（运输管理系统）等不同系统的数据集成在一个平台上，消除信息孤岛。②数据标准化：采用统一的数据标准和格式，确保来自不同系统的数据可以无缝融合和互操作。③实时数据同步：通过物联网设备和传感器，实时采集和更新供应链各环节的数据，提高数据的准确性和时效性。

（2）实时监控与可视化。

实时监控与可视化功能可帮助企业实时跟踪供应链的运行状态，并以直观的方式展示数据。①实时仪表板：通过图表、地图和仪表板展示库存水平、运输状态、生产进度等关键信息，帮助管理者快速了解供应链状况。②异常预警：设置关键指标的警戒线，当数据超出预设范围时，系统自动发出预警，便于及时采取纠正措施。③趋势分析：通过历史数据的可视化分析，发现供应链运行中的规律和趋势，支持长期规划和优化。

（3）智能预测与分析。

利用大数据和人工智能技术，智慧供应链平台可以进行智能预测与分析。①需求预测：基于历史销售数据，市场趋势和外部因素（如季节、促销活动等），准确预测未来的市场需求。②库存优化：通过分析库存数据和销售预测，优化库存水平，减少库存持有成本和缺货风险。③供应链风险管理：识别潜在的供应链中断风险（如自然灾害、供应商问题等），并制订应急预案。

（4）自动化流程。

智慧供应链平台通过自动化工具提高供应链各环节的效率。①订单处理自动化：自动处理客户订单，减少人工干预，提高订单处理速度和准确性。②库存管理自动化：自动监控库存水平，智能补货，避免库存过剩或短缺。③运输调度自动化：通过算法优化运输路线和调度，提高运输效率，降低物流成本。

（5）协同合作。

智慧供应链平台促进供应链各方的协作和信息共享。①供应商协同：与供应商共享生产计划和需求预测，提高供应链的整体协作效率。②客户协同：与客户共享订单状态、发货信息等，提高客户满意度和信任度。③内部协作：打通企业内部不同部门的信息壁垒，实现更高效的跨部门协作。

8.2.2 智慧供应链平台的发展历程、现状和趋势

1. 智慧供应链平台的发展历程与现状

供应链智能化发展可以分为 5 个阶段，包括人工下单采购、自动下单、深度托管、

自动学习及端到端的超级自动化，如图 8-4 所示。这一发展历程体现了数据算法决策替代人工决策的过程，并且每个阶段对数据算法提出了不同的要求。例如，当前行业最先进的智慧供应链平台已经能够实现自动学习，这主要依托"预测 + 决策"的算法。

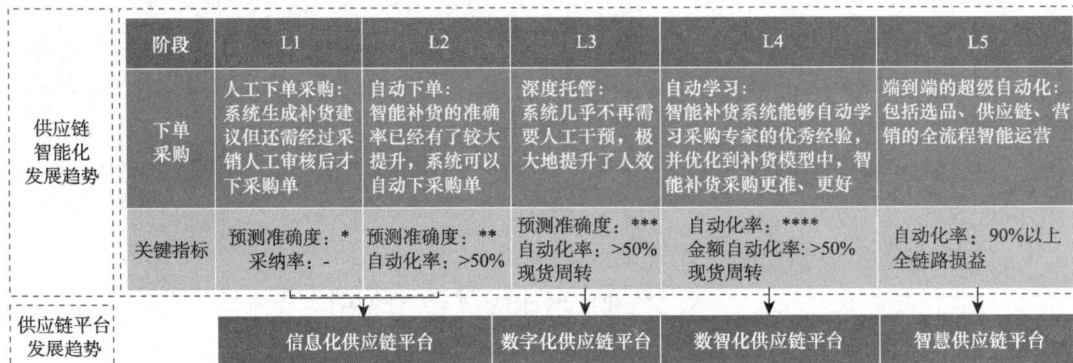

	阶段	L1	L2	L3	L4	L5
供应链智能化发展趋势	下单采购	人工下单采购：系统生成补货建议但还需经过采销人工审核后才下采购单	自动下单：智能补货的准确率已经有了较大提升，系统可以自动下采购单	深度托管：系统几乎不再需要人工干预，极大地提升了人效	自动学习：智能补货系统能够自动学习采购专家的优秀经验，并优化到补货模型中，智能补货采购更准、更好	端到端的超级自动化：包括选品、供应链、营销的全流程智能运营
	关键指标	预测准确度：*采纳率：-	预测准确度：**自动化率：>50%	预测准确度：***自动化率：>50%现货周转	自动化率：****金额自动化率：>50%现货周转	自动化率：90%以上全链路损益
供应链平台发展趋势		信息化供应链平台		数字化供应链平台	数智化供应链平台	智慧供应链平台

图 8-4　供应链智能化水平与供应链平台的 5 个阶段

对应不同的智能化水平，供应链平台经历了信息化供应链平台、数字化供应链平台、数智化供应链平台、智慧供应链平台四个阶段[①]。

1）第一阶段：信息化供应链平台

信息化供应链平台是一个基于现代信息技术，旨在提高供应链管理效率、促进信息流通和协同工作的系统平台。它通过整合供应链各环节的信息资源，实现数据的集中管理和实时共享，帮助企业更好地掌握供应链的运行状况，优化资源配置，降低运营成本，提升市场竞争力。这也是当前许多行业所处的阶段。

信息化供应链平台的特点如下。

（1）集成性。平台能够连接供应链中的各个参与方，如供应商、制造商、分销商、零售商等，实现信息的交换。

（2）透明度。信息化供应链平台提供了供应链运作的实时视图，企业可以清晰地看到库存状态、订单进度、物流情况等关键信息。这种透明度有助于企业及时发现问题、解决问题，并做出更加准确的决策。

（3）协同性。平台促进了供应链各环节的协同工作，通过共享信息和资源，供应链上的企业可以更好地协调生产计划、物流安排和库存管理等活动，提高供应链的响应速度和灵活性。

（4）流程优化。信息化供应链平台通过自动化和标准化流程，减少了人工干预和错误，提高了供应链运作的效率。例如，自动化订单处理、库存管理和物流跟踪等功能，可以显著减少人为错误和延误。

---

① DataFun Talk. 阿里智慧供应链实践：从"数字孪生"到"智能决策" [EB/OL]. (2024-08-29) [2024-12-21]. https://zhuanlan.zhihu.com/p/600309237.

（5）决策支持。平台提供的数据分析和报告功能，为企业提供了有力的决策支持。通过对供应链数据的分析，企业可以洞察市场趋势、评估运营绩效、识别潜在风险，并据此制定更加合理的经营策略。

2）第二阶段：数字化供应链平台

数字化供应链平台主要实现供应链数据可收集、可视化、可分析。

（1）可收集。数据可收集依托于数据中台的建设，核心是保障好数据质量，在准确率、及时性、完整度上提升到一定水平。

（2）可视化。围绕供应链各环节，构建出一套能反映供应链运转现状的业务指标，通过将业务指标的有机串联，实现供应链的可视化。

（3）可分析。可分析是指构建出自动分析诊断能力，或者是对需求的感知能力，具体包含需求预测、库存周转、存货率、计划准确度的分析等。

3）第三阶段：数智化供应链平台

数智化供应链平台进一步增加了自主学习能力，即在数字化基础上，用智能算法实现人脑分析的能力，强调智能分析和自主学习，通常采用智能算法和人工智能技术。数智化供应链平台通过对供应链风险、供应链运营等过程的观测和学习，可以自动识别风险和优化运营，使供应链运作达到最优化，满足消费者需求。

4）第四阶段：智慧供应链平台

智慧供应链平台通过端到端的超级自动化，将供应链的各个环节（包括采购、生产、物流、销售等）紧密连接在一起，形成一个高效、协同、智能的供应链网络。该平台不仅实现了信息的实时共享和透明化，还通过自动化和智能化的手段，对供应链中的各个环节进行精准控制和优化，从而提升企业的运营效率和市场竞争力。

（1）端到端自动化。智慧供应链平台实现了从原材料采购到最终产品交付给消费者的全链条自动化。通过集成各种自动化设备和系统，如自动化仓库、智能物流机器人、自动化生产线等，减少了人工干预，提高了供应链的运作效率和准确性。

（2）高度集成与协同。平台能够集成企业内部的 ERP、CRM、SCM 等系统，以及外部合作伙伴的系统，实现数据的无缝对接和共享。通过协同工作，供应链上的各个环节能够紧密配合，共同应对市场变化，提高供应链的响应速度和灵活性。

（3）智能决策与优化。利用大数据分析和人工智能技术，平台能够对供应链中的海量数据进行深度挖掘和分析，为企业的决策提供有力支持。同时，通过智能算法对供应链进行优化，如智能排产、智能调度、智能库存管理等，降低运营成本，提高供应链的整体效能。

（4）可视化与透明化。智慧供应链平台通过可视化的手段展示供应链的运作情况，包括库存状态、订单进度、物流轨迹等关键信息。这种透明化的管理方式有助于企业及时发现问题、解决问题，并做出更加准确的决策。

（5）动态调节与自适应。平台具备动态调节和自适应的能力，能够根据市场需求、供应情况等因素的变化，自动调整供应链的运作策略。例如，在需求旺季自动增加产能和库存，在需求淡季则减少投入，以保持供应链的平衡和稳定。

（6）安全与可靠性。智慧供应链平台注重数据安全和系统可靠性。通过采用先进的加密技术和安全防护措施，确保供应链中的数据安全不泄漏。同时，通过冗余设计和故障恢复机制，确保系统在高并发、高负载等极端情况下仍能稳定运行。

2. 智慧供应链平台的未来趋势

从趋势上看，智慧供应链作为当前供应链管理和服务领域的热点，其研究在国内外学术界日益深入。随着物联网、大数据、人工智能等技术的广泛应用，智慧供应链通过集成这些先进技术，实现了供应链各环节的智能化升级。在学术上，学者们不仅关注智慧供应链的构建框架和路径（李波等，2022），还深入探索其在提升供应链透明度、决策能力和促进信息共享（刘慧等，2024）方面的作用，以及这些作用对未来供应链发展的深远影响。

8.2.3　智慧供应链平台建设与创新的内容及案例

智慧供应链平台的建设可分为以下几个阶段。

（1）计划管理阶段。首先，通过需求预测模型实现对历史数据的追溯，对需求数据进行跟踪，对经济市场数据以及其他数据的输入进行预测管理，来减少整个环节的不确定性；然后，通过云计算、大数据技术高效快速实现数据的获取和建模分析，辅助计划决策管理，缩短各环节的决策周期，做到及时高效快速响应，从而减少过程中的变动性。

（2）寻源采购阶段。通过信息系统实现相应范本、评分规则的信息化落地工作，评标文件结构化自动抓取，实现可量化评标项自动评分，开放性评标项自动抓取相关内容，快速定位和呈现，辅助专家高效完成评标工作。

（3）物流优化阶段。当前，智慧供应链平台利用物联网、大数据、云计算、人工智能等先进技术，极大地提升了物流环节的透明度、可追溯性和响应速度。通过物流环节的智能化，供应商、生产商、分销商和最终消费者之间的信息流通更加顺畅，有助于降低库存成本、减少资源浪费，并能快速响应市场需求变化。此外，随着市场需求的多样化，智慧供应链平台的服务模式也在不断创新。除了传统的物流服务外，还涌现出了金融供应链、绿色供应链、跨境供应链等新兴服务模式，满足了不同企业的个性化需求。

然而，尽管智慧供应链平台在物流优化方面取得了显著的发展成果，但仍然存在一些问题和挑战，如部分企业对智慧供应链的认识不足、技术应用水平参差不齐、数据安全和隐私保护问题亟待解决等。针对以上现状和供应链发展需求，智慧供应链应提升平台的计算能力、数据处理能力和智能化水平。其一，智慧供应链平台应建立完善的物流信息数据库，包括物流基础信息、物流动态信息和物流业务信息等，实现供应链上下游企业之间的信息共享和协同作业，提高供应链的透明度和协同性；其二，创新物流服务模式，提升服务水平；其三，引入智能识别、智能调度、智能优化等人工智能技术，提升平台的智能化水平；其四，加强数据安全和隐私保护，确保用户信息的安全性和隐私性；其五，加强与产业链上下游企业的合作与交流，共同推动智慧供应链行业的健康发展。

（4）智能生产阶段。当前，通过智慧供应链平台，企业可以实时监控生产过程中的各项数据，如设备状态、产品质量和产量等。这种实时监控能力使得企业能够及时发现和解决生产问题，确保生产过程的稳定性和可靠性。此外，智慧供应链平台能够实时采集和分析生产数据，为企业提供数据驱动的决策支持。通过大数据分析，企业可以更准确地预测市场需求、优化生产计划、降低生产成本，从而提高整体盈利能力。

智慧供应链平台在生产阶段的应用已经取得了显著成效，但仍需不断完善和优化。通过推进生产设备智能化升级、构建智能生产计划系统、加强生产数据采集与分析能力、优化生产流程与资源配置以及加强供应链协同与信息共享等措施，可以进一步提升智慧供应链平台在生产阶段的效能和竞争力。基于客户需求的快速变动和劳动力成本变动，智慧供应链平台可以进一步帮助企业生产。其一，智慧供应链平台通过物联网技术实现生产设备的远程监控和故障预警，降低设备故障率，提高生产效率；其二，利用人工智能和机器学习技术构建智能生产计划系统，实现生产计划的自动化制定和优化；其三，利用大数据分析和人工智能技术对这些数据进行深度挖掘和分析，发现生产过程中的问题和改进点。

（5）客户交付阶段。当前，通过智慧供应链平台，客户可以实时追踪订单状态，包括生产进度、物流信息、交付时间等，从而提高了供应链的透明度和可追溯性。客户可以更加便捷地查询订单状态、跟踪物流信息，并在需要时获得及时的客户支持和服务。进一步，通过数据分析，企业可以更好地了解客户需求、市场趋势和潜在风险，从而制定更加科学合理的销售策略和物流计划。

在创新方面，智慧供应链平台在客户交付生产阶段已经展现出了强大的潜力和价值。未来，通过加强信息化建设、优化智能调度算法、提升协同作业能力、强化数据分析与决策支持、完善客户服务体系以及加强数据安全与隐私保护等措施，可以进一步提升智慧供应链平台在客户交付生产阶段的效能和竞争力。其一，通过智慧供应链平台实现生产计划、物料采购、库存管理、物流配送等环节的信息共享和协同管理，提高供应链的整体协同效率和响应速度；其二，利用数据分析结果为企业提供决策支持，帮助企业更好地了解客户需求、市场趋势和潜在风险，从而制定更加科学合理的销售策略和物流计划；其三，采取数据加密、权限管理等措施，确保客户数据的安全性和隐私性。同时，建立完善的应急预案和恢复机制，以应对可能的数据泄露或损坏情况。案例8-2介绍了国家电网的智慧平台。

案例8-2

国家电网的"五E一中心"智慧平台

基于"全生命周期供需协同生态"理念，应用现代先进信息技术赋能电工装备供应链韧性，国家电网有限公司通过坚实的攻关研发和持续的应用迭代，建成了供应链上下游网络化互联、数字化互通、智能化互动的现代智慧供应链"五E一中心"智慧平台。

电子商务平台（ECP）：从采购计划、招标采购、合同物流、质量监督、供应商管理到废旧物资处置，全流程业务平台操作、在线协同。

电工装备智慧物联平台（EIP），延伸至装备制造生产系统，打造供需双方开放互信的物联平台，实时采集供应商设备排产、关键原材料和组部件、工艺质量、出厂试验等信息，供需协同制造、按需排产、改进工艺。

电力物流服务平台（ELP）：延伸至社会物流网络，打造特种设备专业化物流服务平台，运输可视监控，共享仓储运力资源。

企业资源管理系统（ERP）：需求、订单、库存、资金等企业资源统筹管控。

"e物资"掌上应用：随时随地一键办理。

供应链运营中心（ESC）：激活数据的状态感知、规律洞察和协同运作价值，发挥数据聚合力和蝶变力，提升运营效率效果和风险管控水平。

"五E一中心"智慧平台实现了从传统物资管理向涵盖智能采购、数字物流、全景质控、合规监督、智慧运营的全链业务数字化运营模式的转变，构建了安全可控、高效协同、敏捷应变、共享共赢、更具韧性的供应链生态。

智构质量。该智慧平台首创工业互联网模式下生产质量监督管理平台，自主研发云边协同智慧物联网关，实现多源异构电工装备生产试验数据实时汇聚、在线监测，应用生产制造、监造抽检、安装试验、设备运行、报废处理全生命周期质量信息，精准勾绘产品360°全息画像，构建质量诊断、对标分析模型，协同供应商在生产环节提升智能制造水平和产品质量。

智惠服务。云采购、云签约、云物流、云检验、云结算，全时空、全场景，网上供需交互协同，让"数据多跑路，供应商少跑腿"，2019—2021年累计节约交易成本支出122.61亿元。联通供应商库存和产能数据，构建"全供应链实物资源池"和全网统一调配体系，提升用户接电响应和社会保电应急能力。2021年7月河南暴雨抗险救灾工作中，19个省、102家供应商快速联动调配应急物资1.23亿元，确保了"水退人进电通"。

智链诚信。建立以供应商为核心的数据互联网络，形成资质水平、运营能力、采购履约、质量管理、征信行为五维全息评价体系。应用深度大数据分析、知识图谱形成供应商数字化信用标签，自动生成电力行业信用报告，为融资贷款业务提供数据支撑。其创新推出的投标保证金和履约保证金保险等产融协同服务，累计为供应商释放资金229亿元。

智控风险。应用自有的SG-UAP研发平台、电力北斗GIS平台、国网云、国网芯、国网链等核心技术，构建集可信互联、精准防护、安全互动、智能防御于一体，涵盖技术、网络、应用、数据全场景的安全防护体系。创建了基于流程挖掘技术和人工智能算法的仿真模型，实现流程模拟跟踪、合规预警等功能。建立了业务合规风控模型，实时监测全链关键风险防控指标，智能报警和在线闭环处置，实现业务全程风险可视可控。

智享绿色。内嵌绿色评价、检验标准的智能比对算法模型，甄选绿色产品、绿色生产供应商。应用网络开标、远程异地评标、单据签署电子化等技术实现业务无纸化，累计减少碳排放 14 367 万吨。

资料来源：世界互联网大会. 赋能供应链韧性"五 E 一中心"智慧平台[EB/OL]. (2021-12-06) [2024-11-10]. https://cnsubsites.chinadaily.com.cn/wic/2021-12/06/c_169579.htm.

8.3 绿色供应链平台的建设与创新

8.3.1 绿色供应链平台的定义和内涵

绿色供应链管理这一概念最早在 1996 年由美国密歇根大学的制造研究协会提出，强调在保证经济发展的前提下，企业需要同时考虑环境效益和资源利用效率[①]。绿色供应链是指从原材料采购、产品制造和销售、废旧品逆向回收的全生命周期的低碳化发展，供应链中各环节企业都需要以可持续发展为原则，实施必要的碳减排或合作减排策略（李璟，2021）。

绿色供应链平台则是企业实现绿色供应链管理的信息化系统，将环境保护和资源节约的理念贯穿于企业从产品设计到原材料采购、生产、运输、储存、销售、使用和报废处理的整个过程，使企业的经济活动与环境保护相协调。平台以核心企业作为支点，向上下游企业持续传递绿色要求，引导相关企业参与绿色发展工作，进而带动全产业链的绿色化水平持续提升。为了实现这一目标，绿色供应链平台采用了多种策略和措施，如碳数据采集、分析处理与计算、定制化数据展示、碳排放实时查询、灵活配置碳排放监测模板、碳排放多监测源和智能数据监控、一键生成报告等功能。绿色供应链平台的建设不仅有助于企业实现绿色转型，减少对环境的负面影响，同时也促进了资源的有效利用和经济的可持续发展。通过这些措施，绿色供应链平台为应对全球资源环境挑战提供了有效的解决方案，成为推动经济社会绿色发展的重要力量，如中国移动的"一物一码"绿色供应链平台。

拓展阅读 8.2　中国移动的"一物一码"绿色供应链平台

8.3.2 绿色供应链平台的发展历程、现状和趋势

1. 绿色供应链平台的发展历程及现状

在很长一段时期，企业在对供应链进行管理时，主要关注成本、质量、安全等问题，

[①] WALTON S V, HANDFIELD R B, MELNYK S A. The Green Supply Chain: Integrating Suppliers Into Environmental Management Processes[J]. International Journal of Purchasing and Materials Management. 1998, 34(1): 2-11.

并未充分考虑整个产业链条的资源环境影响。面对日益严峻的资源环境挑战，在绿色发展已经成为全球共识的大背景下，各国在不断严格环境监管的同时，也在积极创新环境管理方式，特别是企业层面的管理模式，以减少经济社会发展所带来的生态环境影响。在此过程中，绿色供应链管理及平台应运而生。自 1996 年至今，绿色供应链平台的发展历程如图 8-5 所示。

图 8-5　绿色供应链平台的发展历程

发展绿色供应链平台可将绿色制造理念和供应链管理相融合，使产品在整个供应链环节从原料获取、加工、包装、存储、运输、使用到回收过程中考虑环境影响和资源效率，发挥市场竞争力，实现经济效益、社会效益和环境效益的统一。在此之后，绿色供应链的概念和内涵从不同角度不断被丰富和深化，如绿色供应链管理的发展要求将供应商纳入企业环境战略，从而实现绿色集成管理；又如绿色供应链是在传统供应链的基础上加入环保意识，等等。

中国绿色供应链平台发展最初是以绿色采购为主，后来形成以绿色采购、绿色生产、绿色销售、绿色物流、绿色回收体系为主体，绿色供应链管理、绿色供应商管理、绿色信息平台建设、绿色信息披露协同构建的系统性发展体系。特别是在国家高质量发展和"双碳"背景下，社会对企业绿色供应链的要求不再只是强调通过应用先进技术设备和管理模式实现节能、节地、节水、节材和减少对环境的污染，更强调要完善标准计量器具、提升统计监测能力、积极融入市场化机制建设，充分利用绿色金融、财税价格和投融资政策支持，形成绿色供应链发展的循环可持续市场化机制及平台运行机制。

绿色供应链平台是在传统供应链平台的基础上发展起来的，两者都强调系统性，希望通过各节点、各企业及各部门间的相互协调合作，实现整个供应链效益最大化。但相对于传统供应链而言，绿色供应链在追求经济收益的同时，更强调环境因素，寻求经济、社会与环境三者之间效益的平衡，强调计划、采购、生产、流通至消费等活动与环境的相容性。根据国内外学者从不同角度对绿色供应链的阐述，以及参考国内外企业的案例做法（见案例 8-3），绿色供应链平台的特征可以总结为以下几点[1]：

（1）绿色性。绿色供应链平台与传统供应链平台的本质区别，就在于将"绿色属性"融入供应链的整个生命周期，强调对产品整个生命周期的绿色改造。供应链的绿色化主

---

[1] 中创足迹. 全面解析绿色供应链[EB/OL]. (2023-08-24) [2024-09-10]. https://mp.weixin.qq.com/s/uyJKAuIC2NyIAipNpAeoOA.

要体现在两个方面：一是环境保护，绿色供应链在采购、设计、生产等运行过程中处处蕴含环保意识，尽可能降低对环境的污染；二是能源利用，在运营过程中对每种应用到的资源加以最大限度的利用，缓解资源的紧张，增加社会福利，最终在降低资源消耗和环境影响的追求下实现经济绩效。

（2）动态性。供应链平台是一个复杂的网络系统，各节点企业之间存在竞争与合作，由于环境变化、企业价值变化促使供应链向绿色供应链发展，在此过程中绿色供应链将不断从低级阶段向高级阶段持续发展进步，供应链绿色化程度也不断加深，因此必然表现出动态性和阶段性特点。

（3）循环性。绿色供应链平台与传统供应链平台相比增加了绿色回收，从绿色采购到绿色回收，对供应链的各个环节进行节能环保设计，形成一个完整的闭环供应链。通过绿色回收，将使用寿命结束的产品通过逆向物流使部分材料或零部件循环使用，从而提高供应链系统的资源利用率，降低对环境的负面影响。

（4）复杂性。尽管绿色供应链是一个闭环的链状结构，但外部环境变化都会影响到供应链的绿色化进程，企业是否进行绿色创新以及绿色化程度受制于国家、法律、政策、文化、民族、习俗等多方面的影响。不仅如此，平台上的供应链成员之间也会互相影响，供应链中不同成员的类型、规模、文化、理念也都不尽相同，这些因素也可能成为绿色供应链平台创新的影响因素。

2. 绿色供应链平台的未来趋势

在未来趋势上，前沿实践和学术研究日益聚焦于绿色化与数字化协同发展的实施路径探索与绩效优化策略的未来走向。关于实施路径的研究趋势，学者们不仅深入探索数字化技术（如物联网、大数据、人工智能等）在绿色供应链管理中的具体应用，以期帮助企业加速绿色化转型、有效削减碳排放并提升资源使用效率，而且更加重视研究这些技术如何与绿色供应链管理的理念深度融合，形成创新的协同发展模式。此外，研究趋势还展现出对跨行业、跨领域绿色供应链与数字化供应链协同作用机制的深入挖掘，尤其是在特定行业的数字化转型背景下，如何制定并实施更加精准、高效的绿色供应链决策成为研究热点（俞园园等，2024）。

案例8-3

国内外绿色供应链发展实践

绿色供应链概念提出之后，美国企业率先进行了有益探索。在制造业领域，1998年通用电气开始在全球开展供应商合规管理工作，2004年提出绿色供应链目标，并于2014年协同安永会计师事务所、美国劳伦斯伯克利国家实验室等组织实施了绿色供应商创新项目。2004年，惠普、戴尔和国际商业机器（IBM）等公司联合发表《电子产业行为准则》（EICC），目的是在全球电子行业供应链中建立标准化的社会责任感行为规范，包括社会、环境责任和道德规范等一系列内容。苹果公司于2012年主动公布主要供应商和生产合作伙伴名单，并进行多次更新，广泛接受社会监督；同时，积极推动上游供应商绿色发展，苹果公司《2020年环境进展报告》显示，超过70家供应商承诺使用100%可再生电力制造苹果产品。欧盟能源总司，欧盟内部市场、工业、创业和中小企业总司，欧盟环境总司推动开展的生态设计和能源标识工作，营造了生产和消费绿色产品的氛围，有力推动了家电、日化等领域的核心企业打造绿色供应链。2019年欧盟实施的绿色新政，通过上调欧盟2030年和2050年减排目标，在推动节能减排方面给供应链核心企业提供了新的指引。

作为全球第一制造大国的中国也加快推进相关制度建设及试点示范工作，形成了很多好的做法，为绿色供应链制度及实践创新贡献了中国力量。2007年，公众环境研究中心联合相关机构共同发出"绿色选择倡议"，并于2014年联合自然资源保护协会（NRDC）合作开发了评价品牌企业在华供应链环境管理表现的指标体系——绿色供应链CITI指数。2008年，自然资源保护协会开始实施绿色供应链项目"负责任采购计划（RSI）"，后更名为"清洁始于设计"。分别于2017年和2018年成立的绿色消费与绿色供应链联盟、中国绿色供应链联盟，凝聚了一大批企业、高校、科研院所、金融机构及行业协会资源，通过开展会员服务、政策宣贯、调研座谈、企业辅导、政府决策支撑等工作，调动大批行业企业的关注，并纷纷开始打造绿色供应链。公众环境研究中心在2023绿色供应链暨气候行动论坛发布第十期绿色供应链CITI指数年度报告，报告显示，在参评的742家企业中，有87%的企业做出气候承诺，约70%的企业测算自身运营碳排放，44.2%的企业披露价值链碳排放数据，50家企业测算并披露产品碳足迹。

我国绿色供应链管理工作起步相对较晚，但是步伐较快。得益于国家政策的驱动以及一些行业龙头企业的积极探索，涌现出了一大批优秀的绿色供应链企业，目前华为、金风等制造企业，阿里巴巴、京东等电商平台，朗诗、万科等房地产企业率先开展绿色供应链管理工作并已经形成了行业典范，为全球绿色供应链发展贡献了中国力量。

资料来源：

毛涛. 绿色供应链管理实践进展、困境及破解对策[EB/OL]. (2021-07-17) [2024-08-10]. https://www.chinathinktanks.org.cn/content/detail?id=i9dtxj58.

张丽娜. 中外企业推动减排行动落地[N]. 消费日报, 2023-10-23 (A01). DOI:10.28866/n.cnki.nxfrb.2023.001400.

8.3.2 绿色供应链平台建设与创新的内容及案例

目前，政府和一些第三方机构成为了绿色供应链管理工作的重要参与者和推动者。2023年以来，上海聚焦建设"五个中心"重要使命，强化"四大功能"定位，加快打造绿色低碳供应链，努力实现碳达峰、碳中和目标。为进一步加强企业间产品碳足迹管理体系的合作互认，推动供应链协同减碳，由重点领域的链主企业联合发起建立"CN100绿色低碳供应链链主联盟"（简称CN100）。因此，在钢铁、化工、汽车、电子、船舶、航空、海运、电气装备、电力、通信、生物医药、先进材料、机器人及智能制造、新一代信息技术等重点产业、行业的领军企业，有能力更有责任承担起各自行业及上下游供应链绿色低碳转型的"链主"重任，促成国际化业务合作（见案例 8-4）。为此，CN100 致力于在重点产业领域积极稳妥推进碳达峰、碳中和，通过建立产品碳足迹标准计量体系、完善碳足迹数据库管理服务体系、推进产品碳标识认证制度、丰富产品碳足迹应用场景，加快形成绿色低碳供应链，全方位提升碳综合服务能力[①]。

📚 案例8-4

绿色供应链平台助力宝钢股份与沙特公司共建海外钢厂

通过绿色供应链平台，宝钢股份与沙特阿拉伯国家石油公司（以下简称"沙特阿美"）和沙特公共投资基金（PIF）达成了绿色供应链合作协议，共同在沙特阿拉伯建设全球首家绿色低碳全流程厚板工厂。三方将建成年设计产能 250 万吨直接还原铁、150 万吨厚板的全流程钢铁制造基地，定位于生产高端厚板产品，主要服务于中东、北非地区的油气、造船、海工以及储罐和压力容器制造等多个战略性工业领域。该基地预计于 2026 年底投入运营，这也将是宝钢股份在海外的首个全流程生产基地。

1. 以平台为契机促成合作机遇

绿色供应链平台通过资源优势，促成多方合作。项目合作方之一沙特阿美是全球最大的石油生产商和炼化企业之一，也是中国重要的原油供应商和宝钢股份的战略客户；另一合作方 PIF 是沙特主权基金，也是全球最大的主权财富投资基金。此次合作将汇集宝钢股份先进的钢铁制造能力、沙特阿美良好的能源和工业服务生态系统，以及 PIF 的专业投资经验。三方将共同致力于打造中沙经济合作的示范性项目，深度协同合作，并将进一步拓展战略合作空间。

2. 以平台为助力推动企业发展

此次签约也是宝武、宝钢股份创建世界一流伟大企业、加快推进国际化发展的重要突破。加快全球化步伐、实现"走出去"，是宝钢股份践行宝武"三高两化"（高科技、高市占、高效率和生态化、国际化）战略部署、着眼长远布局和践行央企担当、探索品牌"出海"的坚定追求。近年来，宝钢股份积极拓展海外市场，持续推进海外事业发展。此次项目推进，必将进一步提升宝钢股份的综合竞争力及面向全球的影响力。

3. 以平台为工具量化减排成果

此次三方共同打造的生产基地将充分利用沙特当地丰富的天然气、绿电等资源，采用"竖炉＋电炉"组合的工艺路径。项目将配备一座基于天然气的直接还原铁炉和一座电弧炉，旨在将炼钢过程中的 CO_2 排放量与传统高炉相比减少 60% 以上。未来，还将实现与氢气的兼容，CO_2 排放量有望减少 90%。这是宝武、宝钢股份践行绿

[①] 绿色低碳供应链公共服务平台.平台简介[EB/OL]. (2024-10-28) [2024-12-21]. https://www.greenscs.com/introduce.

色低碳发展战略的标志性项目，也将成为"双碳"背景下更多国际化钢铁合作项目的示范。

资料来源：中国宝武. 宝钢股份与沙特阿美、沙特公共投资基金签约，共同建设全球首家绿色低碳全流程厚板工厂[EB/OL]. (2023-05-01) [2024-08-10]. https://www.greenscs.com/news/newsDetailsPage?id=31.

2024 年初，绿色低碳供应链公共服务平台正式发布。如图 8-6 所示，平台以 CN100 绿色低碳供应链链主企业联盟为牵引，以区块链技术为底层逻辑，以人工智能技术为工具软件，以钢铁 EPD 平台、欧贝零碳平台、SaaS 平台、链主联盟等多元主体为驱动，构建符合中国国情、衔接国际规则的绿色低碳供应链管理体系；覆盖产业链和供应链全生命周期各环节，推动中国全面实施并广泛应用产品碳标识认证制度，加快碳足迹报告和核算标准国际互认，集聚一批具有国际影响力的绿色低碳链主企业和专业服务机构，助力市场化良性运作，建成辐射全国的开放型公共服务平台。

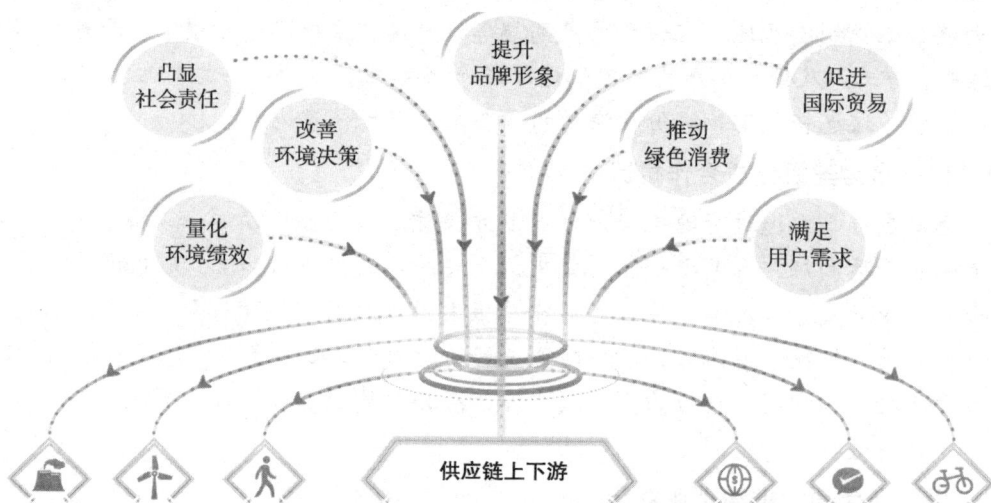

图 8-6　绿色低碳供应链公共服务平台价值图

8.4　生态链平台的建设与创新

8.4.1　生态链平台的定义和内涵

生态链是以物联网技术为支撑，以平台运营中心为核心，由供给生态群、物流生态运营商以及需求生态群组成的链状结构。它已经成为物流发展新阶段与新模式的标志。生态链平台则是一种通过打通生态链，形成闭环，提供基础平台服务，并专注于细分行业，从而快速连接到更多用户的平台模式。这种模式不仅提供了开放平台的基础服务，还通过构建一个完整的网络圈，整合企业内部及外部的资源，包括自然资源、人力资源、技术资源、创造力、设备资源等，以实现企业内部优化和市场资源的有效整合。生态链平台通过这种方式，帮助企业更好地适应市场变化，提高竞争力，实现可持续发展。

生态链平台的体系结构如图 8-7 所示。以智慧物流生态链为例，该生态链一般有三个主要的组成部分：供给生态群、物流生态运营商以及需求生态群。对于两端的供给生态群和需求生态群而言，通过物联网形成社群是智慧物流生态链的关键。物联网社群的存在，使得提供商之间、客户之间产生互相合作与影响，不同于传统的单纯竞争环境，生态链中的群体之间存在正向的互补关系。而物流生态运营商则负责通过平台运营中心，在智慧仓储、智慧云配等技术支持下，实现两个社群的高效匹配。

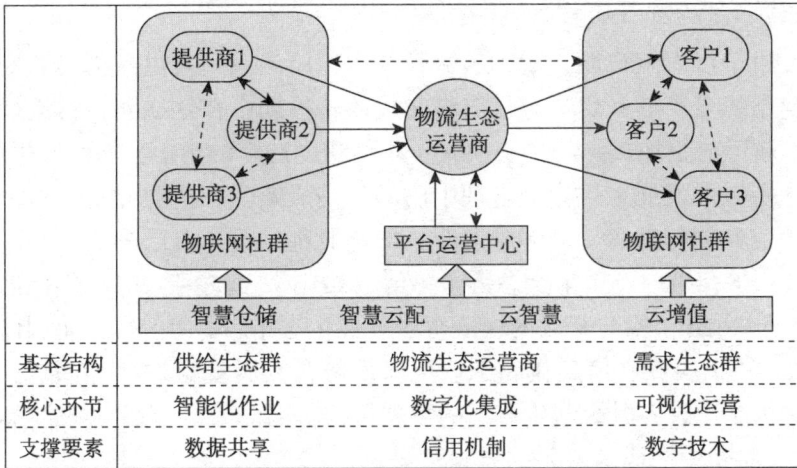

图例：——— 表示服务流，---- 表示信息流

图 8-7　生态链平台的体系结构

生态链平台实现的功能如图 8-8 所示。智慧物流生态链的数字化集成层充当"人体大脑"，可视化运营层充当"人体中枢"，智能化作业层相当于"人体四肢"。

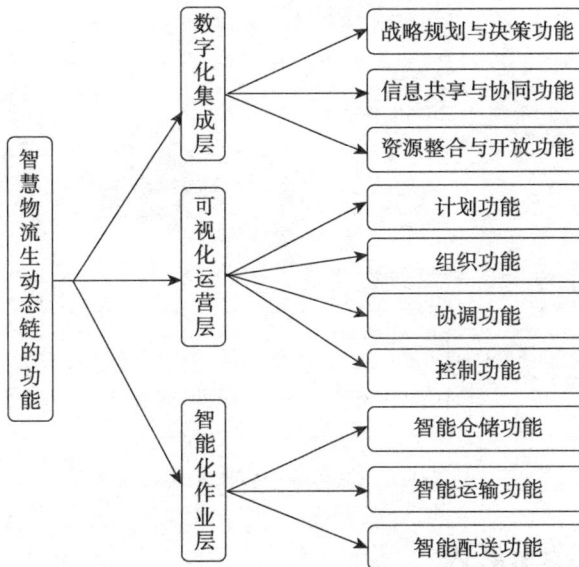

图 8-8　生态链平台实现的功能

生态链平台不仅是价值流动的载体,更是一个价值创造系统。对于不同的行业和企业,会形成不同的生态链平台,如电子产品领域的小米生态、物流领域的林安物流生态、家电领域的海尔生态、互联网领域的阿里生态等。

8.4.2 生态链平台的发展历程、现状和趋势

拓展阅读 8.3 生态链平台案例——小米

1. 生态链平台的发展历程

近年来,由于以人工智能为基础的智慧技术的广泛应用与供需格局的变化,物流行业正在进入自组织变革、开启生态供应链时代的转折期。在这期间,物流行业通过内部协同调整,不断形成更加成熟的生态模式,并不断创造新的价值,从而发生质变"生态"和"生态链平台"的发展在供应链管理中已经日趋成熟。在产业界中,秉承开放共享、互惠共生、价值共创的理念,众多制造业头部企业都进行了自己的"生态"建设实践,如小米于 2013 年开始建设小米生态链(王倩,2016),海尔于 2018 年提出了自己的生态品牌,华为于 2020 年构建开放的鸿蒙智联硬件生态平台,等等。工业和信息化部发布的相关政策如《"十四五"信息化和工业化深度融合发展规划》(工信部规〔2021〕182号)也明确提出了"跨界融合新生态"的发展目标。因此,"生态"和"生态链平台"在近 10 年的发展演变中已成为成熟的概念。

生态链平台改变了以资源占有来创造价值的传统发展模式,通过更广泛的连接和社会化协同,深化相关方的分工协作,实现跨产业纵向与横向整合下的价值链重构,形成全球化的开放式闭环共享生态系统;通过跨界创新、生态化反馈,创造全新用户价值和经济价值,并且由系统的不断更新、迭代实现生态链的可持续发展。自 2010年智能手机出现、互联网兴起以来,生态链平台得以蓬勃发展,其发展历程如图 8-9所示。

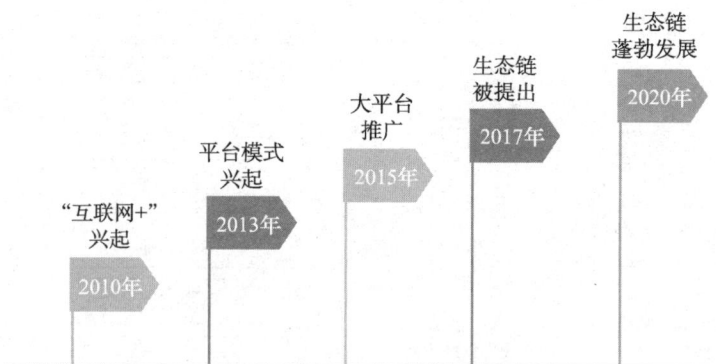

图 8-9 生态链平台发展历程

2. 生态链平台的发展现状

当前,我国许多大型电商、制造、物流企业均开展了生态链平台建设,发展态势良

好。我国企业在生态链平台的场景搭建、数字化和智能化转型、可持续发展等多个方面进行了探索。

首先，由于物流行业的竞争焦点已转移至用户价值的释放与增值，场景物流模式也在重新定义物流的价值，场景物流生态链平台应运而生。由此，许多物流企业正在不断拓展新的物流生态场景，为客户提供更便捷、更高效、更有温度的增值服务。如日日顺物流作为物联网时代场景物流生态品牌，充分发挥场景物流优势，在为用户提供"按约送达，送装同步"的物流服务基础上，打造健身、家居、智家服务、便捷出行等场景生态链群，为用户提供全流程个性化的场景物流解决方案。

其次，在数字化和智能化转型方面，生态链平台正在实施以数据共享、大数据分析、物联网为支撑的技术升级。许多企业投入到数字化和智能化的系统升级开发中，以更好地开展物流生态链建设。如华为的生态链平台与多级供应商协同，共享产品结构和制程数据，寻找关键供应点；通过打开各自流程接口，基于业务痛点分析，制定了包括计划协同、电子采购订单、履约可视、包装协同、报账协同和配置协同6个流程的对接方案包。

最后，一些企业建设生态链平台，为客户提供全程标准化、可视化、简易化的综合服务，也可以根据大客户的个性化需求提供定制化解决方案。如中远海运不仅建设了关务平台（将航运、物流、商品数据集成在端到端供应链的数据中台），还建设了全流程可视化一站式集成服务电商平台，升级为海运、陆运、报关、仓配四大产品板块的多场景物流生态服务商。

3. 生态链平台的发展趋势

生态链平台建设的浪潮已经来临，未来的发展将呈现出以下趋势。

（1）大宗货物物流成为生态链平台关注的重点方向。近年来，与电商、快递物流相比，虽然以大宗商品为代表的生产资料物流存在发展相对缓慢、行业关注度低、物流技术手段落后等问题，但大宗商品种类超千余种，关系着国计民生，它们的流动应该是现代物流的重要组成部分。大宗货物的运输比较复杂，运量巨大，自动化智能化操作程度较弱，往往需要多种运输方式协调完成。可以有效协调供应商、物流企业、制造企业的生态链平台，将在大宗货物运输中起到重要作用，有助于提升大宗货物运输的效率，并降低成本，实现绿色低碳。

（2）建设以绿色低碳为基础的全链数字化智慧物流生态链平台。随着我国物流业务量的快速增长，环境问题亦随之出现。当前，我国物流业碳排放占全国碳排放总量的9%左右，且还在继续增长。碳排放增长与物流业发展呈现较强的关联性，因此亟须将可持续发展、绿色物流、低碳排放等理念贯穿于物流全链各环节中，通过建设数字化智慧物流体系提高供应链要素利用率，减少物流碳排放对环境的影响，形成绿色低碳、可持续发展的智慧物流生态链。

（3）应用新技术发展高效生态链平台新模式。高智能、全覆盖、高柔性是未来供应链行业发展的方向，通过构建一体化生态链服务平台，加强供应商、物流企业、制造商

拓展阅读 8.4 工业品供应链生态平台——欧贝平台

的联系，借助智能设施设备（如物流全过程感知识别、动态跟踪、信息交换共享、自动分拣、无人搬运、资源优化调度等技术和装备），加快货物运输效率，降低运输成本。目前，我国供应链仍存在政府支持力度不够、技术应用范围不广、专业人才缺乏等问题，生态链建设仍受多方面因素限制。需要大力推进相关基础设施建设，提升行业智能设施使用率，统一物流业相关标准，构建生态链平台的完备制度体系，让物流业及早进入信息互联、资源共享、绿色低碳的新时代。如宝武搭建的欧贝平台很好地展现了生态链平台的模式。

8.4.3　生态链平台的建设与创新内容、案例

生态链平台的搭建不是一蹴而就的，本小节以海尔日日顺生态链平台的搭建过程为例，详细介绍生态链平台的搭建过程。

日日顺物流隶属于海尔集团，主打大件物流，是国内领先的大件物流服务提供商。近年来，日日顺物流注重生态建设，提出"人单合一，小微引爆"的发展原则，聚焦用户个人场景，挖掘客户的个性化需求，利用"海达园"供应商平台，为客户提供快捷送达、一次到位和不断迭代升级的服务，以获取更多的终身用户。日日顺物流基于科技化、数字化和场景化，从"送单品"到"送装同步、成套精准交付"，从"送产品"到"送全景解决方案"，为行业生态化发展树立了一个好的标杆。日日顺生态链平台的搭建主要包括需求分析、生态链平台产品设计、生态链平台类型确定、生态链平台成员选择、生态链平台搭建与反馈等过程。

第一步：需求分析。海尔日日顺智慧物流利用"人单合一，小微引爆"的企业发展理念，要求"服务兵"在服务过程中，深入发现客户的潜在需求。同时，利用物联网生态感知技术，努力支持客户的个性化体验。日日顺已经构建了"四网融合"的平台（四网即信息网、配送网、仓储网、服务网），涵盖了城市和农村仓库网络，致力于最佳用户体验，并利用这些平台识别出更多更为广泛的客户需求。

第二步：生态链平台产品设计。日日顺物流目前主攻三大场景设计，分别是健身场景、家居场景和社会化智能场景。在健身场景中，日日顺不只是提供健身器材，而是整个健身方案，包括健身食谱、运动装备等。在家居场景中，用户的需求不仅是家的概念，很多用户需要把厨房、卫生间等相关服务进行整合，日日顺能够整合相关的家居品牌供应商，为客户提供一站式服务，在服务的过程中，根据获得的数据精确地提供更佳的用户解决方案。

第三步：生态链平台类型的确定。依托海尔的大件订单，日日顺物流已经成功摸索出大件物品物流的基本模式，并且转型为物流平台型企业，充分利用平台优势串联不同企业成员。因此，日日顺物流生态链是一种典型的哑铃型生态链。哑铃型结构以供给和需求为主要的链群辐射地，链接其他等级的下属成员，开展有效沟通和业务往来。

第四步：生态链平台的成员选择。日日顺物流在发展中，既保留了原有的合作伙伴，

还通过平台引用与拓宽了来自京东、阿里等电商平台的支持。目前，为了给客户提供全方位的物流生态服务，日日顺物流助力供应商与其客户进军智能家居领域，加盟进来许多供给型生态链成员的品牌，包括谷歌、苹果、华为和三星等品牌。

第五步：生态链平台的搭建与反馈。日日顺物流生态链平台在发展过程中不是一蹴而就的，它通过实时的反馈帮助日日顺解决生态链平台构建中出现的许多问题。如"车小微"平台的用户会积极反馈服务过程中发生的新情况，促使平台不断完善生态链平台的成员结构、组织效率和运行模式。

在生态链平台的建设过程中，应重点发挥并突出以下六个方面。

（1）充分发挥生态链平台的网络外部性。网络外部性即连接到一个网络的价值取决于已经连接到该网络的其他用户的数量。通俗地说，就是每个用户从使用某产品中得到的效用与使用该产品的用户总数量正相关。这也就意味着生态链平台中用户数量的增长，可能会带动用户的总所得效用呈几何级数增长。

（2）突出数据驱动。它是平台识别客户需求、供需匹配和业务改进的基础。如"货拉拉"和"快狗打车"，能够结合海量数据为货主、商户、司机做精准画像，进行智能化优选匹配，优化运输各环节，并进一步对这些数据进行深度挖掘分析，以优化整个配送产业链的运转。

（3）做好用户匹配。利用信息技术，在一定匹配规则的基础上精准地连接相应的提供商和客户，以保证供应商和用户之间的核心交互。如"箱满路"等货运平台的目标是根据货主的需求，成功匹配相应的物流服务提供商。优质匹配需要的数据各不相同，可以是身份、性别等静态信息，也可以是位置、用户偏好等动态信息。平台获得的信息越多，收集、组织、分类、解析数据的算法设计得越好，供应商和用户之间越能得到有效的匹配。

（4）降低边际成本。具体而言，在网络增加一个成员的成本几乎为零，相比普通传统企业吸引客户来说具有成本竞争力。

（5）强调技术赋能。在客户端，生态链平台通过收集客户信息的大数据，可以有效预测市场需求。在生态链内，平台会与合作企业实时共享许多信息，并利用自身拥有的各类技术（如大数据技术、人工智能技术）为生态合作企业提供技术支持，即平台的赋能行为。赋能行为越来越被各大智慧物流平台所强调，以菜鸟网络为例，菜鸟网络与圆通速递构建了生态合作伙伴关系，为圆通速递进行技术赋能。如2018年菜鸟与圆通速递合作建设超级机器人分拨中心，2019年又与圆通速递合作建设5G分拨中心。

（6）注重生态共享。企业之间通过相互信任，默契合作，聚集在某一有利的区域，与其他企业合作共享。生态共享注重在产业的价值链上获得竞争优势，实现价值链上资源的整合，达到价值链上各企业的和谐共生发展。但不同成熟度、不同规模的企业加入生态链共享平台的获益是有差别的，一般小企业加入平台的获益大于大企业，但大企业若不加入将会被众多加入的小企业分走市场。

未来是迈向生态链平台的转型关口。需要注意的是：①不能因加快生态链平台建设而丧失商业生态圈的经济价值创造功能，甚至丧失或者否定平台企业的市场合法性以及社会合法性；②也不能因为生态链平台的做大做强而漠视生态化发展这个商业模式的准入规制、治理机制以及价值创造机制的建设，平台企业需要跳出单一个体嵌入社会的逻辑，重新审视生态链平台与社会、生态链平台内的各类用户与社会、各类生产要素和其他元素与社会之间的多重嵌入关系，方能更好地构建生态链平台下企业与各类用户的经济性行为；③生态链平台的建设与创新并非一蹴而就，需要平台企业、政府部门以及社会组织与社会公众凝聚共识形成合力，尤其是平台企业需要真正意义上转变企业家精神导向，以契合"平台共赢＋社会公益"的新视野重塑平台公益型企业家精神，真正意义上开展面向共同富裕视野下平台综合价值与共享价值的创造活动，切实发挥企业本位下的市场主体与社会主体的平台责任（阳镇等，2022）。

📚 案例8-5

海尔日日顺打造场景物流生态品牌

"产品被场景替代，行业被生态覆盖"，已成为物联网时代大势所趋。日日顺供应链从 2018 年起升级为"场景物流生态平台"，围绕不同场景下，用户的个性化、多样化体验需求，以场景化、生态化的供应链管理解决方案赋能千行百业，在创造用户体验增值的同时实现生态方共创共赢。

2021 年，凭借着场景物流生态品牌的突出优势，日日顺供应链入选"亚洲品牌 500 强"榜单，成为首个且唯一入选的场景物流生态品牌。截至 2022 年，日日顺供应链凭借在全国布局的 929 座三级分布式仓储网络、超过 15 000 条运输线路、超 13 万辆运输车辆，以及超过 2 840 个区县的 5 300 个合作服务网点和近 20 万场景服务师等物流基础设施及服务资源，在提供"送产品"的物流服务基础上，从交易、交付升级到交互，实现向送"场景方案"进行转型，覆盖家电、家居、健身、汽车、居家服务等众多场景，不断夯实品牌价值。

日日顺供应链打造的无边界场景物流生态平台，无疑正是青岛城市经济发展需要的创新牵引力量，可以连接更多的资源，加速城市产业向前发展。在场景生态模式的"吸力"下，宜家、林氏木业、爱玛、亿健等众多跨行业、跨领域的生态方纷纷加入。品牌的打造，一定会打破产品和产业边界。步入全新的发展阶段，面对全新的机遇与挑战，日日顺供应链依托科技、标准、模式的不断创新，提供不断引领的定制化解决方案和更加开放的生态体系。

资料来源：商业新闻. 日日顺供应链成长为物联网生态平台，为行业转型升级起示范作用[EB/OL]. (2022-07-27) [2024-09-16]. http://www.yuncaijing.com/news/id_16227867.html.

本章小结

韧性供应链平台、智慧供应链平台、绿色供应链平台和生态链平台是供应链平台的重要创新方向，本章分别围绕以上四类供应链平台的内涵、发展历程、现状和创新建设情况做了介绍。

关键概念

供应链平台创新　韧性供应链　智慧供应链　绿色供应链　生态链

思考题

1. 什么是供应链平台创新？
2. 供应链平台创新有哪些方向？
3. 相较于传统供应链，新型供应链有哪些特点？
4. 供应链平台创新发展带来的变革与挑战体现在哪些方面？
5. 供应链平台创新将会产生哪些新机遇？

案例分析

中国联通的智慧供应链平台

在数字化技术的驱动下，企业供应链逐步由电子化、信息化向数字化加速转变。联通数科全新升级智慧供应链平台，面向各大中小型企业、主流电商、生产厂商、物流商、金融机构提供业财一体化的 B2B 采购管理服务，助力企业构建智能、可信、开放、共享的供应链生态圈。

伴随 IT 技术更迭以及市场竞争格局的快速变化，传统的企业采购模式在效率、成本、风控等方面的问题日益突出：采购过程冗长，无法快速响应需求；采购资源渠道少，成本较高；采购商品质量无法保障；支付手段单一，无法有效监管；预算管理滞后，成本控制效率低；信息化落后，共享性和协同性不足……

1. 新一代智慧供应链平台，都有哪些过人之处？

RPA 技术审核自动化：自动化处理系统日常数据稽核工作，对于一些规则性较强的场景可以自动审核。

大数据智能风控：建立全方位风险预警系统，监管业务流程，有效识别风险并预警。

采购智能预测：构建精准预测模型，基于人工智能和大数据分析预测商品的出入库数量、需求量、补货量、价格趋势等，以便调整最优采购策略。

OCR&证照识别：利用 OCR 技术进行投标文件文本识别和关键信息提取，可用于检查资质文件有效性和合规性等。

防围标串标：基于网络公开数据及历史沉淀数据建立多维度供应商评价体系，有效降低采购风险。

191

移动端安全认证：在移动端应用加解密技术，为招投标交易过程提供高安全、高可靠、低成本、便捷式的安全认证服务。

2. 新一代智慧供应链平台，有哪些管理能力？

平台将数字技术全面融入供应链管理各个环节，构建了云计算、大数据、物联网、人工智能和区块链等专业化应用能力以及金融、教育、应急、医疗、通信等行业应用能力，助力采购全流程轻松管理。

需求管理：将结构化的产品目录属性信息应用于采购需求编制、招投标过程；构建智能物资需求计划储备库以及需求报送提醒模型，可将需求预测结果直接转化为计划进行管理，主动提醒报送需求；精准安排对应采购批次，促进物资供应链高效运转。

采购管理：以数字化技术规范采购方案标准，智能审查防范潜在风险，提高采购质量和效率；采购过程可灵活定制，亦支持在线招投标、远程异地评标等功能，交互信息可追溯；采购过程可监督，确保公平、公正、公开。

合同签订：提供合同签订全生命周期的智慧管理服务，灵活配置合同模板、在线电子签署、无纸化管理、合同加密存档，同时可以基于合同关键条款对合同履行情况进行监控。

订单交易：提供用户熟悉的与电商订单交易一致的用户体验，操作简单易上手，并支持多种采购工具如询比价、大单磋商、反向竞价等，丰富的采购手段满足各种场景的采购需求。

物流配送：全面引入第三方物流入驻供应链平台，提供快递、零担、整车等物流服务，此外通过"内拍""外拍"模式，可实现闲置物资跨省市调拨盘活以及报废物资处置。

仓储管理：建立内部物资市场，对内实现物资横向拉通，对外提供标准仓库物资服务，同时引入大数据分析能力实现物资管理降空间、高效率、低成本、低风险、优感知。

资金结算：支持一点结算、单一结算、在线支付、货到付款等灵活多样化的结算方式，满足不同企业和不同供应商的需求。

物资处置：可针对共享旧物资进行平台展示和线上申领，节能降耗；针对废旧物资和长库龄物资提供最优分包策略，实现处置方的利益最大化。

该平台广泛应用于通信、金融保险、银行、建筑交通、能源化工、零售、传媒、食品制造、地产等行业企业及联通内部，截至 2021 年 6 月交易金额超 5 000 亿元。

资料来源：大数据. 联通数科全新升级智慧供应链平台[EB/OL]. [2021-06-11]. http://bigdata.idcquan.com/news/187133.shtml.

案例思考题

1. 中国联通的智慧供应链平台可以解决哪些问题？
2. 中国联通的智慧供应链平台与制造企业的智慧供应链平台有何异同点？
3. 中国联通的智慧供应链平台的"智慧"体现在哪些方面？
4. 该案例中是否体现了生态链平台的相关特征？

即测即练

自学自测  扫描此码

参 考 文 献

[1] 中国信通院. 平台经济发展观察（2024 年）[EB/OL]. (2024-08-01) [2024-12-21]. https:// baijiahao. baidu.com/s?id=1806143551323504101.

[2] 刘伟华，李波，彭岩. 智慧物流与供应链管理[M]. 北京：中国人民大学出版社，2022.

[3] 马士华，林勇. 供应链管理[M]. 北京：机械工业出版社，2010.

[4] CHOPRA S. MEINDL P. Supply Chain Management: Strategy, Planning, and Operation[M]. 6th ed. Pearson, 2016.

[5] 王道平，张博卿. 供应链管理[M]. 北京：清华大学出版社，2015.

[6] 袁峰，詹晖. 供应链管理[M]. 4 版. 北京：清华大学出版社，2024.

[7] 迈克尔·波特. 竞争优势[M]. 北京：华夏出版社，2005.

[8] 嵇瑾. 一站式供应链管理服务的运行机制和实证研究[D]. 广州：暨南大学，2009.

[9] PRAHALAD C K, HAMEL G, The Core Competence of the Corporation[J]. Harvard Business Review, 1990(3): 79-91.

[10] 杨鹏. 第四方物流：供应链服务的创新[J]. IT 经理世界，2001(13): 84-88.

[11] 姜灵敏，官东. 第四方物流——供应链服务创新的主题[J]. 商业研究，2003(20): 150-151.

[12] 宋华. 整合供应链服务提供商——第四方物流[J]. 经济理论与经济管理，2003(8): 40-44.

[13] 谢磊. 外贸企业向供应链服务和管理商转变的契机与谋划[J]. 求索，2006(2): 36-38.

[14] 刘伟华，彭岩. 外贸型物流企业融入供应链服务的发展战略研究——以金融危机为背景[J].武汉理工大学学报（社会科学版），2010，23(2)：188-193.

[15] 霍春辉，刘力钢，张兴瑞.供应链服务集成商业模式解析[J].经济问题，2009(7): 52-53.

[16] 王元十. 集群供应链服务平台构建与管理机制研究[D]. 昆明：昆明理工大学，2015.

[17] 计国君，余木红，KIM H T.大数据驱动下的全渠道供应链服务创新决策框架[J].商业研究， 2016(8): 152-162.

[18] 王子先. 深圳市供应链管理行业发展报告[M]. 北京：经济管理出版社，2012：49-50.

[19] 姚强，苟达平，万明罡. 中国电建供应链管理的创新与实践[C]//中国企业改革与发展研究会. 中国企业改革发展优秀成果 2021（第五届）：上卷. 北京：中国商务出版社，2021：8.

[20] 李梓，郑芳，容铎，等. 国美智慧供应链的构建及运行[J]. 财务与会计，2021(9): 20-23.

[21] 李波，韩飞燕，陈圣，等. 基于综合评价方法的智慧供应链发展路径研究——以我国发达地区六个省市为例[J]. 华东经济管理，2022,36(2): 66-74.

[22] 刘慧，刘彩霞，王天琪.供给侧改革背景下智慧供应链对流通企业创新的影响研究[J].商业经济研究，2024(14): 152-155.

[23] 刘宇，张思宇. 比亚迪智慧供应链变革及优化策略[J]. 供应链管理，2023, 4(4): 78-85.

[24] 蒋佳霖. 基于智慧供应链的物流服务业优化研究[J]. 物流科技，2024, 47(16): 164-167.

[25] WONG L W, TAN G W H, OOI K B, et al. Artificial Intelligence-Driven Risk Management for Enhancing Supply Chain Agility: A Deep-Learning-Based Dual-Stage PLS-SEM-ANN Analysis[J]. International Journal of Production Research, 2024, 62(15): 5535-5555.

[26] KOSASIH E E, BRINTRUP A. A Machine Learning Approach for Predicting Hidden Links in Supply Chain with Graph Neural Networks[J]. International Journal of Production Research, 2022, 60(17): 5380- 5393.

[27] MUÑUZURI J, ONIEVA L, CORTÉS P, et al. Using IoT Data and Applications to Improve

Port-Based Intermodal Supply Chains[J]. Computers & Industrial Engineering, 2020, 139: 105668.

[28] CUI Y, GAUR V, LIU J C. Supply Chain Transparency and Blockchain Design[J]. Management Science, 2024, 70(5): 3245-3263.

[29] WU W, SHEN L D, ZHAO Z H, et al. Internet of Everything and Digital Twin Enabled Service Platform for Cold Chain Logistics[J]. Journal of Industrial Information Integration, 2023, 33: 100443.

[30] 刘露, 胡磊, 姜涛, 等. 考虑韧性的平台融资模式选择、冲突与机制设计[J/OL]. 中国管理科学: 1-24 [2024-10-20]. DOI:10.16381/j.cnki.issn1003-207x.2023.1980.

[31] 刘伟华, 王钰杰, 王琦, 等. 数字化时代下的韧性供应链: 理论与实践的新趋势[J]. 供应链管理, 2024, 5(8): 19-31.

[32] MOHIB A M N, DEIF A M. Supply Chain Multi-State Risk Assessment Using Universal Generating Function[J]. Production Planning & Control, 2020(12): 699-708.

[33] ALIKHANI R, TORABI S A, Altay N. Retail supply chain network design with concurrent resilience capabilities[J]. International Journal of Production Economics, 2021, 234: 108042.

[34] PERRAUDAT A, DAUZÈRe-PÉRÈS S, Vialletelle P. Robust Tactical Qualification Decisions in Flexible Manufacturing Systems[J]. Omega, 2022, 106: 102537.

[35] 李玲, 王云博, 李雅婷. 考虑品牌溢出效应的平台供应链分销策略[J]. 山东大学学报（理学版）, 2024, 59(9): 9-17.

[36] 谭乐平, 张新平, 王许亮. 努力效应下电商供应链融资决策均衡[J]. 数学的实践与认识, 2024, 54(10): 1-15.

[37] 左光宇. 区块链技术在供应链金融中的创新应用及其对中小企业融资的影响[J]. 国际商务财会, 2024, (19): 68-72, 81.

[38] 吴群, 杜媛媛. 平台型电商企业生态圈价值共创的实现机制研究[J]. 管理学刊, 2024, 37(5): 48-64.

[39] WANG Z, WANG Y, LI B, et al. Responsibility Sharing Strategy of Product Ecological Design and Collection in Manufacturer-Retailer Closed-loop Supply Chain[J]. Computers & Industrial Engineering, 2023, 176: 108926.

[40] LIU W H, YAN X Y, LI X, et al. The Impacts of Market Size and Data-Driven Marketing on the Sales Mode Selection in An Internet Platform Based Supply Chain[J]. Transportation Research Part E: Logistics and Transportation Review, 2020, 136: 101914.

[41] GONG D Q, LIU S F, LIU J, et al. Who Benefits from Online Financing? A Sharing Economy E-Tailing Platform Perspective[J]. International Journal of Production Economics, 2020, 222: 107490.

[42] 俞园园, 吴南倩, 文学舟. 制造商数字化转型视角下的双渠道绿色供应链决策研究[J]. 科技管理研究, 2024, 44(11): 192-199.

[43] 张晓迪, 王风华. 钢铁企业绿色供应链绩效评价研究——以宝钢股份为例[J]. 商业会计, 2024(13): 87-91, 86.

[44] 周干翠. 物流企业绿色低碳供应链绩效评价研究[J]. 中国科技投资, 2024(18): 105-107.

[45] 王欣然, 陶锋. 下游企业数字化可以牵引上游企业绿色创新吗？——基于供应链溢出的视角[J]. 南方经济, 2024(5): 132-149.

[46] MISHRA R, SINGH R K, RANA N P. Developing Environmental Collaboration Among Supply Chain Partners for Sustainable Consumption & Production: Insights from An Auto Sector Supply Chain[J]. Journal of Cleaner Production, 2022, 338: 130619.

[47] MANCO P. CATERINO M. RINALDI M. et al. Additive Manufacturing in Green Supply Chains: A Parametric Model for Life Cycle Assessment and Cost[J]. Sustainable Production and Consumptionm,

2023, 36: 463-478.

[48] BENZIDIA S, MAKAOUI N, Bentahar O. The impact of big data analytics and artificial intelligence on green supply chain process integration and hospital environmental performance[J]. Technological Forecasting and Social Change, 2021, 165: 120557.

[49] Giannakis M, Dubey R, Vlachos I, et al. Supplier sustainability performance evaluation using the analytic network process[J]. Journal of Cleaner Production, 2020, 247: 119439

[50] 【一个纪录的诞生】土曼 T-Watch 微信朋友圈 24 小时极客营销特写[EB/OL]. (2013-09-09) [2024-09-27]. https://blog.sina.com.cn/s/blog_54aec7cb0101l056.html.

[51] 王倩. 小米生态链：不协同效应正在出现[J]. 商学院，2016(9): 48-50.

[52] 海尔官网：海尔：以无界生态共创无限可能 （haier.com），https：//www.haier.com/group/.

[53] 孙萍. 平台研究的想象力：概念、生态与公共价值[J]. 新闻界，2024(5): 13-22. DOI:10.15897 /j.cnki.cn51-1046/g2.20240430.004.

[54] 江小涓，黄颖轩. 数字时代的市场秩序、市场监管与平台治理[J]. 经济研究，2021, 56(12): 20-41.

[55] 方军，程明霞，徐思彦. 平台时代[M]. 北京：机械工业出版社，2018.

[56] 黄益平. 平台经济的机会与挑战[EB/OL]. (2021-12-01) [2024.09.27]. https://www.nsd.pku.edu. cn/sylm/gd/518108.htm.

[57] 网络交易监管司. 关于对《互联网平台分类分级指南（征求意见稿）》《互联网平台落实主体责任指南（征求意见稿）》公开征求意见的公告[EB/OL].（2021-10-20）[2024-09-27]. https://www. samr.gov.cn/hd/zjdc/art/2023/art_c0086d02fcc544ea9506c997b3ac93c1.html.

[58] 余文涛，张国阳，何毅，等. 平台经济环境下"平台-物流-商家"生态合作演化博弈研究[J/OL]. 系统工程理论与实践. [2024-10-11]. http://kns.cnki.net/kcms/detail/11.2267.N.20240928.1330.010.html.

[59] 李秀峰，李波. 技术兼容不确定下工业互联网平台赋能科创企业的合作模式选择研究[J]. 工业工程与管理，2024, 29(2): 80-89. DOI:10.19495/j.cnki.1007-5429.2024.02.009.

[60] 段玉兰，王勇. 考虑电商平台服务投资的平台渠道引入策略[J]. 中国管理科学，2022, 30(5): 167-179. DOI:10.16381/j.cnki.issn1003-207x.2019.1382.

[61] 赵燕飞，王勇. 消费者渠道偏好下考虑实体零售商公平关切的平台供应链服务水平决策研究[J]. 管理工程学报，2023, 37(5): 116-129. DOI:10.13587/j.cnki.jieem.2023.05.010.

[62] 占济舟，晋雅琪. 考虑退货运费险的竞争型电商平台定价策略研究[J]. 中国管理科学，2024, 32(5): 325-334. DOI:10.16381/j.cnki.issn1003-207x.2021.1736.

[63] 赵修岩，张荣，刘斌. 基于按次付费和会员模式的跨境电商平台收费模式选择[J]. 系统工程，2023, 41(2): 100-108.

[64] 曲创，陈宁. 技术冲击下的平台竞争——用户分化效应与平台转型[J]. 经济与管理研究，2019, 40(11): 112-128. DOI:10.13502/j.cnki.issn1000-7636.2019.11.009.

[65] 张千帆，于晓娟，张亚军. 网络平台企业合作的定价机制研究——基于多归属情形[J]. 运筹与管理，2016, 25(1): 231-237.

[66] 焦豪，张睿，杨季枫.数字经济情境下企业战略选择与数字平台生态系统构建——基于共演视角的案例研究[J]. 管理世界，2023, 39(12): 201-229. DOI:10.19744/j.cnki.11-1235/f.2023.0144.

[67] 肖红军，阳镇，姜倍宁. 平台企业社会责任感知会激励用户参与平台治理吗？——基于网络效应的边界条件与反思[J]. 经济与管理研究，2023, 44(3): 72-88. DOI:10.13502/j.cnki.issn1000-7636.2023.03.005.

[68] 观知海内. 2023 年中国快递行业市场现状、产业链、竞争格局及发展趋势分析[EB/OL].（2023-05-18）[2024-03-27]. https://baijiahao.baidu.com/s?id=1766223823413159615&wfr=spider& for=pc.

[69] 竞逐万亿同城货运市场"货拉拉们"有想象空间更有现实困境[EB/OL].（2022-04-01）[2024-03-

27]. https://baijiahao.baidu.com/s?id=1728854860362872971&wfr=spider&for=pc.

[70] 供应链规划案例篇：盒马鲜生[EB/OL]. (2024-05-20) [2024-12-16]. https://www.163.com/dy/article/J2LE3RH10534ST3F.html.

[71] 京东和美的实现供应链大数据共享和协同计划、预测及补货（CPFR）[EB/OL]. [2024-05-20]. https://www.scmor.com/view/2465.

[72] 高闯，关鑫. 企业商业模式创新的实现方式与演进机理——一种基于价值链创新的理论解释[J]. 中国工业经济，2006(11): 83-90.

[73] 朱明洋，李晨曦，曾国军. 商业模式价值逻辑的要素、框架及演化研究：回顾与展望[J]. 科技进步与对策，2021, 38(1): 149-160.

[74] 汤新慧，邢小强，周平录. 商业模式创新：研究现状与展望[J].研究与发展管理，2023, 35（4）：170-182.

[75] 王彩菊. 价值链视角下服务企业盈利模式研究[J]. 全国流通经济，2024(2): 84-87.

[76] 刘国华，陈云勇. 商业模式创新与重构[M]. 北京：人民邮电出版社，2022：179.

[77] 王波. M 网络货运公司盈利模式优化研究[D]. 天津：天津大学，2022.

[78] 孟昭君. 数字经济背景下企业商业模式创新发展研究[J]. 商场现代化，2024(21): 4-6.

[79] 搜狐网. 如何设计一个成功的商业模式？——九个要素、三个标准！[EB/OL]. （2024-09-02）[2024-10-11]. https://business.sohu.com/a/805750869_121987214.

[80] 陈丽娇. 试析商业模式创新在企业竞争战略中的重要意义[J]. 全国流通经济，2023(18): 80-83.

[81] 董华. 数字经济下商业模式创新的风险及其控制研究——以海尔集团为例[D]. 蚌埠：安徽财经大学，2022.

[82] 郑春红. 论成本领先战略在企业中的应用实践[J]. 现代商业研究，2024(12): 56-58.

[83] 邓浩宇，丁梦伟，张军，等. 基于企业战略管理视角下的可持续人力资源管理研究[J]. 经营与管理，2024, (5): 147-152.

[84] 刘超，华璐月.计算机应用技术对企业信息化的影响[J].中国新通信，2022, 24(15): 109-111.

[85] 高清霞. 网络经济下互联网企业竞争战略解析[J]. 管理观察，2019(14): 9-10.

[86] 郭登兵. 新形势下平台经济的发展方向研究[J]. 中国战略新兴产业，2024(27): 147-149.

[87] 刘骁，冯誉耀. 共享经济对传统产业市场的影响与应对策略[J]. 产业创新研究，2024(11): 112-114.

[88] 吴群，杜媛媛. 平台型物流企业供应链生态圈社会责任治理研究——以满帮集团为例[J].管理案例研究与评论，2023, 16(6): 779-801.

[89] TAYLOR T. On-Demand Service Platforms[J]. Manufacturing & Service Operations Management，2018, 20(4): 704-720.

[90] DESHPANDE V, PENDEM P K. Logistics Performance, Ratings, and Its Impact on Customer Purchasing Behavior and Sales in E-commerce Platforms[J]. Manufacturing & Service Operations Management, 2023, 25(3): 827-845.

[91] TAN T M, SALO J. Ethical Marketing in the Blockchain-Based Sharing Economy: Theoretical Integration and Guiding Insights[J]. Journal of Business Ethics, 2023, 183(4): 1113-1140.

[92] 刘洋. 数字经济背景下消费者对食品的消费行为分析——基于电子商务模式[J/OL]. [2025-01-14]. http://kns.cnki.net/kcms/detail/34.1013.N.20241128.0948.004.html.

[93] 李莉，张华. 考虑商家定价和广告投资的电商平台价格折扣决策[J]. 运筹与管理，2024, 33(8): 115-121.

[94] 冯中伟，李芳宁，谭春桥，等. 基于产品质量差异的电商平台自有品牌的入侵策略决策[J/OL]. [2025-01-14]. http://kns.cnki.net/kcms/detail/31.1977.N.20241122.0915.002.html.

[95] 江玉庆, 林徐勋, 张鑫. 考虑数字内容提供模式的订阅费与广告投放决策[J]. 系统管理学报, 2024, 33(6): 1560-1569.

[96] MsQ 星球. 订阅商业模式的优劣势[EB/OL]. (2024-07-18) [2024-10-11]. https://baijiahao.baidu. com/s?id=1804851058712339444&wfr=spider&for=pc.

[97] 张玲, 冯海洋, 解晶, 等. 劳动要素配置视角下按需服务平台数字化转型与企业高质量发展研究 [J]. 管理学报, 2024, 21(2): 169-180.

[98] 陈奇. 支付账户体系在 SaaS 平台的应用举例[EB/OL]. (2021-10-29) [2024-09-30]. https:// zhuanlan.zhihu.com/p/426670437.

[99] 代昀昊, 王晓允, 童心楚. 从共享经济到低碳经济——来自共享单车平台进驻的证据[J]. 数量经济技术经济研究, 2024, 41(4): 111-130. DOI:10.13653/j.cnki.jqte.20240226.003.

[100] CEIBS. 教授观点|双循环格局下的供应链创新与发展[EB/OL]. (2021-07-16) [2024-11-21]. https:// cn.ceibs.edu/node/19527.

[101] 劳帼龄. 推进"丝路电商"合作先行 发展"一带一路"数字经济[EB/OL]. (2023-10-30) [2024-10-21]. https://epaper.gmw.cn/gmrb/html/2023-10/30/nw.D110000gmrb_20231030_1-06.htm.

[102] 张静. 农村电商新模式为乡村振兴注入新动力[EB/OL]. (2024-04-18) [2024-12-30]. http://www.nkb. com.cn/2024/0418/475372.html.

[103] 周栗任. 创业企业在平台经济下的商业模式创新路径研究——以资源整合和技术嵌入为视角[J]. 市场周刊, 2024, 37(25): 18-21.

[104] 戴建平, 骆温平. 制造企业供应链数字化转型的机理与路径——基于工业互联网平台多边价值共创视角[J]. 财会月刊, 2023, 44(17): 137-144. DOI:10.19641/j.cnki.42-1290/f.2023.17.020.

[105] 陈夫华, 赵先德. 产业供应链服务平台是如何帮助中小企业获得融资的?——以创捷供应链为例[J].管理案例研究与评论, 2018, 11(6): 577-591.

[106] 姜明, 李洪心, 刘德海. 基于电子商务 B2B 平台的个性化定制产品供应链治理结构重复博弈分析[J].运筹与管理, 2020, 29(8): 45-51, 72.

[107] 刘助忠, 龚荷英. "互联网+"时代农产品供应链演化新趋势——基于"云"的农产品供应链运作新模式[J].中国流通经济, 2015, 29(9): 91-97. DOI:10.14089/j.cnki.cn11-3664/f.2015.09.015.

[108] 周园, 张天娇, 周昊明. "双碳"目标下供应链减排合作服务平台经济发展研究[J]. 经济纵横, 2023(3): 69-79. DOI:10.16528/j.cnki.22-1054/f.202303069.

[109] 肖人彬. 大规模个性化定制: 大规模个性化的新发展[J]. 计算机集成制造系统, 2023, 29(12): 4215-4226. DOI:10.13196/j.cims.2023.0651.

[110] 叶春森, 吕秉, 陈宸. 供应链集成视角下信息技术的环境与社会绩效研究[J]. 江南大学学报（人文社会科学版）, 2019, 18(6): 110-117.

[111] 王静. 跨界共融的产业链与供应链双联动协调发展研究[J]. 中国软科学, 2021(6): 31-43.

[112] SAP. What Is a Resilient Supply Chain? [EB/OL]. (2024-08-29) [2024-12-21]. https://www.sap.com/ products/scm/integrated-business-planning/what-is-a-resilient-supply-chain.html.

[113] 朱丽. 数字化平台如何增强产业链供应链韧性? [EB/OL]. (2022-10-07) [2024-10-12]. https://new. qq.com/rain/a/20221007A061ZZ00.

[114] MCKINSEY. Taking the pulse of shifting supply chains[EB/OL]. (2022-08-26) [2024-9-28]. https:// www.mckinsey.com/capabilities/operations/our-insights/taking-the-pulse-of-shifting-supply-chains.

[115] HOFMAN H. Five Ways to Build Supply Chain Resilience in 2023[EB/OL]. (2022-12-07) [2024-9-12]. https://www.maersk.com.cn/insights/resilience/2022/12/07/five-ways-to-build-supply-chain-resilience.

[116] COLEHOWER J. Using Technology to Improve Supply-Chain Resilience[EB/OL]. (2023-09-25) [2024-9-12]. https://hbr.org/2023/09/using-technology-to-improve-supply-chain-resilience.

[117] CROSNIER S. REY-MARSTON M. The Benefits of Supply Chain Visibility[EB/OL]. (2024-04-14) [2024-08-29]. https://www.accenture.com/us-en/insights/consulting/visibility-delivers-supply-chain-resilience.

[118] 英诺森. 智慧供应链专题（一）：基于智慧大脑的供应链协同平台[EB/OL]. (2024-09-01) [2024-12-21]. https://zhuanlan.zhihu.com/p/127832297.

[119] DataFun Talk. 阿里智慧供应链实践：从"数字孪生"到"智能决策"[EB/OL]. (2024-8-29)[2024-12-21]. https://zhuanlan.zhihu.com/p/600309237.

[120] WALTON S V, HANDFIELD R B, MELNYK S A. The Green Supply Chain: Integrating Suppliers into Environmental Management Processes[J]. International Journal of Purchasing and Materials Management[J]. 1998, 34(1): 2-11.

[121] 李璟. 绿色供应链下企业减排契约优化决策研究[D]. 上海：上海财经大学，2021. DOI:10.27296/d.cnki.gshcu.2021.002307.

[122] 中创足迹. 全面解析绿色供应链[EB/OL]. （2023-08-24）[2024-09-10]. https://mp.weixin.qq.com/s/uyJKAuIC2NyIAipNpAeoOA.

[123] 绿色低碳供应链公共服务平台. CN100 绿色低碳供应链链主企业联盟[EB/OL]. (2024-10-28) [2024-12-21]. https://www.greenscs.com/CMA.

[124] 绿色低碳供应链公共服务平台. 平台简介[EB/OL]. (2024-10-28) [2024-12-21]. https://www.greenscs.com/introduce.

[125] 王倩. 小米生态链：不协同效应正在出现[J]. 商学院，2016, 13(9): 48-50.

[126] 阳镇，钱贵明，陈劲. 下一个十字路口的抉择：平台生态系统迈向何方[J]. 清华管理评论，2022(9): 14-24.

教师服务

感谢您选用清华大学出版社的教材！为了更好地服务教学，我们为授课教师提供本书的教学辅助资源，以及本学科重点教材信息。请您扫码获取。

≫ 教辅获取

本书教辅资源，授课教师扫码获取

≫ 样书赠送

管理科学与工程类重点教材，教师扫码获取样书

清华大学出版社

E-mail: tupfuwu@163.com
电话：010-83470332 / 83470142
地址：北京市海淀区双清路学研大厦 B 座 509

网址：https://www.tup.com.cn/
传真：8610-83470107
邮编：100084